中山大学人文社会科学学术规划经费资助项目

政策变迁的动态模式与动力机制：以粮食流通政策为例

丁太平 著

西安交通大学出版社
XI'AN JIAOTONG UNIVERSITY PRESS

图书在版编目(CIP)数据

政策变迁的动态模式与动力机制:以粮食流通政策为例 /
丁太平著. --西安:西安交通大学出版社,
2025. 4. — ISBN 978 - 7 - 5693 - 4033 - 4

I.F724.721

中国国家版本馆 CIP 数据核字第 2025VW7705 号

书　　名	政策变迁的动态模式与动力机制:以粮食流通政策为例
	ZHENGCE BIANQIAN DE DONGTAI MOSHI YU DONGLI JIZHI:YI LIANGSHI LIUTONG ZHENGCE WEI LI
著　　者	丁太平
责任编辑	赵怀瀛
责任校对	柳　晨
装帧设计	伍　胜

出版发行	西安交通大学出版社
	(西安市兴庆南路 1 号　邮政编码 710048)
网　　址	http://www.xjtupress.com
电　　话	(029)82668357　82667874(市场营销中心)
	(029)82668315(总编办)
传　　真	(029)82668280
印　　刷	西安五星印刷有限公司

开　　本	720mm×1000mm　1/16　　印张 15.125　　**字数** 227 千字
版次印次	2025 年 4 月第 1 版　　2025 年 4 月第 1 次印刷
书　　号	ISBN 978 - 7 - 5693 - 4033 - 4
定　　价	98.00 元

如发现印装质量问题,请与本社市场营销中心联系。
订购热线:(029)82665248　(029)82667874
投稿热线:(029)82668133
读者信箱:326456868@qq.com

前 言
Foreword

　　粮食,作为国家最基本的资源之一,是支撑社会稳定与国家安全的坚实基础。对于中国这样一个拥有 14 亿人口的大国,粮食问题始终是国家治理中的重中之重。从古至今,粮食的生产、流通、保障与消费,直接关系到人民群众的生活质量和社会稳定。因此,粮食流通不仅仅是粮食生产和消费之间的简单连接,其涉及利益主体广、利益关系复杂,更是国家治理能力现代化的重要体现。在此背景下,研究中国粮食流通政策的变迁,不仅有助于深入了解中国经济与社会发展的脉络,也为未来的政策制定与调整提供了宝贵的经验。

　　自新中国成立以来,粮食流通政策经历了多次重要的调整与变迁。这些调整与变迁既是经济体制改革的体现,也是中国政府在应对国内外各种挑战中所做出的策略选择。粮食政策的演进,不仅折射出国家治理理念与经济发展模式的变化,也深刻反映了社会结构的变动与国家对粮食安全战略的调整。从计划经济时期的统购统销到改革开放初期的"双轨制",再到市场化时期逐步推进的政策调整,粮食流通政策的每一次重大变革都在不同历史阶段中扮演了重要角色,影响深远。

　　笔者立足于新中国成立以来中国粮食流通政策的变迁,系统梳理了这一历程中的重大调整与发展,旨在揭示政策演变的内在逻辑和动力机制。在对以往研究的回顾中可以发现,许多学者从经济史或党史的视角详细描述了粮食流通政策的历时过程,或在特定历史背景下分析政策调整的因果机制,这些研究为我们了解中国粮食流通政策变迁提供了丰富的史料和分析。然而以往的研究缺乏对政策变迁的理论框架分析,较少关注政策变迁的分层特征及其背后的结构性因素随时间变化的问题。笔者尝试丰富这一研究领域,系统探讨了新中国成立以来粮食流通政策的演变模式及其背后的动力机制,提出了对政策变迁的理论解释。笔者试图回答以下两个核心问题:新中国成立以来粮食流通政策的变迁具有怎样的模式?不同阶段的政策变迁受到了哪些结构性因素的制约?通过对以上问题的探讨,笔者为理解中国粮食流通政策的历史发展轨迹提供了新的思路。

粮食流通政策的变迁并非单一的历史事件,而是一个复杂的动态过程,受到多方面因素的影响。在分析粮食流通政策的演变过程中,笔者采用了以下基本维度,即政策目标、政策工具和政策设置,并结合累积性与波动性、渐进性与间断性等因素,构建了粮食流通政策变迁的动态分析框架,主要内容包括以下方面。

第一,笔者应用关于政策变迁的动态模式分析框架,通过细化政策变迁的不同层次与形态,探讨了政策变迁的多维度机制。政策变迁首先被划分为三个层次,即政策目标、政策工具和政策设置,其中政策工具、政策设置通常呈现为渐进性调整,而政策目标的变动则往往表现为由外部冲击引发的间断性变化。其次,笔者结合 Durant & Diehl(1989)和 Cashore & Howlett(2007)的研究,将政策变迁的形态分为四种类型,即累积式间断变迁、波动式间断变迁、累积式渐进变迁和波动式渐进变迁,它们反映了政策变迁过程中形态和方向的复杂性。进一步地,结合对政策变迁的层次与形态的分析,政策变迁可以呈现出诸如自稳定模式、新自稳定模式、准自稳定模式和恒温器模式等动态模式,强调政策变迁在不同层次和形态交织下呈现的稳定性与波动性。

第二,笔者结合政策体制三要素的分析框架以及政策反馈动态理论,开展对政策变迁的动力机制分析。政策体制的分析框架主要包括政策理念、利益主体和制度结构三个核心要素。政策理念是指在特定领域中的支配性思想体系,它为政策设计提供了方向和合法性,决定了对政策问题的界定及对政策目标的选择。利益主体是指参与政策过程的各方行动者,包括政府、利益团体、社会组织等,他们的利益博弈和相互影响在政策变迁中起着关键作用。制度结构则包括政府的决策和执行机制,它决定了政策实施的方式与效率,并且是政策执行过程中至关重要的支持系统。这三个要素相互作用,形成政策体制的动态平衡。根据政策反馈理论,内部包含积极反馈的稳定政策体制,一般与政策稳定相联系,是稳态政策变迁的结构基础;内部包含消极反馈的处在衰败过程中的政策体制,将会产生不稳定的政策,政策将在政策目标以及政策工具层面呈现出波动式变迁模式。

通过对不同历史阶段政策变迁的纵向分析,笔者发现,中国的粮食流通政策经历了计划经济时期的自稳定模式(1949—1978年)、市场化时期的目标振荡模式(1979—2003年)以及转向粮食安全时期的转换性稳定模式(2004—2020年)。这三种模式的动态机制分别具有以下特点。

在计划经济时期,针对统购统销政策中存在的过度征粮对农民利益造成损害的消极反馈,在农业合作社(生产队)的农村集体化经济制度设计下得以吸纳。在政策设置层面,在平衡国家、农民和城市消费者利益的过程中政策呈现波动式变迁,从而保证了政策目标和政策工具的稳定性。

在市场化时期,在有限的制度能力下,粮食流通政策需要兼顾两组方向不同的政策目标和政策工具。由于两个政策目标之间的方向性差异,产生了相互冲突的消极反馈,而以国有粮食企业为执行主体的单一制度结构吸纳这种反馈相对困难。这一时期,粮食流通政策在计划收购与市场化政策工具之间进行振荡调节,从而实现不同政策目标之间的平衡。

在转向粮食安全时期,市场化粮食流通政策引发的供求和价格波动等消极反馈通过政策性粮食收储制度得以吸纳。尽管这一时期的政策工具呈现市场化特征,但仍然实现了国家粮食安全的根本目标。

通过对粮食流通政策变迁的梳理与分析,笔者不仅在理论上对政策变迁的模式进行了分类和解析,也在实践上为国家粮食安全治理提供了参考。粮食政策的演变过程,是国家在不同历史阶段应对粮食安全挑战的实践史,展示了党和国家在应对粮食问题上的不断探索与进步,反映了国家治理能力在复杂社会经济背景下的逐步提升。未来,中国的粮食流通政策将面临新的机遇和挑战。在全球化背景下,粮食安全不再仅仅是国内生产和流通的问题,还受到国际市场的波动、气候变化以及国际贸易摩擦等诸多因素的影响。在这样的复杂环境中,如何保障国家粮食安全,如何在转向市场化的同时保持对粮食安全的有效调控,如何在开放环境中维护国家核心利益,将是未来政策制定者需要面对的重大课题。笔者通过对历史经验的总结和对政策动力机制的深入分析,希望能够为这些问题的解决提供理论支持和实践依据。

最后,感谢在本书的研究与写作过程中给予笔者帮助和支持的所有同仁和朋友。希望本书能够对关注粮食安全和政策变迁的读者有所帮助,也期望它能为未来的研究和实践提供一些有益的参考。

丁太平

目 录
Contents

第一章

导　言

第一节　研究背景与意义

一、研究背景

"洪范八政,食为政首"(《汉书·食货志》),粮食是国计民生的根本。美国记者丹·摩根在《粮食巨人:一件比石油更强大的武器——国际粮食贸易》一书中提道:"在现代文明中,粮食是世界上唯一比石油重要的资源。"20世纪70年代,时任美国国务卿基辛格曾说过:"谁控制了石油,谁就控制了所有国家;谁控制了粮食,谁就控制了所有的人。"粮食是工业现代化的物质基础。工业的发展程度取决于以粮食为核心的要素供给结构以及产品需求结构。粮食也是城市化的重要基础,粮食作为生存必需品支撑着大量不事农业的城市居民,对社会稳定具有战略意义(丁声俊,2015)。

进入21世纪以来,粮食的国家战略地位日益突出。在粮食武器化、金融化和种子殖民化的背景下,粮食的公共物品属性和其对国家主权安全的关键性作用逐渐显现(Vivero-Pol,2013)。2008年,国际大米价格因投机炒作暴涨200%,小麦价格也上涨171%,导致亚洲、拉丁美洲和非洲等地区发生社会动荡,大量民众因食品价格高涨而走上街头抗议。2020年受新冠疫情的影响,越南、罗马尼亚等国家,纷纷出台政策干预或禁止本国粮食出口,全球可能再次面临粮食危机。可见,粮食及其安全所具有的公共物品属性仍然是值得重视的关键问题。

长时期以来,中国的粮食生产及其发展是国家发展的战略根本性问题。从"以粮为纲、全面发展"的农业生产方针到"谷物基本自给、口粮绝对安全"的粮食安全战略,无不显示国家对粮食以及粮食战略重要性的极度重视。坚持"食为政首"并将解决粮食问题提到"一切发展"根本性战略地位,也是进行国家治理的基本认识和基本经验。这一点从历代领导人的讲话中都能见到,毛泽东同志强调,"不抓粮食很危险。不抓粮食,总有一天要天下大乱";邓小平同志讲到,"不管天下发生什么事,只要人民吃饱肚子,一切就好办了";江泽民同志指出,"中央所以反复强调农业的特殊重要性,是从我国人多地少这个基本国情,从保持全国经济、社会稳定发展的全局性要求出发

的,也是从保持和加强我国在国际竞争中独立自主地位的战略性要求考虑
的";胡锦涛同志强调,"如果吃饭没有保障,一切发展都无从谈起";习近平
同志也强调,"在粮食问题上不能侥幸、不能折腾"。这是领导人对粮食问题
的深刻认知,"以我为主"的粮食安全战略始终不能放松。

粮食流通是连接工业与农业、城市与农村、生产与消费的重要纽带。粮
食流通涉及粮食收购、储存、运输、加工以及销售等各个环节,是引导生产与
消费、实现商品价值增值,以及保障粮食安全的重要环节(石明明 等,2009;
张先轸 等,2014;张国钧 等,2019)。因此,国家对粮食流通部门的改革始终
保持谨慎。从1953年建立统购统销政策开始,粮食流通经历了计划体制、
改革开放初期的双轨制,以及21世纪以来以粮食安全为核心的体制调整。
在这一制度改革过程中,粮食流通政策也经历了不同的调整,即从统购统销
时期稳定的计划征购与销售政策,到双轨制时期粮食流通市场放开-收紧的
循环政策,再到加入世界贸易组织之后中国的粮食流通全面市场化的政策。
面对国内粮食安全市场开始受到国际粮食市场的冲击,未来的粮食流通政
策如何调整将成为决策者面对的重要挑战。

正因为如此,粮食流通体制与政策一直备受关注,一些研究聚焦于政府
与市场的对立,以及粮食流通政策中引入市场化工具的成本与收益等问题
(张晓涛,2005)。尽管大量研究在理解这一问题上取得了重要进展,但从政
策变迁的视角来看,相关研究仍显不足,尚未形成完善的对粮食政策变迁机
制的解释。

从现实层面看,粮食是商品,其相关改革还涉及粮食安全、农民福利和
消费者福利。因此,理解粮食与粮食流通政策需从社会政治、国民经济及农
业农民三个层面进行综合分析。1990年,时任商业部副部长白美清指出:
"粮食是农业的基础,粮食流通体制不改革,势必影响到整个经济体制改革
的进程。我们应当从国家的经济发展战略,从经济体制改革的总体战略的
高度来认识粮食流通体制改革的问题。"(白美清,2014:20-30)

从1953年国家决定建立统购统销政策开始,到2021年《粮食流通管理
条例》再次修订,中国粮食流通治理经历了近70年的改革历程,国家对于粮
食流通治理结构的调整取得了巨大成就,也付出了一些代价。马九杰、孔祥

智（1999：38）也指出，中国很少有一个体制像粮食流通体制这样，自新中国成立以来一直在改革。这一丰富的政策实践过程为国家治理演变提供了重要的案例。因此，笔者希望建立一个统合的理论框架，既涵盖政府决策的总体目标，也考虑特定约束条件下的政策选择空间及可用政策手段，以解释粮食流通政策变迁的模式与动力机制。

二、研究意义

本研究具有现实和理论两个层面的意义。在现实层面，粮食流通部门不仅涉及粮食生产和消费，还关乎国家粮食安全与人民福祉。没有哪个国家能够否认粮食安全的重要性，因此，对粮食流通政策的分析是理解粮食流通治理结构的重要抓手。从理论层面看，对政策变迁和粮食流通政策变迁的研究仍显不足，尤其是对变迁模式及动力机制有待深入探讨。据此，本研究的意义可以归纳如下。

（一）现实意义

首先，粮食流通政策对于保障国家粮食安全具有重大意义。

基于资本主义工业化供给体系所建立的粮食产业，其生产与贸易往往只是实现利润最大化的工具手段。这一体系下的粮食产业不仅不能满足本国人民健康、营养的食品需求，而且会产生更多的粮食浪费、环境破坏甚至粮食危机（Vivero-Pol，2017）。在粮食贸易自由化之后，面对来势汹汹的国际粮商，少有国家能够保护自己的粮食自主权。失去本国粮食市场控制权的国家，只能对大型国际粮商唯命是从。建立与发展具有本国特色的粮食产业，才能满足人民吃得饱、吃得好的"美好生活愿望"。

其次，粮食流通政策不仅关乎农业生产，还涉及商业流通与居民消费，关系诸多利益主体，对其机制的分析有助于更全面地理解政策实施的实际效果与可能产生的矛盾。

我国农业生产长期以分散的小农经济为基础，主要以自给自足为特征，剩余粮食进入流通领域，为城市居民提供口粮，为工业提供生产资料。通过流通部门释放需求信号，能够引导农业生产，确保国家粮食结构安全。当前，仍需探索高效的粮食流通政策，以对接生产并引导结构调整。全国每年生产的1.3万亿斤粮食中,70%通过流通进入消费领域。如何解决人民的吃饭问题一直是国家粮食政策的一个重要目标。"谷贱伤农,米贵伤民",粮食价格的剧烈波动会引发民众不满,甚至可能引发社会动荡。粮食流通不仅要确保国民吃得饱,还要让国民吃得好。人体的营养需求包括碳水化合物和通过饲料粮转化的脂肪、蛋白质等多种成分。习近平总书记在2017年中央农村工作会议上指出,"老百姓的食物需求更加多样化了,这就要求我们转变观念,树立大农业观、大食物观"。因此,粮食流通部门应引导居民形成健康合理的饮食结构,避免低效流通压抑需求或造成消费结构失衡。

第三,粮食流通政策是理解粮食流通治理结构的重要抓手。

粮食流通政策影响着粮食流通利益主体的格局塑造以及资源分配方式,反映出政府的执政理念与国家治理的现代化水平。没有科学、有效的关于政策以及政策过程的知识,将难以实现国家治理现代化的目标。对于粮食流通政策内容及其影响的了解,是建立充满活力的粮食流通治理结构的重要基础。正因为粮食流通部门涉及利益主体广、利益关系复杂,解决好粮食问题,实现粮食供求平衡,选择合适的粮食流通治理结构以及政策十分重要,白美清曾强调:"粮食流通体制改革在整个经济体制改革中占有重要的战略地位,是关系到经济全局,牵动整个经济体制改革的一个重要问题。"(白美清,2014:20-30)中国粮食流通治理经历了70余年的改革历程,国家在对粮食流通治理结构的调整取得了巨大成就的同时,也付出了一些代价。如此丰富的政策实践过程,不仅为我们提供了一个国家治理演变的重要案例,也是中国现代化发展道路的微观写照。

笔者将围绕粮食流通政策,通过构建粮食流通政策变迁的动态分析框架,挖掘新中国成立以来粮食流通政策变迁的演进过程与特征,为完善粮食流通体制、促进粮食产业发展提供政策建议。

(二)理论意义

粮食流通部门是粮食经济的重要组成部分,与粮食流通有关的粮食流通体制改革、国有粮食企业改革、粮食价格支持政策以及购销政策等均受到了研究者的广泛关注。这些研究主要涉及经济史、新制度经济学以及制度主义等。对粮食流通政策变迁的研究将有如下理论贡献。

首先，通过粮食流通政策变迁的历史材料，对其变迁机制进行学术解释。

关注粮食流通历史分析的相关研究主要集中在两方面。

一部分研究包括对粮食生产、流通、消费在内的新中国成立以来的国家粮食工作的细致梳理。诸如，赵发生（1988）撰写了《当代中国的粮食工作》一书，详细考察了 1949 年到 1984 年间国家在各个方面的粮食工作。唐正芒（2009）撰写了《新中国粮食工作六十年》一书，基于中共党史的角度详细地梳理了 1949 年到 2009 年之间的粮食问题，讨论了粮食与政治间的相互关系。宋文仲、齐兴启（2001）主编的《改革开放以来粮食工作史料汇编》一书，汇总了自 1978 年到 2000 年粮食工作文件与重要论述，以及相关粮食统计资料等。

另一部分研究则集中关注粮食工作的特定领域，如粮食流通与宏观调控领域。赵德余（2017）撰写了《中国粮食政策史：1949—2008》一书，从粮食政策的视角，分不同时间段观察了粮食政策中的不同侧面，包括统购统销政策决策的历史过程，从主流政策观念变迁等角度解释了改革开放之后粮食双轨制以及历次粮食改革出现的历史原因。程国强（2012）撰写了《中国粮食调控：目标、机制与政策》一书，从国家宏观调控的角度，分析了国家对粮食流通市场的宏观调控目标与手段的演进过程。聂振邦（2009）主编的《中国粮食流通体制改革 30 年（1978—2008）》则汇集了改革开放以来，中央与地方粮食部门针对粮食流通体制改革的报告，以期汇总不同地方政府粮食部门对于粮食流通政策改革的看法与观念。

这类研究均将粮食政策放在一个较长的时间序列中加以考察，从历史的角度分析了政策的发展过程，提供了粮食政策的历史发展脉络。但是这类研究大多是对政策的过程描述，主要侧重于政策变迁的史实记录，尚未形成较好的对粮食政策变迁机制的解释。

其次，总结长时间段粮食流通政策变迁背后的结构性因素。

在关注特定时间段的粮食流通政策变迁因果机制的同时，容易忽视政策变迁背后的结构性因素。改革开放初期，由于国家经济体制处于转轨时期，粮食生产也一直面临着"两丰一平一欠"的生产周期。此时粮食流通政策调整经常在粮食产量过剩时期放开粮食经营与价格,在粮食产量不足时则调整为国家经营与定价的模式。不少学者即围绕粮食生产周期与粮食价格角度分析粮食流通政策变迁的过程(卢锋,1999;王德文 等,2001;罗必良,2003;赵德余,2010)。总结来看,主要包括下述研究视角。

一部分研究是以卢锋(1999)为代表所提出的粮食流通政策的"半周期改革"现象。他认为由于国家粮食流通政策而产生的认知偏误促使粮食价格与供求产生偏差,导致了粮食流通市场上粮食供应过剩现象的发生。这类针对粮食供求角度的粮食政策变迁分析,在 20 世纪 90 年代的粮食市场化时期确实极具解释力。但这一解释尚未回答为什么在同样的粮食过剩背景之下,国家的粮食政策调整方向却并不相同,即为何在 1993 年推出了"保量放价"的市场化改革,而在 1998 年又推出了以"三项政策、一项改革"为标志的由国有企业垄断粮源的逆市场化改革。粮食产量的周期性变化实际上是家庭联产承包责任制之后小农经济生产的基本特征,粮食产量在这个周期的基础上波动较大,更有可能是 20 世纪 90 年代粮食流通政策的效果,而非粮食领域出现半周期改革的原因[1]。

另一部分研究是基于制度成本与收益的新制度经济学的分析。张晓涛(2005)认为,国家粮食流通政策的变迁体现为供给型的强制性制度变迁的过程。这一政策变迁的动力是国家对于维持制度的成本与收益的考虑。国家面临的巨额财政压力是粮食政策市场化改革的重要动力。如 1985 年和 1993 年的粮食市场化改革都是在国家面对迅速增加的财政压力的情况下而进行的(赵德余,2011)。

基于财政压力解释粮食流通政策变迁的过程,忽视了造成财政压力背后的不同治理结构性要素。改革开放之初,粮食流通领域中财政支出大幅上涨,主要是因为国家所背负的福利转移,既包括由粮食购销倒挂产生的向农民与城市居民的福利转移,也包括由保护价收购产生的向农民提供的价格补贴。这些福利大部分是需要国家承担的。20 世纪 90 年代中后期出现

---

[1] 因为粮食流通背后涉及的是粮食的有效市场供应问题,能够对粮食市场产生影响的是商品化的粮食数量而非单纯的粮食产量(温铁军,1996)。

国有粮食企业大规模挂账，则是国家为了维持粮食流通运行而产生的制度成本，包括国有粮食企业在买卖粮食的过程中产生的巨额经营亏损以及库存压力。将财政压力的来源进行分解，可以发现，在不同条件下财政压力对于粮食流通政策调整的影响很可能不同，这一影响机制很大程度上需要结合国家的财政能力以及不同时期的制度环境进行分析。

再次，提炼长时间段粮食流通政策变迁的分层特征。

基于长时间段解释粮食流通政策变迁的学者尚未关注到政策变迁的分层特征。目前关注长时间段粮食流通政策变迁的学者，一部分是从国家与农民的权利与义务之间的关系出发的。张曙光引入了政府和农民的"计划权利-计划义务"关系来解释粮食政策变迁的过程。他认为，制度变迁的过程是国家与农民之间权利和利益的转移过程。粮食政策的改革过程实际上是国家与农民和城市居民的计划权利和计划义务的交易过程。钱煜昊等（2019）将这一解释框架进一步深化，从制度变迁中主体责任扭曲以及制度刚性的角度，分析1949年以来粮食流通制度的变革过程，认为粮食政策变迁出现反复的过程，恰恰是因为粮食系统内部国家、购粮居民、种粮农民以及国有粮食企业对于自身所具有的权力与责任认识扭曲，以及粮食政策存在的制度刚性所造成的。

这些基于权利与义务分配的研究，拓展了单纯关注粮食流通领域政府与市场关系的视角。但是，由于在粮食流通领域，政府较少受到其他利益团体的压力游说①，这种对权利与义务分配的调整从国家感知责任和政策目标的角度出发，以国家对于自身权利与责任的扭曲为出发点来对政策变迁过程进行分析。这便形成了另一部分，即对国家感知责任与义务的研究。

彭新万（2009），赵德余（2010），周洲、石奇（2017）从国家理念的角度出发来解释粮食流通政策变迁的过程，认为是国家所秉承的政策理念或政策价值引导了不同政策阶段中政策目标的组合偏好序列，从而形成了不同的政策发展阶段。赵德余（2010）认为，政策决策者的主流观念决定了粮食流

---

① 诸如粮食市场上强大的国有粮食企业也是附属于中央粮食行政部门的差序格局之中，这一点熊万胜（2011）在系统地解释粮食市场之中国家、国有粮食企业以及私有粮商之间的关系时也指出，当时的粮食市场依旧是以中央粮食行政部门为核心以及不同身份的企业依序排列的差序格局市场体系。

通政策的目标与政策安排,是主流观念的变迁导致了政策不断收缩与调整。粮食流通政策的主流观念,包括政策目标集合与政策目标偏好。由于外部环境以及粮食部门的变动,国家针对与粮食相关的主流观念以及政策目标组合随之发生改变,粮食流通政策的调整过程便体现为国家针对粮食流通政策目标组合变迁的过程。

基于国家观念的分析拓展了上文关于国家权利和义务分配的研究,为国家感知责任和政策目标建立了理念基础。但是这些研究针对政府的基本假设都是基于理性经济人的假设,然而政府作为行为主体的理性是有限的,很难遍历所有改革计划,并对所有的政策目标进行排序。另外,政策理念的变迁与演进过程和政策执行过程产生的政策反馈密切相关(Sewerin et al.,2020),这种政策反馈过程如何与政策理念交互而形成不同的政策变迁形态则需要进一步分析。

概言之,上述针对粮食流通政策的研究,从党史、经济史的角度,为分析粮食流通政策提供了丰富的历史材料,但是更多是从事件发生的角度,梳理政策产生的历史,较少从结构性的维度关注粮食流通政策,并总结粮食流通政策变迁的模式。基于生产周期、制度成本、利益团体以及主流理念等进行研究的学者已经认识到粮食流通政策的内在复杂性,但其在剖析政策时,并没有认识到政策自身内部的复杂构成,仅将粮食流通政策看作单一维度概念,致使在研究粮食流通政策变迁时,只能将其简单划分为市场化和政府管制两种变迁形态,从而得到经济体制双轨制时期粮食流通政策出现反复的结论。

在进行粮食流通政策变迁的分析时需要重新审视两个问题。第一,政策与政策变迁的概念内涵。政策本身包含了政策目标、政策工具以及政策设置等多重维度变量,在不同时期,政策在每个维度上都可能呈现出不同的形态。可以对这些不同维度的政策变迁形态进行细致分析。第二,粮食流通政策变迁作为粮食流通治理结构的输出,其变迁影响因素具有结构互动特征。粮食流通政策不仅会与外部环境进行互动,还会与结构内部其他要素进行互动。若要了解粮食流通政策如何与国家治理结构的其他部分相联系与互动,需要通过一组操作化的政治因素来分析影响粮食流通政策演变的过程。这样一组政治化的因素组合为包含政策理念、利益主体以及制度结构的政策体制模型。

第二节 政策变迁研究综述与理论视野选择

一、政策变迁研究的四个范式

Capano(2009)认为理解政策变迁需要解决五个问题，包括政策变迁的定义(即真正的研究对象)、政策变迁的类型(渐进的还是剧烈的)、政策变迁的结果(可逆的还是不可逆的)、政策变迁的抽象程度(即针对政策变迁的研究是共生演化的观点，还是还原论的观点)、政策变迁涉及的因果机制。由于政策变迁的定义十分广泛，包括对政策问题的定义、政策议程的结构和内容、政策方案的内容，以及政策执行结果的变化等，因此，从不同本体论与认识论视野研究政策变迁的学者，对政策变迁进行了不同的定义，也就有了不同的解释框架。Friedman(2007:482－496)的政策分析框架为政策变迁的研究类型的划分提供了一定参考。他将政策分析类比为组织分析。参照 Morgan(1981)对于组织理论范式的分类方法，通过区分两个研究哲学(research philosophy)维度，他将政策理论分为四种类型。两个哲学维度分别是："主观主义-客观主义"维度，代表对社会本体的假定，即政策究竟是客观实体，还是主观产物；"规制-激变"维度，代表一种理论对政策本质的假定，可以理解为决定论的和非决定论的。规制视角强调社会和人类行为的规则，认为社会制度和结构具有一定的统一性和凝聚力，具有决定论特征；激进视角则强调能动性带来的非决定特征，强调行动对结构的改造能力。依据这两个维度，旨在解释政策变迁的理论可以划分为如图 1－1 所示的四个部分，即功能主义、解释主义、激进人文主义以及激进结构主义四种理论范式①。

---

① Morgan(1981)通过两个维度划分出了四类理论范式，但是这四类理论范式处在两个维度的连续统(continuum)之中。矩形上的四个点只是两个维度的四个极端状态，因此即便是同属功能主义的理论，有的理论可能更偏向功能主义正方形中的左下角，而有的理论可能更偏向功能主义正方形中的右下角。因此，对于在分类范式中的一个理论并不能片面地理解为这一理论不是客观主义，就是主观主义，或不是规制维度，就是激进维度。

图 1-1　政策变迁理论范式分类

1. 功能主义范式

功能主义范式是规制和客观主义的集合,根据功能主义范式下的理论,通过系统、联系的角度,可对社会的行动、仪式等宏观或微观现象进行解释,最具代表性的是社会学的结构功能主义以及人类学的功能主义等。在政治学与政策研究之中,可以追溯至伊斯顿的政治系统理论,以及阿尔蒙德的结构功能理论,这两种理论强调政策是政治体系的重要输出,主要功能是维持政治体系在社会系统之中的稳定。这个范式中最重要的假设是组织和个人都是理性的,在政治生活中政治发展是连贯而稳定的。这个范式最具代表性的理论即理性选择制度主义和历史制度主义。

应用理性选择制度主义与历史制度主义对政策变迁的研究体现为对制度变迁的关注,学者将政策看作制度的特殊形态,以分析制度变迁的逻辑分析政策变迁。制度的作用体现在为行动者提供有关其他行动者行为的确定程度,即制度提供了行为约束集。制度的存续是因为制度表现出类似于纳什均衡的某种平衡。因此,根据理性选择制度主义,制度的变迁是一个不连续的过程,当制度在实现其所应该发挥的功能时出现了某种"失败",制度变迁将会产生(Hall et al.,1996)。

不同于理性选择制度主义对制度的功能性作用假设,应用历史制度主义对制度进行分析的目的是"找回国家自主性"。可借助社会学习的概念分析政策变迁过程。霍尔通过界定政策的第一序列、第二序列与第三序列变迁的概念,区分了政策变迁之中常规变迁与范式性变迁之间关于社会学习的差异,扩展了社会学习模型。由于历史制度主义不同于理性选择制度主义的政治多元主义的假设,霍尔的这一范式性变迁概念被国内的一些学者广泛应用(孙欢,2016;魏娜 等;2018)。

根据历史制度主义,制度形塑了个体行动者的偏好,一方面通过制度所赋予行为者的权力位置而发生作用,另一方面通过界定行动者,以及界定自己利益与偏好的方式产生影响。应用历史制度主义的学者将制度的发展机制描述为积极反馈效应,制度一旦被建立,便进入了路径依赖之中,制度的变迁过程体现为"断续性平衡理论"。制度在经历了一段长时间的稳定后,会在某一时刻内被危机所打断,从而产生突发性的意外制度变迁,此后,制度会再次进入静态平衡期(Steinmo et al.,1992)。根据功能主义范式,学者倾向于将政策变迁的内在机制理解为制度本身的功能失调,或制度本身所具有的自我增强效应,但是当政策发生波动时,对促使政策发生变迁的解释便只能归因于政治系统的外部冲击。基于功能主义的政策问题可以很好地解释政策稳态的形成。

2.解释主义范式

解释主义范式是规制与主观主义相结合的研究范式。应用此范式的学者常将政策看作主观产物,将具有结构性的单一且强势的稳态观念集合看作政治驱动力量。不同学者对历史制度主义进行解释主义的改造,从而发展出了不同类型的制度主义,比如 Blyth(2002:1 - 17)的理念制度主义(ideational institutionalism),以及 Schmidt(2010)的话语制度主义(discursive institutionalism)等。这些学者没有更加激进地走向解构主义,而是认为理念与利益、制度、文化规范这些结构性因素相结合才能更具解释力。这些分析路径都带有建构主义色彩。

这类研究主要以 Schmidt 的话语制度主义为代表。Schmidt 详细分析了话语对于制度形成或制度变迁的塑造过程,这一过程包括对政策进行建构的协调性话语(coordinative discourse)与政策沟通的交往性话语(communicative discourse)。协调性话语过程主要指政策行动者参与政策性话语的提出、论述以及辩论过程,他们通过分享认知性及规范性观念来实现共同的政策目标。政策行动者通过协调彼此的话语行动寻求达成可以共享的政策。交往性话语过程是指将已经形成的政策共识向公众传达并由公众探讨和审议的话语过程,不仅包括公众的审议过程,还包括政策行动者对于公众审议的回应而形成互动的过程。

观念产生话语的过程可以简述为,政策参与者对于某项特定政策问题具有特定的政策理念,通过相应的活动,政策参与者将这一理念转化为协调性话语与交往性话语,形成可以被广为接受的政策话语。政策话语为人们提供了何为政策问题、政策目标以及政策工具的政策图景。通过话语的建构实现政策变迁的过程,可以总结为两个方面:一方面,理念以话语的方式呈现出来,呈现方式包括叙述框架、故事、集体记忆等形式;另一方面,观念与话语通过交互的形式相互影响。引发政策变迁的理念还会受到不同的影响,既包括协调性话语过程中不同政策参与者的影响,也包括交往性话语过程中公众的影响(Schmidt,2010)。

这一领域对政策变迁的研究则主要集中于关注不同行动者的话语建构和意义表达等机制。张海柱(2015)在分析改革开放初期合作医疗没有成为农村医疗的改革方向时认为,由于合作医疗被建构为"左"倾的产物、"非生产性开支"和落后的初级健康保障制度,从而遭到了质疑乃至"否定"。这一类理论强调理念与话语对政策的建构过程,政策的稳定与变迁取决于理念和话语的互动过程。

3.激进人文主义范式

激进人文主义范式是激进和主观主义的集合。属于激进人文主义范式的理论在关注社会的建构性特征的同时,又强调系统内部行动者的主观能动性。研究者强调行动中的个体并不是嵌入社会结构中的无意识个体,这些个体具有高度反思性,并借助话语或叙事模式的建构而实现政策变迁。这类理论属于较为新兴的理论,以政策叙事、行动者中心建构主义为代表,其中著名的研究是 Schneider & Ingram(1993)所提出的目标群体的社会建构理论,强调被建构为积极形象的社会群体将会获得更多收益。目前国内针对政策叙事以及社会建构的研究处于起步阶段。徐增阳等(2021)分析了地方政府对政策的社会建构如何影响政策扩散形势。李毅(2019)解释了目标群体社会建构类型的转变与政策变迁的内在机制,即目标群体的政治权力增加,将影响政策产生间断式变化,而社会形象的变化只能使政策保持稳定。以上学者关注的是政府作为行动主体对不同目标群体的建构产生的政策效应，但是政策系统外部的建构因素尚未得到关注。在这一研究领域，有关政策叙事的研究者提出了一个较好的视角，即王英伟通过分析公共媒体在微观层面、中观层面以及宏观层面的政策叙事策略，阐述了媒体在影响城市专车监督政策过程中的重要作用，但是目前这类研究相对还不多见。

4.激进结构主义范式

激进结构主义范式则是规制与客观主义的集合，涉及理解社会中的结构模式，诸如层级关系、利益关系之间存在的控制与压迫的程度，强调对维持社会稳定现状的一种超越，以分析实现变迁的内在动力。政策过程理论之中的多源流理论、倡议者联盟理论以及间断均衡理论，均可被划分到激进结构主义范式之中。

应用多源流理论的学者将政策变迁的研究视角定义在政策议程阶段的政策采纳（policy adoption）层面（Zahariadis，1995），主要从政策的问题流、政策流与政治流三个层面，关注如何将一个社会或经济问题，上升为一个政策问题，并形成正式政策决策（Kingdon，1984）。政策议程设定的问题流，涉及如何将一个社会经济问题上升为政策问题，主要影响因素是特定政策的政策效果，不同的政策效果将会影响政策制定者对于某一政策领域的因果信念，进而影响对某一政策问题的看法（Béland，2005）。政策流主要涉及政策方案的形成，而一套由政策理念构成的政策范式内部，包含特定的解决相应政策问题的政策工具，会对政策制定者具有一定的规范意义，从而为相应的政策问题选择合适的政策工具（Berman，1998：32）。政策流将决定政策产出，这一阶段通过政策宣传引导决策最终形成。政策理念通过政策宣传建立的意识形态框架（ideological frames）发生作用，通过建立框架，决策者的政策理念被广泛宣传，从而使决策者获得公众支持。任锋、朱旭峰（2010）通过修正多源流理论，认为媒体触发、最高领导层意志和意识形态工程这三个方面，对于推动中国意识形态公共政策的议程设定具有重要作用。柏必成（2010）则是借助多源流理论，分析了我国住房公共政策变迁的动力，认为问题的变化、方案可行性的增强、政治形式的变化、外部事件的冲击以及正

面政策效果的积累推动了住房政策的变迁,可见其分析视角依旧是集中的
政策议程设置阶段。

　　间断均衡理论重点聚焦议程设定和决策阶段,应用此理论的学者主要
关注国会或议会上审议通过的政策议程或政府财政支出变化的过程。影响
政策议程和政府财政支出变化的主要影响机制,集中在政策图景(policy
image)、政策垄断(policy monopolies)和场域选择(venue shopping)概念上
(Baumgartner et al.,2010:47-60)。根据间断均衡理论,政策的变迁呈现
长时期的政策稳定与剧烈的政策变动。在政策稳定时期,针对某一政策的
特定政策方案在特定政策场域中属于政策垄断状态。随着政策垄断中开始
出现不同的利益团体,这些利益团体为了寻求政策议程的变动,开始争夺政
府的注意力。这些利益团体采取的策略是通过不同的政策图景来描述政策
问题,针对特定的政策图景将呈现出多元化的状态。当针对某一政策问题
的政策图景受到政府注意,上升到国家政策议程之上,并形成了特定的政策
时,原有的政策垄断被打破,政策剧烈变动就会产生。文宏(2014)结合间断
均衡理论分析了出租车政策变迁过程,认为与西方公共政策变迁不同,中国
背景下宏观价值层面与地方领导人的态度,以及公民的反应成为影响公共
政策间断的重要因素。

　　倡议联盟理论涉及长期政策变迁,认为政策变迁本质上是政策参与者
信念系统演化的过程(Real-Dato,2009)。Sabatier 和 Jenkins-Smith 将个体
的信念体系分成三种结构型态:①深层核心信念,是定义个人观、社会观与
世界观的根本规范;②政策核心信念,是在政策子系统内如何达成深层核心
信念的因果认定、基本策略与政策立场;③次级信念,即一组有关如何达成
政策信念的工具性政策的考量。从变迁的难易程度而言,深层核心信念的
转变最为困难,次级信念的转变最为容易。当政策变迁会挑战多数人的深
层核心信念时,成功的可能性较低。根据倡议联盟理论,为实现基于深层核
心信念构建的政策目标,特定政策联盟的行动者会利用其政治体制下的参
与途径,影响政府政策活动,推动政府采用对联盟最有利的政策工具
(Kübler,2001:624)。田华文、魏淑艳(2015)运用倡议联盟框架分析广州垃
圾治理政策变迁,提出其经历了"政策论坛—政策学习—信念改变—政策变

迁"的演化过程。宋心然（2017）以倡议联盟框架分析网约车政策变迁，指出即使核心信念未变，联盟剧烈变动、外部事件冲击、中国特色部门立法和政策联盟力量对比仍会导致政策剧烈变迁。

二、理论视野的选择

对任何学科来说，解释变化或演化都是一个挑战。通过对上述四个范式中政策变迁理论研究的整理，可以看到诸多理论与方法被用来研究政策的稳定与变迁。总结来看，受到行为主义的影响，为了打开政策的政治过程"黑箱"，更多的学者走向了更偏重对行动者的行动过程的研究方向。多源流理论侧重于议程建设，主要关注政策决策阶段不同源流对决策形成的作用，旨在破解政策决策过程中的黑箱。间断均衡理论则是从个体的有限理性假设出发并结合政治制度的特征，从政策议程设置以及政策问题界定角度关注政策如何呈现出长时间的稳定以及由于突然的间断而产生变迁的现象（Baumgartner et al.，2010）。基于倡议联盟理论，政策变迁反映的是政策参与者信念系统的变化过程，因此政策变迁过程就体现为这些倡议联盟中行动者信念的演化与互动过程（Real-Dato，2009）。基于理性选择的制度主义理论，从制度分析与发展框架角度分析政策变迁的可能性，认为政策变迁是制度框架基于集体行为所产生的渐进变迁过程。处在不同制度位置的个体面对制度所提供的不同制度选择与激励，形成不同集体行动，为政策变迁创造了可能性。

随着制度主义、多源流理论、倡议联盟理论、间断均衡理论等诸多理论的成熟和完善，多数学者开始结合这些理论的微观的过程机制进行研究。这些理论视角为政策变迁的分析提供了理论基础，同时在解释政策变迁过程中也创造了一些新的研究空间。

1. 理论视野的选择概说

笔者的目的是历史地解释新中国成立以来粮食流通政策变迁及其动力机制，因此需要选择长时期的具有结构性和演化性的分析视野，不适合从过程/机制叙事框架进行分析。在长时期政策变迁的分析当中，时间和历史在分析政策变迁时十分必要。时间是关于变革的性质和变化过程的本质区隔因素（Capano，2009）。

　　随着 20 世纪五六十年代行为主义的发展，基于过程分析的研究方法广泛出现在政治学、社会学等学科。拉斯韦尔（Lasswell）明确提出了"政策科学"概念，通过建构政策过程的概念图系，从而建立启发式"政策过程"以了解政策行动的主要阶段。自此，政策过程开始进入政策研究的视野，呈现为对多源流理论、倡议联盟理论，以及历史制度主义的关键时刻的研究，倾向于聚焦政策过程的关键时间点，从中分析政策企业家、政策联盟或关键制度设计对政策关键时刻的重要影响，形成了基于"快照"（snapshot）的过程/机制叙事框架。

　　虽然基于"快照"的分析模式可以帮助研究者迅速打开政策过程的"黑箱"，但是这些针对政策制定过程细节的横向研究，难以从时间维度上把握住政策变迁的过程轨迹。尽管一些政策按照既定目标被设计出来，因为决策者很难对政策的"适应性"做出预测，只有政策实际运行之后才有机会观察其与政策系统中其他要素的互动过程。对这些政策的反馈结果都将是下一时段政策变迁的重要背景，毕竟政策所处的政治环境是否能够增加政策的合法性，以及政策能否赢得利益群体的支持等问题，很大程度上取决于政策制定之后的政策执行过程（斯坦默 等，2014）。政策变迁时时刻刻处在演进过程中，因此完整的对政策变迁的分析应该分为两个部分，即政策制定与政策演化。对于研究者来说，不只要关注制定政策的过程，在政策制定之后，决策者与相关者如何推进构建政策的核心思想，如何进行政策的制度安排，如何增加政策的执行力，以及政策的执行是否引起利益相关者的支持与反对，都将影响下一阶段政策变迁的动力与方向（May et al.，2013）。因此，对长时期的政策变迁轨迹的分析，有助于抓住政策系统一系列输出的行为线，从而掌握其变动规律。

　　笔者关注对长时期政策变迁的分析，这是一个基于演化视野的对政策变迁的分析。首先，重点关注政策变迁的分层细节，因为只有掌握更加细致的政策变迁形态，才有可能获得与政策变迁相关的更多信息；其次，建立政策变迁的社会动力机制，因为若将政策变迁看成短时期的现象，政策背后的结构性因素可以被看作是不变的，而进行长时期的政策变迁研究时，则不能将这些结构性因素看作是不变的。

2.考察政策变迁的分层细节

随着 Lindblom(1959)对政策渐进性变迁的研究以及 Baumgartner & Jones (1991)对政策间断性变迁研究的开展,一些学者已经开始着眼于长时期的政策变迁(Thelen,2004)。这些学者对政策变迁的定义倾向于关注政策问题、政策议程的结构和内容、政策方案的内容,或执行政策的结果等单一侧面,并形成了间断与均衡二元政策变迁形态(Baumgartner et al.,2010)。在这些研究中,政策变迁呈现出间断与渐进两个形态,于是对变迁形态的分析开始变成一个长期被忽视的问题。

阿尔蒙德与霍尔均强调政策的多层次性,指出政策变迁不仅局限于简单的间断与均衡二元模式,还包含其他复杂特征。Howlett(2009)也强调"公共政策是由政策目标和政策手段的复杂安排组成"。间断-均衡理论的来源借鉴了古生物学,其研究发现生物演进在性状上呈现出长期稳定与突然变迁的特征。然而,现代生物学研究表明,现存生物性状的演化过程呈现出异时发生、异位发生和异速生长等多种动态特征(弗图摩,2016)。这些复杂动态在现有政策变迁研究中尚未得到充分关注。因此,对政策变迁进行研究时,需要更加细致地分析政策输出的动态形态,突破对增量式或范例式政策过程的单一理解,探索政策变迁的多样化动态模式。

对于政策变迁分解较为成功的尝试是霍尔(2007)对于政策范式的分析,其认为政策变迁存在第一序列、第二序列与第三序列三个不同层次的变迁形态。第一序列变迁和第二序列变迁通常是政策系统的内生性变化过程而具有渐进性变迁性质,其中第一序列变迁通常与政策过程相联系,第二序列变迁则更可能往战略行动的方向上迈进。第三序列变迁则一般是外生性的变迁,可以被称为范式性变迁或间断性变迁。影响第三序列变迁的因素往往和异常情况的积累、对新政策的试验、政策权威核心发生转移以及竞争范式的失败相联系。政策的第一序列变迁和第二序列变迁并不自动引发第三序列变迁,即常规的政策制定可以持续一段时间而不一定促成一个范式的转移。政策的第三序列变迁的过程只可能受到外部冲击而产生。随着第三序列变迁的产生,第一序列和第二序列的政策会相应进行调整。马霍尼等(2017)在分析渐进制度变迁形态时认为制度可以通过替代、叠加、偏离以及转换不同的形态实现制度的范式性变迁,而对应到政策变迁上,表明第一序列变迁和第二序列变迁也可能内生地产生第三序列的范式性变迁。不仅需要细致分析政策内部的不同层次,而且这些层次不同的变迁形态将可能形成不同的政策变迁动态模式。

Cashore & Howlett(2007)以及 Howlett & Cashore(2007)将政策变迁细分为政策目标、政策工具以及政策设置三个层面,将政策变迁模式总结为自稳定模式(homeostatic model)、恒温器模式(thermostatic model)、准自稳定模式(quasi-homeostatic model)以及新自稳定模式(neo-homeostatic model)。Cashore & Howlett(2007)结合了西北太平洋森林政策的案例,认为西北太平洋森林政策变迁的模式,呈现出通过政策设置层面的渐进式调整,从而导致政策目标出现范式性变迁的过程,而在这一过程中,由于国家森林的制度设置增加了环保团体影响政策的能力,从而推动政策设置层面的渐进式调整。结合对三个层面的政策变迁模式的分析尚未得到很好展开,这些研究成为笔者对于政策变迁动态模式进行分析的基础。

3.构建政策变迁的社会动力机制分析框架

不论是关注"快照"模式的政策过程研究,还是关注长时期政策变迁的研究,在这些研究中,结构性的影响因素一直被看作固定不变的影响因素,影响着台前行动者的选择偏好或行为策略。快照式研究着眼于政策决策的时刻,可能仅捕捉了决策过程的一部分内容,而这一部分内容也可能是具有高度误导性的(Pierson,2004)。不论是关注政策过程的"快照"分析,还是在间断均衡研究中对于政策间断时点的分析,都会导致研究者越来越关注转型时间点,而减少对政策历史的关注,从而忽视了政策变迁的结构性影响。

Carpenter 通过对美国立法部门与官僚关系的长时期研究发现,官僚集团通过长时期创造的职业网络给国会的政策决策造成压力,使得国会做出的决策恰好是这些官僚所需要的结果,而不是基于委托-代理理论中提出的国会要求官僚遵从国会的偏好。这一点在粮食流通政策的研究中也是如此，在改革开放初期，即粮食流通市场化时期，一些学者认为国家政策的调整是出于财政压力，但是忽视了的问题是造成财政压力背后的不同治理结构性要素。对此 Capano（2009）警示，"将政策变迁缩减到政策制定过程中的特定领域是非常危险的"，需要将政策变迁放置在政策动态的理论视角之中，以辨别在政策变迁分析中可能忽略的重要问题。

第三节　研究问题、对象与内容

一、研究问题

笔者的目的是历史地解释新中国成立以来粮食流通政策变迁及其动力机制，针对这一研究目的的分解，主要的研究问题包括如下。

1. 如何理解政策变迁以及中国的粮食流通政策变迁

政策是政治系统的客观输出，阿尔蒙德等（2007：331）认为"公共政策表示在政治过程中形成的目标，反映决策联盟期望的社会结构，反映领导人认为可用以取得这些结果的手段"。政策意图与政策结果之间的差距需要通过调整来弥合，这一调整过程即为政策变迁。特定领域的政策变迁反映了政策系统中制定、执行、完成与反馈的动态过程。对特定时间点前后政策变迁进行分析时主要关注决策、执行或反馈等具体行动，而对较长时期的政策变迁研究则聚焦政策系统运行轨迹的演变。政策变迁的基本机制在于政策系统通过学习调整行为，以更好地适应环境需求。戴维·伊斯顿指出，政策是价值的权威性分配，是政治系统的重要输出。系统内部结构及其与环境的互动共同决定了政策输出的动态模式。根据上述对于政策变迁的定义，本书中的粮食流通政策变迁是粮食流通政策体制经过一个时间段的客观输出所产生的轨迹，这一轨迹反映的是粮食流通政策体制在一个时间段的政策制定、执行、输出、完成与反馈的行动过程。

2. 如何分析粮食流通政策变迁的动态模式

对于粮食流通政策变迁过程的观察，需要突破对于政策变迁间断与均衡的单一维度的分析。仅将政策变迁看成是间断性变迁或是渐进性变迁的两种形态,会损失政策变迁及其背后结构性机制的诸多细节。如果霍尔(2007)不把英国的货币政策变迁划分为不同的子类型,他也难以发现广泛的社会学习机制,可能仅在划分政策目标的变迁类型中发挥重要作用。细致分析政策变迁的不同动态模式在粮食流通政策变迁的研究中十分重要。过去一些关注粮食流通政策变迁的学者,习惯性地将粮食流通政策的变迁分为市场化和非市场化两种非此即彼的政策类型,从而得出政策反复的结论。得出这一结论的主要原因在于,一方面忽视了政策变迁本身存在的多维度的细节,另一方面忽视了改革开放之前粮食流通体制的连贯性,而将统购统销时期的政策与改革开放时期的政策看成是对立的,实际上很多改革开放之后针对粮食流通政策调整的历史原因都要追溯至统购统销时期所建立的粮食流通治理结构。

因此,笔者将借助霍尔(2007)、Cashore & Howlett(2007)等对于政策变迁的研究,将变迁中的政策细致分为政策工具、政策目标与政策设置三个层面,并结合渐进与间断、累积与波动两个维度、四种类型的政策变迁形态,总结政策变迁可能存在的不同动态模式,拓展对政策变迁间断与均衡的变迁形态分析。

3.粮食流通政策变迁的动力机制为何

对政策变迁的研究侧重于关注微观行动主体的政策行为随时间而发生的变化,将关注点放在行动发生改变的关键时间点上,这些行为发生改变背后所隐含的历史意涵以及结构性限制亦需要进行深入观察(皮尔逊,2014)。Liberman(2002)以及 Pierson(2006)强调,政策应当是多重过程的结果,其中包括目标导向的行动的策略选择,环境条件的变化、社会力量的均衡,或意外的制度结果均能推动政策变迁。杨志军、欧阳文忠(2021)也认为,政策变迁不是完全来自政府的理性设计,而是由不同领域中相互联系的主体在特定时间、场合的互动作用所致,因此需要关注多重过程的相互作用,这些相互作用的过程体现为政策变迁的动力机制。

新中国成立以来粮食流通政策变迁作为粮食流通治理结构输出的调整轨迹,其影响因素具有结构互动特征。粮食流通政策不仅会与外部环境进行互动,也会与结构内部其他要素进行互动,因此,粮食流通政策如何与国家治理结构的其他部分联系与互动，需要通过一组操作化的政治因素来分析影响粮食流通政策演变的过程。这些因素组成包含政策理念、利益主体以及制度结构的政策体制模型。

二、研究对象

明确了研究问题之后，需要厘清本书所涉及的政策输出的行动主体。本书涉及的行动主体是国家。应用历史制度主义的学者从国家与社会关系的角度，关注国家治理的制度对于社会以及经济生活产生的影响，"政治并不是凌驾于经济之上，它直接渗透在经济结构之中"。由此可见，国家可以通过直接或间接地影响治理机制，选择发展路径，因此具有一定的自主性（Weiss,1988）。斯考切波（2007:342-353）在对比不同国家的革命过程后认为，国家、制度以及政策网络能够塑造利益表达与政治结果；坎贝尔等（2009:300-330）则认为，国家的行动、国家制度的形式都会对经济发展产生影响。这些研究均强调了国家在政策中的重要作用，因此笔者从下述两个层次关注国家在政策中产生的作用。

首先，国家作为行动主体可以直接影响社会经济生活中资源和信息的生产和配置。根据历史制度主义，国家作为行动主体拥有自主权，因此其可以在一定程度上摆脱社会上各个利益集团的影响。国家"不仅在一个整体中塑造市民社会和公共权威之间的关系，也塑造了市民社会内部的许多重要关系"。尽管不同理论对于国家在社会经济生活中行动的合法性存有不同的解释，但是不能否认的是，国家具有制约经济与社会行动主体的权力与策略，国家具有不受到利益主体干扰的独立的认知能力。这一认知能力的发展是以群体—组织—文化—国家为逻辑线路的，其目的是提高政策制定内容的合法性与有效性，体现出国家自主性的特征（景怀斌,2016）。

其次，国家是一种结构。在结构内部包含不同的政策领域与不同的利益集团。为保证不同的利益集团在互动过程中形成稳定的行为关系，在这一场域中代表国家的行为主体，需要制定相应的产权结构、治理结构、交换规则等对不同的利益主体进行约束。以粮食的市场经济发展为例，在粮食流通领域中,农民、粮食企业与消费者之间的互动需要一个稳定的市场,粮食市场的建设离不开国家建设。国家建设与市场之间的关系,可以体现为国家通过建设互动规则,允许市场上的利益主体使用各种治理机制去处理竞争和利益冲突。

代表国家的行为主体自身的行动也受到自己制定的产权结构、治理结构等制度结构的制约。国家虽然可以选择合适的组织方式来治理经济,但是国家的政策执行主体的政策行为也受制于这样一些治理结构。在粮食流通政策领域中,如执行国家政策性收购的国有粮食企业,依旧需要按照市场主体的行为规范来行动,这些治理结构都制约着国有粮食企业的行为方式。因此,本书中的分析是以国家为分析主体和以国家的政策为分析单位的。

三、研究内容

1.政策变迁及其社会动力机制的理论研究

对新中国成立以来粮食流通政策变迁及其动力机制进行分析时,需要建立政策变迁及其动力机制的理论框架。在这一理论框架的建立过程中,首先要确定公共政策,以及政策变迁的本体论及认识论基础。基于此,笔者综述了针对当前公共政策变迁的主要研究范式,并从中提出本书对于政策变迁的分析路径。笔者对于政策变迁及其动力机制的理论框架的建立主要包括两方面内容。首先,建立公共政策变迁的形态及其动态模式分析的理论基础,这里主要借用了霍尔(2007)、Cashore & Howlett(2007)、Howlett & Cashore(2007)、Howlett(2009)、Howlett & Cashore(2009)对于政策变迁形态的分析,即将政策细致分为政策目标、政策工具、政策设置三个层面,并结合渐进与间断、累积与波动两个维度、四种类型的政策变迁形态,总结政策变迁的动态模式。其次,对于政策变迁的动力机制进行理论框架建设。笔者借助政策体制以及政策反馈相关理论发展出了本书的核心概念与分析框架,认为粮食流通政策首先是在特定的政策体制中演变,而其变迁的动态模式受到政策体制中的政策理念、利益主体、制度结构以及三个要素互动关系的影响。

2.新中国成立以来粮食流通政策发展过程的历史性描述

通过对政策变迁的理论分析，可以得出不同政策体制特征中的政策输出，且会出现不同的变迁模式。为了细致掌握粮食流通政策变迁的动态模式，以及不同动态模式的动力机制，首要需要对粮食流通政策的内涵、政策目标与工具，以及政策变迁的历史发展脉络进行简要分析，从宏观上掌握粮食流通政策变迁的历史背景与政策发展过程。基于此，笔者将在结束粮食流通政策变迁的理论分析之后，对粮食流通政策发展过程进行历史分析，主要内容包括：其一，介绍粮食流通政策的概念内涵与简要历史；其二，通过梳理粮食流通政策的政策理念、利益主体与制度结构，建立粮食流通政策变迁的时间分析框架；其三，总结新中国成立以来粮食流通政策之中政策工具、政策目标、政策设置的变迁情况，分析不同历史时期粮食流通政策变迁的动态模式。

3.粮食流通政策变迁动态模式及其动力机制

通过对于粮食流通政策变迁的历史背景的分析，学者将粮食流通政策的发展过程总结为三个阶段，分别是统购统销阶段、市场化阶段以及转向粮食安全阶段。对于粮食流通政策变迁的动态模式分析将主要从这三个阶段展开，并结合这三个阶段背后的政策体制特征（即政策理念、利益主体以及制度结构的特征）对不同时期粮食流通政策变迁动态模式的动力机制进行分析。

4.粮食流通政策变迁的理论对话

笔者通过总结新中国成立以来粮食流通政策变迁的动态模式和动力机制，构建政策变迁动态模式的分析路径，并探讨其理论与政策现实的双重启示。

（1）政策变迁动态模式的多样性及其理论贡献。笔者从政策目标、政策工具和政策设置三个层面分析政策变迁，并将其形态划分为累积与波动、渐进与间断四种类型，丰富了政策变迁动态模式和范式性变迁的类型。

（2）结合政策体制模型与政策反馈理论，笔者构建了影响政策变迁动态模式的动力机制分析框架。政治系统内部的结构性要素和反馈回路共同作用,使初始时期的政策设计在外部冲击和政策体制影响下形成特定模式,而后续的政策演进模式则源于初始设计与政策体制的交互作用。

第四节 研究方法与资料来源

一、研究方法

笔者的研究目的是分析新中国成立以来粮食流通政策变迁的动态模式及其社会动力机制。笔者选取的政策研究对象为粮食流通政策,其原因在于粮食流通政策具有悠久的历史,对于理解政策体系的稳定与变迁特征的来源具有重要意义。萨巴蒂尔(2004)认为对政策发展的分析必须是历史性的,应该涵盖几年、几十年甚至更长的时间。粮食问题历来是各个国家高度重视的问题,具有长时间维度的纵向案例分析的优势,较为适合探究"如何""过程"以及"机理"方面的问题,有助于提炼现象背后的理论或规律,能够有效展示研究过程的整体性和动态性。基于纵向时间分析的案例研究,能够较为便利地按照粮食流通政策变迁的时间顺序,对所涉及的关键事件进行逻辑上的复盘与推理,进而识别出笔者所关注的结构性关系发生变迁的触发条件,提高案例研究的内部效度,达到理论建构的目的。

(一)纵向单案例分析与历史研究中的整体方法

从案例分析的角度,笔者采用的是纵向单案例的分析方法。纵向单案例研究是按照时间顺序对特定的关键性案例进行分析的过程(陈逢文等,2020)。通过进行纵向的案例研究,可以深入剖析政策变迁过程中的情境及其背后的结构性因素,以挖掘现象背后隐含的发展逻辑。

笔者采用纵向单案例研究方法的原因有两点。首先,基于时间维度的纵向案例研究较为适合探究"如何""过程"以及"机理"方面的问题,有助于提炼现象背后的理论或规律,能够有效展示研究过程的整体性和动态性(陈逢文 等,2020)。运用纵向的历史分析方法可以厘清不同时期粮食流通政策内相关因素互动的过程。其次，基于纵向时间的案例研究能够较为便利地按照粮食流通政策变迁的时间顺序，对所涉及的关键事件进行逻辑上的复盘与推理，进而识别出笔者所关注特定关系存在与变革的触发条件，同时深化对于关系背后的理论解释，提高案例研究的内部效度，达到理论建构的目的。

基于纵向单案例的分析需要处理历史观的问题，赵鼎新（2019）认为这种历史叙事包括结构/机制叙事和时间序列叙事。偏重结构/机制叙事研究的学者在分析中往往很难把握长时期历史事件过程中的发展机制问题。在历史事件的演进过程中，如何去呈现历史事件中巨大而交错的因果时间网络一直是研究者面临的挑战，历史政治学以及历史社会学为笔者提供了一个值得参考的分析路径。借用金观涛、刘青峰（1987：1－73），戴维·伊斯顿（2012：2－30）的系统性分析路径，笔者认为可以采用整体论的分析方法对政策变迁进行分析，即将政策所处的政策体制看作一个系统，只要这个系统内部存在互相调节的机制，就能维持系统整体的稳定，这一系统的输出就能保持稳定。这种稳定性的维持就在于整个系统内部存在相互调节的子系统。

针对系统的分析可以从三个方面展开，即整体内部的子系统的结构、子系统的功能以及子系统结构存在的条件。系统之中子系统的存在，一方面依赖于保证其存在的条件的输入，同时这个子系统也向系统内部的其他子系统输出特定的功能（金观涛 等，1987：13）。一个系统可以保持稳定发展，是由于子系统之间的功能和条件（输入与输出）能够耦合在一起，这些子系统便形成了一个稳定的系统，因此，一个稳定的系统可以被称为"功能耦合"的系统①。如子系统 a 产生的功能肯定了子系统 b 的存在条件，同时子系统 b 产生的功能肯定了子系统 a 的存在条件，系统将处于稳定状态。随着系统持续不断地发展，系统中的子系统之间可能出现不适应的情况，子系统 b 输出的功能不能满足子系统 a 存在的条件，将产生"功能不耦合"现象，这种不

---

① 这里的"功能耦合"是指如果一个系统中存在子系统 a 和子系统 b，当子系统 a 的功能（输出）恰恰等于子系统 b 所需要的条件（输入），那么就可以说子系统 a 和子系统 b 能在相互的调节中保持稳定，子系统 a 和子系统 b 又组成了一个不可分割的更高层次的大组织（金观涛 等，1987：14）。

耦合将意味着系统进入不稳定状态。当子系统之间功能不耦合时,系统之间的调节机制将努力调整这种不耦合以保证结构稳定,但是子系统之间长期的功能不耦合将会促使结构内部产生改变的动力,寻找新的可能性以促使结构进入新的稳定状态(金观涛 等,1987:17)。由此可见,这样一个存在功能相互联结的系统便存在着两种状态,即子系统之间功能耦合的稳定状态和子系统之间功能不耦合的调整状态,这种调整状态将酝酿着系统的演化(金观涛 等,1987:27)。

基于上述内容,笔者将采用历史研究中的整体方法,对粮食流通政策发展纵向案例进行分析。这一整体研究方法包含两个基本环节:首先,从粮食流通政策体制角度出发,分析政策体制内部政策理念、利益主体以及制度结构是如何构成与互动的;其次,分析粮食流通政策体制内部各个要素的互动如何对粮食流通政策变迁模式产生影响。

(二)分析方法

针对粮食流通政策变迁的动态模型的分析包含两个基本环节。首先,粮食流通政策演化本身也是结构性的动态过程,即在政策工具、政策目标以及政策设置三个不同层次上产生了不同变迁形态。其次,从粮食流通政策本身体制的输出来看,政策体制是由政策理念、利益主体以及制度结构各个部分有机构成的,这些结构之间的反馈系统形成了不同的政策变迁动态模式。笔者对政策内容以及政策变迁的分析将主要采用文本分析方法,主要包括下述两个路径。

1.文本定量分析

对于政策文本的量化分析,主要从历年粮食流通领域涉及政策文本的关键词角度出发对粮食流通文本的核心内容进行初步探索,这里主要参照文献计量学对于关键词的分析方法,主要步骤包括以下方面。首先,建立TF-ITF 矩阵,计算每一份文件的关键词(针对不同的文本特征,关键词数量为 3～5 个)。其次,在得到关键词之后,笔者通过"社会网络"的分析方法,将关键词视作网络中的节点,并分析每个节点与其他节点之间的关系(即每个词的中心度等),以及网络的整体特征(包括网络的密度、集中程度等)。

词汇网络的呈现是通过 Python 完成的，先通过建立 TF-ITF 矩阵得到每份文件的关键词，然后将计算得到的关键词矩阵导入 Python 中的 Network X 包中进行关键词网络图绘制，并最终呈现出政策文本关键词网络结果，以客观、清晰、科学地分析 1949 年到 2020 年间粮食流通政策在内容、目标、价值取向及工具上的总体特征。

2.定性内容分析

内容分析（content analysis）可以视为一种更为具体的文献研究法，是指对一系列文本、图像和象征性材料进行系统的阅读分析（Krippendorff, 2004）。研究者可以通过度文本内容的分析来追溯事实，比如特点现象的原因、社会结构的关系，以及制度现实等。进行文本内容分析的意义主要体现在下述几个方面：其一，政策文本在一定程度上体现为政策行动的形式，通过政策文本分析可以挖掘政策行动的内容；其二，对于政策文本的解读，可以更好地理解政策体制背后的结构性要素；其三，文本可以提供大量的研究数据，这些数据资料可以体现为历史上的政策变迁的指标。

笔者对于粮食流通政策演变过程进行的文本内容分析，主要包含两个目标。首先，识别粮食流通政策变迁的动态模式。因为粮食流通政策的内容十分复杂，并且对于政策变迁动态模式的识别需要结合霍尔（2007）、Cashore & Howlett（2007）对于政策工具、政策目标、政策设置三个层面的区分，所以需要借助对粮食流通政策文本的内容分析，以识别出不同时期粮食流通政策在不同层面的政策变迁形态，从而得到不同时期粮食流通政策的动态模式。其次，分析粮食流通政策体制的结构性要素。本书的研究目的之一是分析政策变迁动态模式的社会动力机制，对于政策体制之中的政策理念、利益主体以及制度结构三个要素的分析十分重要，因此需要借助对粮食流通政策文本的细致梳理，以分析不同时期粮食流通政策体制背后的结构性要素。

二、资料来源

案例研究通常采用多样化的数据来源，通过不同数据之间的相关性，可以全面、真实地刻画研究问题的历史脉络，以便深入展示与剖析粮食流通政策的演变与发展过程。鉴于笔者更加关心粮食流通政策变迁所处的政策体制结构,因此对于粮食流通政策的研究并不完全采用结构/机制叙事,并不旨在关心某项单一政策决策出台过程中相关行动者的内在心理以及行动过程。因此,笔者所选取的历史材料需要能够反映每个粮食流通政策变迁时间点背后的宏观历史环境及相关的政策理念、利益主体,以及制度结构的结构性特征。单纯的工作人员等微观行动者的访谈在解释行动的微观机制方面具有优势,但是却难以满足笔者对于纵向长时期政策变迁研究的需要。尤其是长时期的政策变迁是笔者的研究目标之一,一些访谈资料会受到回忆偏误(recall bias)的影响,影响研究的内在效度(Moyson et al.,2017)。对此,笔者广泛搜集与粮食、粮食流通、粮食流通体制、粮食安全相关的国家层面政策文件,以及高层领导的相关讲话、回忆录、国务院研究室等相关研究机构的报告,以最大程度地建立粮食流通政策变迁的完整历史过程。这些历史材料包括下述几个部分。

(一)粮食流通政策变迁研究所需的正式政策文件

为了从历时角度与结构维度分析粮食政策变迁的过程与变迁的动态模式,笔者将广泛整理与粮食流通相关的政策文件。这些政策文件的来源包括三个部分,即 1955—2020 年的历年政府工作报告和《中华人民共和国国务院公报》中的政策文件、历届党代会报告,以及新中国成立以来以中共中央、国务院为发文单位的粮食流通政策等(其中包括连续几年的中央一号文件)。相关的资料来源可以总结如下。

1.中央文件

主要包括与粮食流通相关的重要的中央文件与来自农业领域相关的中央一号文件。中央一号文件是中共中央每年签发的第一份文件,是国家全年工作的顶层设计文件,具有纲领性与指导性的地位。作为官方的正式文件,农业领域的中央一号文件既包括对过去一年对我国农业领域取得的成绩与存在问题的总结,又明确聚焦未来一年农业领域工作的主题,具有工作重点突出、政策指向明确的特点,是中央指导"三农"工作的政策导向和主要信号。从 1982—2020 年,中共中央共发布 24 个关于"三农"问题的一号文件。由于对"三农"问题的强调和重视，一号文件成为中央重视农村问题的专有名词，也被诸多专家学者视为解读"三农"的重要文献来源。因此，选取历年中央一号文件中有关粮食流通相关的内容，作为收集政府决策层随着时间推移对我国粮食流通体制侧重点的依据，在逻辑上具有可行性。与粮食流通相关的中央文件不仅有中央一号文件，还有诸如中央全会等工作会议文件和其他以中共中央为发文主体的文件，笔者也进行了相关汇总。

2.政府工作报告

政府工作报告作为一种政策纲领性文件，其从酝酿、起草到修改提交审议，经历了层层流程，可以作为反映民意与国家意志的重要文件。国务院政府工作报告的内容，包括对过去工作的总结、本年度的发展目标以及各项工作任务，是政府具有施政纲领性质的重要政策文本。

3.国务院公报

笔者使用的数据是来自1955—2020年公开发行的《中华人民共和国国务院公报》中的所有政策文件目录。《中华人民共和国国务院公报》是由国务院办公厅编辑出版的政府出版物，其集中、准确地刊载的内容主要包括：国务院公布的行政法规和决定、命令等文件；国务院批准的有关机构调整、行政区划变动和人事任免的决定；国务院各部门公布的重要规章和文件；国务院领导同志批准登载的其他重要文件。除有些年份，如1966年到1979年的《中华人民共和国国务院公报》停刊，笔者整理了1955—2020年《中华人民共和国国务院公报》上刊载的文件目录，并整理了其中与粮食流通相关的政策文件。

4.其他资料

为了保障本书所收集政策文本数据的完整性，笔者进一步搜索整理北大法宝数据库，并结合中央人民政府门户网站、国家粮食和物资储备局网站、农业农村部网站、中国知网等网络数据资源，以及《中华人民共和国国务院公报》《改革开放以来粮食工作史料汇编》《当代中国粮食工作史料》《粮食工作史料汇编：1993—2013》进行补充和印证。

(二)与粮食流通政策相关的历史资料

笔者所选取的历史材料需要能够反映每个时期粮食流通政策体制中的政策理念、利益主体以及制度结构等结构性要素内容。对此,笔者广泛搜集与统购统销政策、粮食流通体制改革、粮食安全相关的高层领导的相关讲话和回忆录、国务院研究室等相关研究机构的报告、深度历史研究,以及相关的史料汇编等资料,以最大程度地建立粮食流通政策变迁的完整历史过程。

1.相关领导讲话材料以及报告材料

这些材料包括且不限于《毛泽东选集》《邓小平文选》《陈云文选》《朱镕基讲话实录》《杜润生自述:中国农村体制变革重大决策纪实》,历任粮食部门领导人,如原国家粮食储备局首任局长白美清所著的《白美清粮食论集》,以及罗植龄、高铁生、聂振邦、任正晓等同志讲话材料。

2.粮食流通政策领域的史料汇编

诸如《改革开放以来粮食工作史料汇编》《中国粮食流通体制改革30年(1978—2008)》《当代中国粮食工作史料》《粮食工作史料汇编:1993—2013》《粮食财务管理体制改革的回顾与思考》等。

3.其他相关材料

包括与粮食流通相关的报纸与期刊,如《人民日报》中关于粮食以及粮食政策的报道、中国粮食行业协会、中国粮食经济学会主办的《中国粮食经济》,以及粮食部门的实务用书,如《粮食商业财务管理》《粮食企业信贷监管实务》等,还有一些国务院研究室的报告和中国粮食学会的报告材料等。

三、技术路线与章节安排

笔者主要是以国家的粮食流通政策为研究对象,分析粮食流通政策变迁的动态模式及其社会动力机制。基于上述目标,本书形成的技术路线图如图1-2所示。

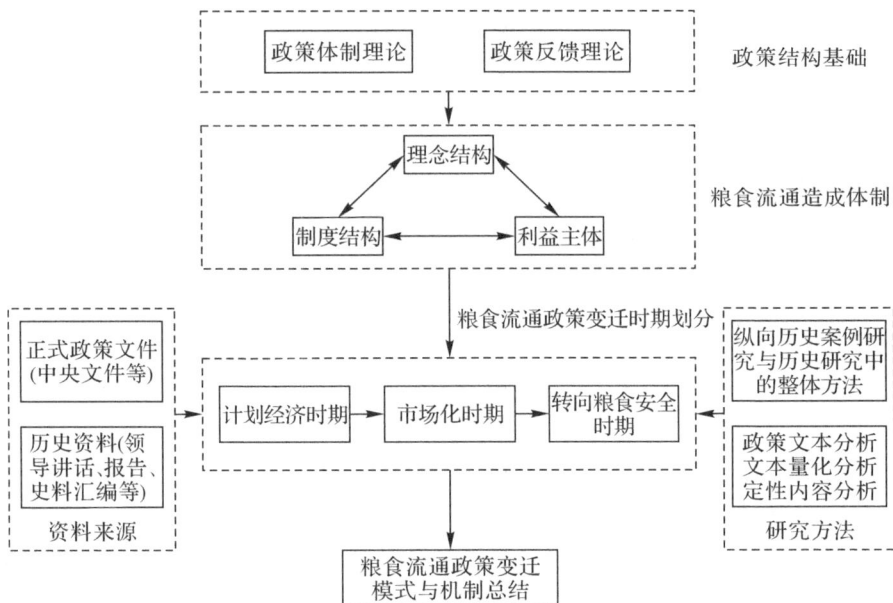

图 1-2　技术路线图

本书共计八章。

第一章为导言。

第二章，理论框架。结合政策体制以及政策反馈等相关理论发展出分析政策变迁的社会动力机制框架，认为粮食流通政策首先是在政策体制中进行演变的。其演变模式受到政策体制中的政策理念、制度结构、利益主体以及三者之间相互作用的影响。

第三章，粮食流通政策发展的总体历程与阶段划分。首先，分析了中国粮食流通政策内涵、政策目标与政策工具。其次，总结了粮食流通政策体制中政策理念、利益主体与制度结构的总体特征，对粮食流通政策变迁进行了时间段的划分。再次，通过新中国成立以来国家针对粮食流通政策的文本分析，总结粮食流通政策变迁在不同政策时期的动态模式。

第四章，以粮食分配为核心的自稳定变迁模式（1949—1978年）。这一时期的粮食流通政策变迁呈现出霍尔的自稳定特征，即政策目标与政策工具在长时期保持稳定，而在政策设置层面则是随着粮食产量的变动而产生波动式变迁。正是由于"四统一"粮食管理体制结合农村集体化，协调了政策体制内政策理念以及利益主体之间的关系。稳定的粮食征购单位以及高度合一的政企合一的管理体制吸纳了粮食统购统销政策工具可能产生的消极反馈,从而形成了政策的自稳定式政策变迁模式。

第五章,战略物资与商品双重理念下的目标振荡模式(1979—2003年)。这一时期的粮食流通政策变迁则呈现目的振荡模式,即政策目标和政策工具呈现为波动式变迁,而政策设置则呈现为累积性变迁。粮食流通政策变迁模式的动力机制体现为,基于粮食的"双重"理念而产生的粮食计划轨道与市场轨道长期并存,一方面引发了国有粮食企业作为国家政策工具和自主经营企业的两难选择,致使这一时期的政策工具层面呈现波动式变迁;另一方面,随着粮食的国家定购在粮食流通中的作用逐渐衰退,进而推动了粮食流通政策全面转向市场范式。

第六章,保障粮食安全双重调节的转换性稳定模式(2004—2020年)。这一时期的粮食流通政策变迁模式则呈现出转换性稳定模式,即政策目标出现转换的累积范式性变迁,而政策工具呈现为逐步市场化的累积渐进性变迁,政策设置则呈现为波动式变迁。粮食流通政策变迁模式的动力机制体现为市场化的粮食流通政策所产生的供求与价格波动等消极反馈,被政策性粮食收储制度设计所吸纳,因此这一时期的政策工具虽然呈现出市场化倾向,但是依旧保证了国家粮食安全目标的稳定。

第七章,讨论。结合第二章到第六章的分析总结提炼粮食流通政策变迁的理论解释框架与政策启示。

第八章,结语。总结了本书的主要发现、研究贡献以及研究不足。

第二章

理论框架

本书的研究目标是解释粮食流通政策变迁的动态模式及其动力机制，对于这一问题的回答需要解决下述两个核心理论问题：政策变迁是什么以及该如何观察？政策所处的政策体制的内在结构特征及这些结构性要素如何互动形成动力机制？在本章，笔者将主要回答上述两个问题。

第一节　政策变迁的动态模式

政策变迁的研究源自 Lindblom(1959)对于渐进式政策变迁的研究，他结合 Simon(2013:72-92)的有限理性假设，认为政策变迁主要来自政策工具的边际调整，体现为增量式的渐进变迁。后续的研究中，这种政策变迁形态与长时期的政策稳定是同义词。大量的研究采用 Lindblom(1959)对于政策变迁的假设，从政策渐进性调整角度出发，分析政策变迁的影响因素。与之相对应的是，政策呈现间断性变迁，即不正常的、非典型的、相对不稳定的、通常与政策目标变化有关的短暂过程(Baumgartner et al.,1991)。Baumgartner & Jones(2002:3-29)结合对古生物学的研究，综合了渐进与间断两种变迁形态，将政策变迁理解为具有长时期的稳定与短时期的间断特征，进而形成了政策的间断均衡模型。这种间断均衡的分析成为当前研究的主流范式，由于政策变迁渐进形态与间断形态的建立，使得后续学者开始忽视政策变迁的因变量问题，而着重关注引发政策变迁的自变量问题。诸多学者开始集中关注政策出现间断性变迁的时刻，将研究的重点放在出现间断的关键时点，并分析关键点时间范围围绕政策出现的结构性变化，以及行动者的行动对于政策走向的影响等。

但是，"公共政策是由政策目标和政策手段的复杂安排组成"。Cashore & Howlett(2007)、Howlett & Cashore(2007)、Howlett(2009)、Howlett & Cashore(2009)也认为政策本身具有多层和嵌套特征，即政策是在已建立的治理模式和政策制度逻辑的更大框架内的结果。Howlett & Cashore(2009)认为过去对于"常规"政策变迁和"非常规"政策变迁的区分过于粗糙，因此对政策变迁的操作化与测量需要更加细致化，只有更详细地掌握政策输出的行为轨迹，才能更加准确地掌握政策系统的行为规律。因此，对于政策变迁动态模式的分析需要结合政策的不同层次以及政策变迁的不同形态加以综合分析。

（一）政策变迁的三个层次

对于政策变迁更为详细的分析首先来自霍尔（2007）的研究。他认为政策会在三个层面变迁，分别是政策设置的第一序列变迁、政策工具的第二序列变迁以及政策目标的第三序列变迁。第一序列变迁是在政策设置层面调整的变迁，如国家在不同省市对粮食收购数量的调整。第二序列变迁则是对现有政策体制内的工具进行改革，如从对粮食收购资格审核转向对粮食收购过程监管。第三序列变迁则体现的是政策目标的变化，就像在粮食流通领域将粮食从公共物品分配转向提高粮食系统运行效率。这些不同序列的政策变迁意味着不同的变迁机制。第一序列变迁和第二序列变迁通常是政策系统的内生性变化过程，具有"渐进性"变迁性质，其中第一序列变迁通常与政策过程相联系，第二序列变迁则更可能朝战略行动的方向迈进。第三序列变迁则一般是外生性的变迁过程，一般可以被称为范式性变迁或间断性变迁。影响第三序列变迁的因素往往和异常情况的积累、政策新形式的试验、促成政策权威核心发生转移以及竞争范式的失败相联系。霍尔（2007）认为政策的第一序列变迁和第二序列变迁并不自动引发第三序列变迁，即常规的政策制定不一定促成一个范式的转移。

Cashore & Howlett（2007）进一步细致化了霍尔（2007）的政策变迁分析，认为政策组成部分与导致政策变化的内生和外生来源之间的联系比霍尔所分析的更为复杂。他们在霍尔政策的三个层次的基础又增加了政策目的与政策手段两个维度。这两个维度一方面体现了政策的抽象思想，另一方面也体现了特定时间的行为手段，这一本体论的构建体现了政策结构与行动的二重性特征（Feldman et al.，2003）。由此，政策被总结为从具体到抽象的三个维度的六个部分。

在高度抽象的政策目标层面，包括目的与手段两个维度。与目的相联系的是政策与国家发展的一般理念，是政策发展指向的一般性目的，主要包括经济增长、环境保护等；与政策手段相联系的是工具逻辑，即这一目的下政府所具有的工具偏好。

稍微具体的层面为政策目标层面,其包括的目的维度是一个政策领域的特定政策目标,即为了实现宏观目的的具体目标分解,如为了实现生产发展目标,国家需要掌握相应数量的粮食;与手段相联系的是为了实现国家对于粮食的掌握,因此需要向农民进行计划征购或通过市场收购。

更为具体的层面是政策设置层面,在这一层面下的目的是根据政策目标层面进行设计的,即为了掌握固定数量的粮源。而在政策手段方面,则体现为标准设定。Howlett & Cashore(2007)细化了霍尔(2007)针对政策的范式性变迁的研究,为更细致地观察政策变迁的动态模式提供了分析基础。

(二)政策变迁的四种形态

政策变迁不仅在体现在不同层面上,也具有不同的变化形态。笔者借鉴了 Durant & Diehl(1989)以及 Cashore & Howlett(2007)对于变迁形态的分析,从中抽取分析政策变迁类型的模式(mode)和方向(direction)两个维度,从而将政策变迁的类型划分为四个类型。

模式维度的概念来自 Durant & Diehl(1989)对于政策进化方式的分析,他们认为政策备选方案在从"纯突变"(pure mutations)到"种类转换"(phyletic transformations)的连续统之内转换。纯突变是来自生物学中对基因突变的分析,指代基因从一种形式转变成另一种形式,即 Kay(2006:17-29)所提出的政策从一种类型(type)转换到了另一种类型。种类转换则是现有政策的累积边际延伸的产物,类似于 Lindblom(1959)在初始决策基础之上提出的分支性改变。

方向概念则来自 Cashore & Howlett(2007)、Baumgartner & Jones(2002:3-29)对于政策变迁的方向性的分析,他们认为对政策变迁进行分析时不仅需要关注政策备选方案离开现状的距离,还要关注政策备选方案与现状发展方向之间的关系,即政策现状呈现出沿着一个方向累积式发展,还是呈现出与现有政策均衡方向不同的波动性变化。

根据这两个维度,笔者将政策变迁的形态总结为四种类型(见表2-1)。间断式变迁可以理解为一般文献所提到的范式性变迁(即政策属性类型的转换)。表2-1中的Ⅰ即是文献中经常提到不会出现回退现象的经典范式性变迁。与之相对的是，会出现回退现象的波动式间断变迁（Ⅲ）。这类变迁如果没有经过长时期的考察，常会被认为是累积式间断变迁，这一变迁形态一般会在一段时间内出现突然与现状重大背离的情况，但随后又会迅速回到正常的位置，被 Cashore & Howlett（2007）称为伪性范式（faux paradigmatic）变迁。这类变迁在粮食流通政策领域中也有发生，尤其是在20世纪90年代粮食市场化改革过程之中，粮食流通市场总是随着粮食供应形势的转变而出现市场化与逆市场化之间的迅速变化，这种变迁形态需要与累积式间断变迁（Ⅰ）区分。渐进变迁体现为在相同政策范式内的逐步调整，渐进变迁也分为两种不同的政策变迁子类。累积式渐进变迁（Ⅱ）是指政策在一个方向上逐渐用力，随后会形成新的政策均衡，在粮食流通政策领域表现为国家对于粮食定购的逐年减少，最后直至取消，形成了全面市场化的政策均衡。另一种变迁类型（Ⅳ）则是政策备选方案的方向在每一次变迁中都呈现不同的方向，即呈现沿着均衡水平上下游走的状态，类似于一种非累加的"随机游走"（random walk）形态的波动式渐进变迁。

表 2-1 政策变迁的四种形态

方向	模式	
	间断（跨范式）	渐进（范式内）
累积发展	累积式间断变迁（Ⅰ）	累积式渐进变迁（Ⅱ）
波动发展	波动式间断变迁（Ⅲ）	波动式渐进变迁（Ⅳ）

资料来源：参照 Durant & Diehl（1989）、Cashore & Howlett（2007）并进行修改。

Howlett & Cashore（2009）认为将政策分解为政策目标、政策工具、政策设置之后，政策变迁模式可以总结为自稳定模式、恒温器模式、准自稳定模式、新自稳定模式。霍尔（2007）的自我调节式的政策变迁模式只是其中一种，其表现形式为在政策工具层面出现经典的间断性变迁（Ⅰ）之后，政策工具层面开始保持稳定，而政策目标与政策设置层面呈现波动式间断变迁或累积式渐进变迁以应对外部出现的冲击，从而形成政策变迁的自稳定模式。

新自稳定模式表现为政策工具层面的变迁是通过政策目标和政策设置

层面微小的变迁而内生导致的,即通过政策设置层面的渐进式的微小调整而实现政策工具层面范式性的变迁,呈现出的动态模式则使政策工具层面保持稳定。在政策设置层面出现累积式渐进变迁之后,政策工具开始出现经典的范式性变迁。其中 Coleman 等(1996)对印度农业政策的分析,以及 Capano(2003)提出的公务员制度改革即表现为这种政策变迁的动态模式。

准自稳定模式体现为政策目标层面始终保持稳定,而政策工具层面通过外生因素产生范式性的变迁,最终引发政策设置层面的变迁,即政策目标层面发生了类似 Hall(1996)所说的范式性变迁。一些研究发现相关国家通过由国际组织推动或政策学习等方式在保证本国福利目标的前提下,引入提高效率与市场导向的福利项目(Rose et al.,2019)。

恒温器模式呈现为通过政策目标实现内生性变迁,而这一变迁是通过政策设置的渐进式调整实现的。与新自稳定模式不同,政策目标层面由于获得了制度性地位而始终保持稳定。这种动态模式表现为在政策设置层面首先出现累积式渐进变迁,在政策工具层面随之产生累积式间断变迁,而在政策目标层面则始终保持稳定。这一动态模式以 Cashore & Howlett (2007)对美国西北太平洋森林政策的变迁过程的分析为代表。

由此可见,通过对政策变迁动态模式的分析,不仅可以精细化描述政策变迁的形态,而且有助于分析影响政策变迁的限制性因素。

第二节　政策变迁的动力机制

一、总体框架

笔者将结合政策体制三要素的分析框架以及政策反馈动态理论,形成政策变迁的动力机制分析。其中,内部包含积极反馈的稳定政策体制,一般与政策稳定相联系,是稳态政策变迁的结构基础;内部包含消极反馈的处在衰败过程中的政策体制,将会产生不稳定的政策,政策将会在政策目标和政策工具层面呈现波动式变迁模式。

图 2-1 为政策变迁的社会动力机制分析框架，描述了产生政策变迁动态模式的简单的反馈循环。政策反馈路径首先从 T 时期的政策体制开始，可以假设 T 时期的政策体制内的结构决定 $T+1$ 时期的政策。当 $T+1$ 时期的政策开始进入政策执行阶段，将会对 $T+2$ 时期的政策体制的结构性要素产生积极或消极的影响，从而改变政策体制内的一些结构性要素。被 $T+2$ 时期的政策所影响的政策体制，将会产生 $T+3$ 时期的政策。

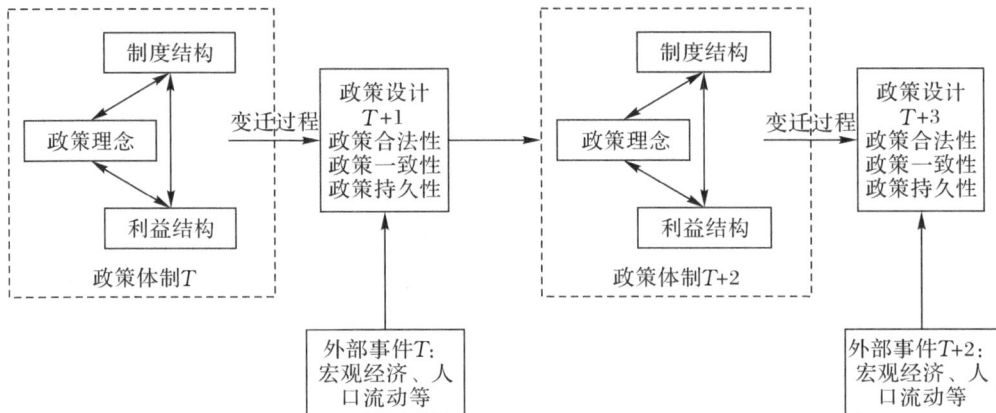

图 2-1　政策变迁的社会动力机制分析框架

图 2-1 从政策反馈循环路径的角度呈现了本书的分析框架。这一分析框架所呈现的动力机制还需要从两个方面进行更加细致的分析，分别是：①政策体制的结构内涵为何，以及 T 时期的政策体制如何对 $T+1$ 时期的政策产生影响；②$T+1$ 时期的政策将如何通过反馈效应对 $T+2$ 时期的政策体制产生影响。与此同时，因为政策变迁本身包含政策工具、政策目标、政策设置三个层次，更细致的分析还应该包括政策变迁的分层变迁过程。

二、政策变迁社会动力机制的三要素及结构

Anderson（1978：23）认为"政策是在某个观念和标准体系中制定的，这个体系对其行动者而言是可理解的且具有合理性的"，对政策变迁的分析需要建立一个中层的分析框架，既可以纳入影响政策变迁的制度性因素，也可以纳入影响政策变迁的行动者能动性因素；既可以包含政策的决策过程，以

分析政策决策的形成,也可以包含政策的执行过程,以分析政策变迁的后续影响。因此,对于这一中层的分析框架,需要寻找一个集合不同利益行动者以及相关制度环境的概念,类似布迪厄所提出的"场域"(filed)概念,也类似新政治经济学理论对于政治经济行为结构的总结。这些结构包括偏好结构、产权结构、权力结构等,政策的形成与演化便在这个"场域"或"结构"中发生。因此,借鉴这些对于政策场域与结构的分析,笔者将结合 Wilson(2000)、Jochim & May(2010)、May & Jochim(2013)发展出的政策体制(policy regime)模型,以确定政策以及政策演化所在的场域或结构。

体制(regime)最早来自国际关系以及比较政治的研究中,旨在分析行为的主体间维度在构建全球政治中的作用。Krasner(1983:2)指出,国际体制(international regime)的概念是"在国际关系的某一特定领域中,围绕着行动者的期望所隐含的或显现的原则、规范、规则和决策程序"①。这时的体制概念和制度概念类似,随着这类研究的增加,理念的概念被进一步引入。研究者认为新的体制形式,来源于新的政治行动者对理念的组织(Orren & Skowronek,1998)②。在历史社会学之中,迈克尔·曼(2015:21)同样运用了"体制"来解释社会权力的变迁。在他的分析中,这一概念是指"居支配地位的意识形态、经济和军事的权力运作者的联盟,由国家统治者加以协调"。Stone(1989:3-13)进一步将体制这个概念应用在城市研究领域,他将权力的集中以及利益团体进一步引入体制概念之中。这些学者都强调理念、权力、利益集团在体制形成和变化中的中心地位。

在政策研究领域,体制概念被发展为政策体制,主要被用来观察政策变迁、政策设计以及政策执行等。Eisner(1993:2)将政策体制被定义为"界定社会利益、国家和经济行动者之间关系的政治制度安排";Pierson(2006:121)描述政策体制是"具有强烈选举亲和力的政策集群"③;Worsham &

---

① 原文为:Sets of implicit or explicit principles,norms,rules,and decision-making procedures around which actors' expectations converge in a given area of international relations.

② 原文为:As(political) regimes transform new ideas about the purposes of government into governing routines,they carry on the reformer's central contention as the political common sense of a new era,a set of base assumptions shared(or at least accepted)by all the major actors in the period.

③ 原文为:Clusters of policies with strong elective affinities.

Stores(2012)认为政策体系是一个包含积极反馈与消极反馈的动态系统，政策体制是"一个伴随着制度、理念和利益集团结盟的持续变化的看似静止的系统"①。这一概念开始得到一系列的应用。Cashore 等（2000：94－120）将政策体制与政策过程相结合，分析了加拿大不列颠哥伦比亚省森林政策的变迁过程。McGuinn(2006：3－5)借用这一概念，分析了美国教育政策的变迁过程，其认为美国教育的政策体制，经过了从公平转移到问责制的责任制度的转变过程。Clarke ＆ Chenoweth(2006)进一步总结了政策体制与政策执行研究，分析了在国土安全领域，地方应急管理绩效建立的集体行动问题。可见针对政策体制的分析已经在政治学和公共行政中具有多种应用。

政策体制分析框架的核心，是建立政策体制的要素以及要素之间的关系。关注国际体制的研究，将国际体制分解为组织维度、共同认可的决策过程、特定的政策议题构成要素（Dougherty et al. ,2001：104－140）。Esping-Anderson(1993：73－95)识别了福利国家体制中的三个组成要素，即权力安排、劳动力的权力以及国家和市场的关系。就政策体系的组成要素来说，Wilson(2000)认为政策体制包含四个维度，即政策范式、权力安排、治理结构以及政策。Cashore 等（2000：3－31）将政策体制的内容明确为制度、行动者和理念三个元素；May ＆ Jochim(2013)则从政府治理模式的角度，将政策体制划分为制度安排、利益联盟、共享理念。

总结来看，政策体制中的三个元素主要包括理念、权力安排、制度安排，政策则是运行在政策体制当中。这里主要根据 Wilson(2000)的分析并结合 Cashore 等（2000：3－31）、May ＆ Jochim(2013)等研究分别说明政策体制中涉及的核心要素。

1. 政策理念

Wilson(2000)所指出的政策体制内的理念是对特定问题的概念化，是意识形态、理论与思想对政策领域理性建构的呈现，包括对政策问题的理解、对政策目标与工具关系的理解以及对政策工具的选择等。Cashore 等

---

① 原文为：A system that appears at rest is, in reality, percolating, with change in institutional, ideational, and interest group alignments a constant possibility.

(2000:3-31)则直接称之为"理念"(ideas)。在政策体制中,占据优势地位的政策范式(或理念)会决定政策问题的界定、政策解决方案的供应等,因而具有滤镜功能,可以筛选能够进入政策体制中的信息与注意力。借助占据优势的政策范式或理念,不仅为政策领域内的行动主体提供了理解世界的方式,也在一定程度上剥夺了他们独立判断的能力。这在政策体制内,所有的行动主体对政策范式都存在着一定的共识。政策范式作为关于政治与社会安排的制度化的理解方式,对于政策变迁既有促进作用,也有限制作用,一方面,这些理念向决策者中意的政策提供合法性论述工具,另一方面,政策理念也会限制被认为是合理政策的范围(Campbell,1998)。

Wilson(2000)指出,政策理念在外部冲击后对政策变迁产生显著影响。外部压力源包括国际事件(如冷战、贸易不平衡、战争)、自然灾害(如旱灾、水灾)、经济秩序混乱(如失业增长、快速城镇化)、累积性变化(如人口结构和生产方式的转变、地区性人口迁移),以及新技术或研究成果的出现。这些外部压力源冲击现有政策体制,导致其功能逐渐失效。外部冲击引发现存政策范式的松动。媒体注意力的增加、学术研究的活跃,以及政治领导人对议题的关注,促使政策体制内的行动者反思现有政策。一旦政策范式被视为政策失败的根源,其合法性便会受到质疑,引发政策体制的合法性危机。

2.利益主体

Wilson(2000)所说的权力安排,是指能够支持政策体制的多个利益集团。这种权力安排可能包括一小群有影响力的政府领导人,一小群有影响力的公司董事,或大量不同组织的利益集团。这种权力安排在不同的文献中呈现多种不同的形式,May & Jochim(2013)将这种权力安排称为"利益联盟"(interests union),Cashore 等(2000:3-31)则称之为"政策共同体"(policy communities),主要体现的是政策体制中行动者之间的相互作用,因为行动者的影响力以及接近权力的距离而有所不同。这些行动者的关系通常是不平衡的,从而具有不同的影响政策结果的能力。这种权力安排体现不同利益集团在政策问题上的联合,是个人和组织影响公共政策的制定和维持的模式。这些模式可能随着时间的推移逐步稳定或崩溃。但是只要这种权力安排保持稳定,其所支持的公共政策就不会有太大变化。

Wilson(2000)认为，当政策范式失去合法性时，政策体制内的利益主体结构会对政策变迁产生深远影响。政策合法性危机为寻求变革的群体创造了机会，可能导致权力结构的变化。例如，政策体制的支持者可能成为反对者，而边缘利益集团则可能因获得支持而实力增强。总体而言，这体现为旧利益联盟的瓦解与新利益联盟的逐渐形成。其背后可能是外部冲击、政策范式松动，或二者共同作用的结果。

3.制度结构

制度结构是指政府内部组织对政策的决策、执行与安排。Cashore 等(2000:3-31)、May & Jochim(2013)则直接称制度结构为"制度"(institutions)。这一因素主要体现的是部门之间的权威和关系（例如，行政、立法和司法部门之间或中央政府和地方政府之间的关系）。May(2015)认为，制度结构是将政策愿望转化为行动的手段。

Wilson(2000)认为，制度结构伴随政策调整而发生变化，主要表现为政策目标、工具和执行组织结构的变迁。这一过程伴随着新的政策范式、权力格局和组织结构的形成或重组。通过这些阶段，政策实现了实质性变迁，政策体制也随之改变。

图2-2展示了政策体制的概念模型，说明各要素的相互耦合如何保障政策体制的稳定性。从静态视角看，三个要素构成了政策体制的核心内容：制度帮助行动者积累资源，理念影响行动者的利益，两者共同为行动者创造政治资源。

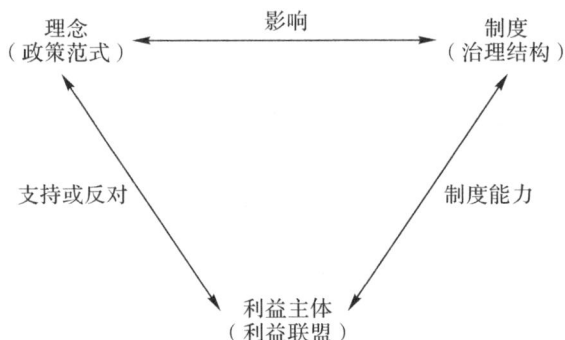

图2-2　政策体制的概念模型

Wilson(2000)将政策变迁与政策体制联系起来,提出政策体制的四种变迁类型,即政策体制转换(旧体制瓦解与新体制建立,包括目标的完全翻转)、政策体制合并(两个或多个体制的重组)、政策体制内部再重组,以及新创立一个政策体制。然而,在总结政策体制变迁时,Wilson(2000)的理论存在以下不足。

第一,强调政策体制变迁的外生性,忽视了政策体系内部的内生性因素。在其框架中,若无外部压力源,政策体制似乎会稳定发展,而未充分考虑内部因素对政策变迁的驱动作用。

第二,过于强调政策体制变迁的秩序性。他提出政策体制变迁有五个阶段,但这些阶段未必按时间顺序发生,也难以确定外部冲击优先影响哪一内部要素并引发变迁。

第三,未明确政策作为体制一部分如何在政策体制框架下实现演化。

第四,其框架中三个组成要素在中国政策语境下的适用性尚待探讨,需要结合具体领域重新定义。

Wilson(2000)的政策体制框架尚无法有效解释政策如何影响体制内的结构性要素。因此,需要结合政策反馈理论,进一步完善政策体制的变迁解释框架。

三、政策反馈动态过程

上文分析表明,仅依靠政策体制框架解释政策变迁过于静态。为此,需要引入动态性,将外生性的政策体制转变为内生动态演化的政策变迁模式。为突破静态结构性分析的局限,一些研究者提出路径依赖(path dependence)、政策反馈(policy feedback)以及反应序列(reactive sequencing)等概念,以探索政策变迁的动力机制与动态过程(Kay,2006:29;Daugbjerg,2009;Rosenbloom et al.,2019)。

历时性理解政策变迁的动态过程的一个有效的分析路径最早来自历史制度主义的路径依赖理论(Kay,2006:29;Mettler et al.,2014:151-181),政策反馈或是反应序列自此进一步发展而来,这些分析框架均旨在分析 $T+1$ 时期的政策产生结果对于 $T+2$ 时期政策产生的影响。Rosenbloom 等(2019)

提出"路径依赖和政策反馈揭示了早期的一系列选择如何产生长期影响，这些影响值得关注"[①]。对政策反馈和反应序列的分析除了强调自强化排序作为路径依赖性基础的方法，在分析中还引入了政策的负反馈路径，为政策变迁留下了更多的发展空间。早期政策事件可能通过再生产过程强化下一阶段政策的演化方向，也可能引导政策朝截然不同的方向发展（Howlett，2009；Rayner，2009；菲奥雷托斯 等，2020）。这一分析过程发展为政策反馈理论，主要用于解释政策执行与改革过程，并逐步拓展至关注政策输入与输出的动态分析（Mettler et al.，2014：151－181）。

政策反馈的起源可以追溯到 Schattschneider（1935：16）的论点，即已通过的政策会影响后续政策进程，进而影响政策问题的界定及其合法性。Pierson（1993）首先分析了政策反馈的自我增强（self-reinforcing）效应，这一自我增强效应包含两个机制，分别是：①资源和激励效应；②解释效应。在资源和激励效应机制下，政策导致了物质资源的分配，从而产生了支持或扭转政策的激励。在解释效应下，政策将产生解释性效果，这种效果决定了决策者和目标群体如何对政策作出反应。过去的政策决定可以被视为当前政策选择的制度基础，其作为一种结构可以限制或塑造当前政策行动者的政策行动和政策选择。政策领域中的各种行动者（诸如公众和政治精英等），通过过去政策所产生的资源和解释效应，评估他们对于现有政策的成本与收益，形成什么是对他们好的政策的观点，选择相应的政策行动，进而对后续的政策产生影响。政策的积极反馈效应与路径依赖和锁定效应相关，通过此举可以巩固现有政策受益群体，形成共同的政策认知，并增加现有政策被其他政策备选方案所替代的成本，从而创造出政策锁定效应，产生制度的路径依赖。

Jacobs & Weaver（2015）认为政策反馈之中不仅存在自我增强效应，还存在自我消解（self-undermining）的消极反馈作用，并提出了三种政策自我消解的反馈机制，分别是政策领域中意料外的利益受损群体出现、政治经营

---

① 原文为：Path dependence and policy feedback reveal how an early set of choices can have long-term repercussions for the pursuit of decarbonization and that these repercussions merit attention as part of policy making.

与受损群体的互动削弱现有政策的执行能力、替代现有政策的备选方案得到扩展。经验研究表明,大多数政策都会同时引发自我强化(积极反馈)和自我破坏(消极反馈)的过程。政策的持久性取决于自我强化是否占主导地位,因此在分析政策反馈时,需同时关注自我强化与自我消解的作用(Béland et al.,2019)。

政策反馈理论对于建立政策动态机制具有重要作用,但由于政策反馈回路上的各个元素及其相互的关系尚未明确,因此在研究上仍具一定的挑战性(Campbell,2012)。

在初始条件下,外部冲击与政策体制内三要素的互动促使政策变迁,随后政策引发的积极反馈与消极反馈作用于体制内的三大构成要素,即政策理念、制度安排和利益主体。

政策产生的积极影响包含以下三个方面。

①理念共识增强:政策调整强化了行动者对政策目标和价值的信念;

②制度能力增强:政策调整提升了现有制度解决问题的能力;

③支持联盟增强:政策调整巩固了支持联盟,优化了利益分配。

政策产生的消极影响包含以下三个方面。

①理念共识损坏:政策调整削弱了行动者对政策目标和价值的信念;

②支持联盟瓦解:由于政策调整失误,支持联盟可能分裂;

③制度能力枯竭:政策调整可能导致制度复杂化或不连贯,削弱其解决问题的能力。

政策体制内的积极影响和消极影响会分别增强或削弱政策体制的适应能力,进而影响后续政策。Sheingate 提出了"政策体系衰败"的概念,认为稳定的政策体系包括治理权威的合法性、稳定的支持联盟和有效的制度模式,而体系衰败则表现为政策理念共识瓦解、制度能力衰减及支持联盟分裂。

政策体制通过三个方面影响后续政策的稳定性,即合法性、一致性和持久性(Jochim & May,2010;May,2015)。这些积极影响共同维持政策的稳态变迁模式。

1. 合法性

Jochim & May(2010)、May(2015)提出的具有合法性的政策是被行动者接受的解决问题的目标和方案,较强的政策体制可以产生较强的政策合法性。合法性的核心是认为决策者对于政策的承诺是适当的和公正的,其背后重要的支持是政策体系中政策理念的强度。较强的政策体系可以用统一的政策理念来推进。有力的制度安排可以促进理念的贯彻以及利益的支持超出反对者的声音。

2. 一致性

一致性是指在处理一组给定的政策问题或目标群体时行动同步。政策一致性将会通过目标一致性而加强,这种一致性包括强大的理念基础、为实现目标而共同努力的制度结构,以及为解决特定问题的一致行动提供动力的利益支持。这种政策一致性可以通过 Pierson(1993)的激励机制和解释机制来实现。在解释机制方面,缺少共识性目标,政策将会对潜在的政策目标群体所关心的问题发出混乱的信息,降低政策方向的指向性(Schneider & Ingram,1997:140–145)。在资源激励方面,若是制度安排下的资源激励指向不明显,尤其是在政策压力之下,行动者面临选择困难,将导致政策设计的常规行动变得难以为继,引发制度摩擦(Lieberman,2002)。

3. 持久性

持久性主要是指政治承诺在时间上的持续。较强的政策体制一般与政策持久性积极相关。维持政策持久性的核心内容是制度结构的路径依赖、对于现有政策的利益支持以及弱化政策执行的抗拒力量。没有完成政策目标或产生负面影响的政策将会弱化政策体系,通过将政策的支持者转换为反对者从而削弱政策持久性。

由此可见,稳定的政策体制可以为政策创造出更多的积极反馈效应,并在面对宏观政治环境的外部挑战时具有弹性,从而对后续的维持稳定的政策产生积极的影响,为稳态的政策变迁提供结构基础。衰败的政策体制内部将会产生更多的消极反馈效应,因此在面对外部冲击时因缺乏弹性,从而难以维持政策的合法性、一致性与持久性,可能产生更剧烈的政策变迁,加剧政策变迁动态模式的振荡效应。

鉴于笔者将政策变迁分解为政策工具、政策目标与政策设置三个维度，因此对于政策动力机制的分析，还需要进一步拆分为三个政策层次。正如前文所述，将政策元素分解，前一时段的政策将通过反馈机制与政策体制的理念、制度能力以及利益主体三个要素发生互动，并影响后一时段政策的三个层面的变迁形态。表2-2列出了上述各项政策要素及其与积极和消极政策反馈的关系。

表 2-2 政策反馈与政策变迁形态

政策维度	积极政策反馈	消极政策反馈
政策目标	描述：政策目标被持续维持 政策体制机制：理念共识的增强 政策变迁形态：累积式渐进变迁、累积式范式变迁	描述：现有政策目标出现危机 政策体制机制：理念共识的削弱 政策变迁形态：波动式范式变迁、波动式渐进变迁
政策工具	描述：政策工具可能被维持的可能性很高 政策体制机制：理念共识的增强、制度能力的增强、支持联盟的增强 政策变迁形态：累积式渐进变迁、累积式范式变迁	描述：政策工具被维持的可能性较低，现有的政策工具被直接替代或通过引入新的政策工具以解决新出现的政策问题 政策体制机制：理念共识的削弱、制度能力的削弱、支持联盟的削弱 政策变迁形态：波动式渐进变迁、波动式范式变迁
政策设置	描述：出现更严格或稳定的政策设置的可能性更高 政策体制机制：理念共识的增强、制度能力的增强、支持联盟的增强 政策变迁形态：累积式渐进变迁、累积式范式变迁	描述：不太可能出现稳定或者严格的政策设置水平，政策设置的水平可能出现随机游走（random walk）现象 政策体制机制：理念共识的增强、制度能力的增强、支持联盟的增强 政策变迁形态：波动式渐进变迁、波动式范式变迁

影响政策目标的积极政策反馈，是指后续的政策体制会增加这些目标实现的可能性，而消极政策反馈则会降低目标实现的可能性。积极政策反

馈意味着政策目标被持续维持，增加了政策目标的合法性。消极政策反馈则意味着政策目标出现危机，政策体制内共识性目标被前一时期政策产生的消极反馈所削弱，难以维持政策目标的合法性。

政策工具的积极政策反馈意味着实现政策目标的政策工具可能被维持的可能性很高，影响政策工具被维持的政策体制机制主要是理念共识的增强、制度能力的增强、支持联盟的增强，这些增强作用可以提高政策的一致性和持久性。消极政策反馈的政策结果，即意味着政策工具被维持的可能性较低，现有的政策工具被直接替代或通过引入新的政策工具以解决新出现的政策问题，在政策体制层面的机制主要体现为理念共识的削弱、制度能力的削弱、支持联盟的削弱。这些削弱作用将会侵蚀政策体制的能力，从而削弱政策的一致性与持久性。

政策设置定义了政策工具作用的强度，通过调整政策设定的程度，可以放大和减弱政策工具的影响，进而影响政策反馈的强度。政策设置包括补贴工具的补贴水平、粮食统购中设定的统购计划以及粮食收购价格等。影响政策设置的积极政策反馈会使政策设置更严格或更稳定。消极政策反馈会导致政策设置变得不稳定。在政策现实中，一项政策工具可能有大量的设置，这些设置可能会产生竞争。有时一个政策设置的积极反馈，可能削弱其他政策设置，特别是当两个政策设置相互排斥时。

第三章

粮食流通政策发展的
总体历程与阶段划分

为更好地分析新中国成立以来粮食流通政策变迁的动态模式及动力机制，需要对粮食流通政策变迁进行简单的历史性描述。笔者将粮食流通政策发展分为三个阶段，即计划经济时期的粮食流通政策阶段（1949—1978年）、市场化时期的粮食流通政策阶段（1979—2003年）、转向粮食安全时期的粮食流通政策阶段（2004—2020年）。

本章内容包括：首先，说明粮食流通政策的概念内涵，并对粮食流通政策的历史做简要介绍；其次，通过梳理粮食流通政策的政策理念、利益主体与制度结构，为研究建立粮食流通政策变迁的分析框架；再次，按照时间段简要分析粮食流通政策的主要内容，并分析不同政策时期的政策变迁模式。

第一节　粮食流通政策的总体历程

一、中国的粮食流通与粮食流通政策

郑玄在为《周礼》作注时称："行道曰粮，谓糒也；止居曰食，谓米也。"联合国粮食及农业组织对粮食的定义是谷物，包括麦类、粗粮、稻谷等。在英语中，关于粮食也有 food 和 grain 两种表达：food 涵盖范围较广，包括满足人生存需求的谷物、肉、蛋等食品；从内容来看，grain 主要是指稻谷、小麦、玉米、黍、稷、大麦、高粱、燕麦、黑麦及荞麦等作物。在我国粮的含义范围比较广，主要包括谷物、豆类和薯类。为了与联合国粮食及农业组织口径保持一致，一般将豆类和薯类等作物从粮食中剔除，仅保留谷物一种，限定则为稻谷、小麦、玉米和大豆 4 个品种[①]。

流通由"从生产向消费的人的转移和商品本身的实质转移两个过程组成"（Clark,1922:13）。孙冶方（1978）认为流通是"社会产品从生产领域进入消费（包括生产消费和个人生活消费）领域所经过的全部过程"。马克思很重视流通的重要作用，因为流通过程将个别的生产过程结合为社会的总生产过程，也正是通过商品的流通过程，商品实现了使用价值与价值的统

---

① 在国际上，大豆一般被看作油料作物，由于中国人传统的饮食习惯，大豆依旧作为粮食政策的一个重要作物品种。在本书后续的政策分析中，国家关于大豆的相关政策也被纳入政策分析之中。

一。结合流通的定义,王薇薇(2015:2)将粮食流通解释为:"在大市场背景下,作为商品的粮食通过以货币为媒介的交换方式实现从生产领域向消费领域(包括生产性消费和居民生活消费)转移的全部过程。"由此可见,粮食流通即在粮食生产出来之后,通过分配和交换,实现从粮食生产部门向各个消费领域转移的全部过程。

图3-1描述了粮食从生产部门进入各个消费部门所经历的几个途径,这些途径包括:其一,农业部门产出的原粮经过中间商和粮食初级加工企业被加工为大米、面粉、食用油等基础口粮,进入食品终端消费领域;其二,原粮或米面油等成品粮经过中间商、粮食初级加工企业和食品深加工企业被加工为包括方便面、面包等方便食品、烘焙食品,进入食品终端消费领域;其三,原粮经过中间商和工业品加工部门被转化为饲料、燃料、化妆品等工业品,进入工业品终端消费领域。2018年中国粮食产业工业总产值突破3万亿元,有11个省份产值超千亿元(罗万纯,2020)。粮食流通领域上接粮食生产基础性产业,下接食品工业以及居民消费等领域,不仅是保障国家粮食安全的重要部门,也蕴含着巨大的经济发展潜力。

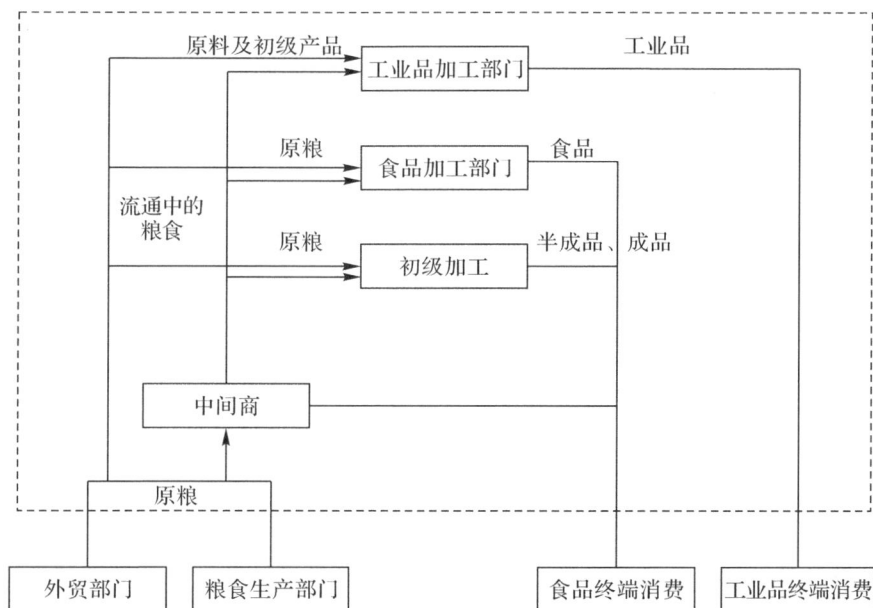

图3-1　中国粮食流通过程

粮食流通政策不仅关系农业生产,也关系商业流通与居民消费,与其他政策,包括农业生产政策、国际贸易政策、消费政策等方面互为条件、互为衔接。关于粮食流通政策的定义,赵德余(2017:5-12)从业务部门的角度出发,认为粮食流通政策即涉及粮食部门改革的政策内容,张晓涛(2005)关注的粮食流通政策是国家对粮食流通方面制定的规范和准则,以协调不同社会利益群体之间的关系。在原国家粮食局编发的《粮食流通基本知识读本》之中界定了粮食流通工作的基本任务,包括:保护粮食生产者的积极性,调整生产结构;保障粮食供给,满足城乡消费需求;深化国有粮食企业改革,积极参与市场竞争等。通过总结这些针对粮食流通政策的定义,笔者对于粮食流通政策的分析主要集中关注粮食在流通领域之间的政策,结合戴维·伊斯顿关于政策是价值的权威性分配的观点,笔者认为粮食流通政策是国家对粮食流通范围内的社会价值的分配。因此,粮食流通政策主要包括粮食流通管理体制、购销政策(包括价格政策)在内的一系列有关粮食分配与交换的政策,而与粮食部门体制改革的相关内容不包括在内。

二、粮食流通政策的目标

结合粮食流通政策的定义与内涵,粮食流通政策需要协调的利益分配主要包括三方面,即粮食生产部门与流通部门之间的利益分配、粮食流通部门与粮食消费部门之间的利益分配以及粮食流通部门内部不同主体之间的利益分配。国家对这些社会价值进行分配需要依照一定的目标,这便是粮食流通政策的目标。在粮食流通领域,一些政策目标是较为明确的且是长期有效的,还有一些政策目标则随时间变化。总结来看,国家在粮食流通领域的政策目标包括以下方面。

1.引导粮食生产

流通领域对于生产领域一致具有引导作用,由于"农业是国民经济的基础,粮食是基础的基础"[①],发展粮食生产一直是我国粮食政策的核心和首

---

① 在中央正式文件之中这一提法最早见于1960年《中共中央关于全党动手,大办农业,大办粮食的指示》。

要目标,这一目标可以被分解为保证粮食产量增长,以及保证粮食生产结构优化两个方面。

追求粮食总量的增长一直是国家粮食政策的一个量化目标,原因在于一方面要保证全国人口的吃饭问题,另一方面,粮食总量的增长是国家安全与战备的重要保障。优化粮食生产结构则是为了保障"百姓吃得饱,还要吃得好",这是新时代国家粮食安全的重要关切。个体需要摄入的营养不仅包含谷物所提供的碳水化合物,还包含脂肪和蛋白质等,这些需要由大豆、玉米作为饲料转化而成的肉、蛋、奶来提供。追求更高层面的粮食安全,要为民众提供足够的脂肪与蛋白质供应,这就需要保证粮食生产结构的健康。

2. 保证城市人口和非农业用粮的供给

城市工业经济是国民经济发展的重心,城市化和工业化发展水平越高,对于粮食这种满足基本生存需要的必需品的供应要求就越高。由于农业产业本身的特征,受到天气、土地等自然环境的影响,一直存在自身的生产周期。长期以来,我国的粮食产量一直存在着"两丰一欠"的生产周期,可见粮食流通政策的目标还需要保证即使在粮食产量供应不足时,也能提供相对稳定的粮食供应。

3. 稳定粮食价格

粮价是百价之基,不论是保证本国国民的粮食购买,还是发展国民经济中的其他产业,粮食的价格都不应过高或过低,波动过大。从新中国成立以来,国家经历了多次物价上涨。剧烈波动的粮食价格也将成为影响社会稳定的重要隐患,即所谓"谷贱伤农,谷贵伤民"。将粮食政策稳定在一定的范围内,也是粮食流通政策的一个重要目标。

4. 增加农民收入

粮食流通直接联系农业生产,成为国家与农民之间关系调整的重要领域。改革开放之后,国家对社会主义现代化的追求开始分为"三步走"战略,实现国民经济总量与城乡居民收入增长,成为实现社会主义现代化过程中的重要战略目标。粮食流通对于提高农民收入具有重要作用。

5.提高经济竞争力

在粮食流通领域，与经济竞争力相关的是处在发展中的现代粮食流通产业。现代粮食流通产业是包括粮食仓储、物流、加工、零售等全产业链条的重要产业，具有巨大的经济潜力。粮食流通产业不仅可提高粮食附加值、增加农业收益，还在保证国家粮食安全方面具有重要意义。

三、粮食流通政策工具

实现粮食流通政策目标的工具具体指宏观的粮食流通控制工具，采取何种控制工具将粮食分配到各个生产与消费部门之中，取决于对粮食本质属性的不同认知。对于粮食，具有粮食属于私人物品属性或公共物品属性的认知差异。Vivero-Pol(2017)认为一般国家会综合采纳两种基础假设下的政策工具，为了更好地分析政策工具的间断性变迁，可以从两个极端的范式（即粮食为完全的私人商品和粮食为完全的公共物品）来了解粮食流通之中对政策工具的选择。

如果粮食被视为完全的私人商品，那么自发的市场规律便可以调节粮食的流通，这类政策工具将主要旨在维护市场的运行，具体包括以下方面。

①粮食价格由市场决定。通过粮食的供求来自发地生成粮食价格，从而引导粮食的生产与消费，政府不参与粮食价格的形成过程。

②政府补贴。为保证本国农业产业的竞争力，政府可以适当提供补贴，但是这种补贴不能对粮食价格产生扭曲作用。

③粮食市场自由交易，政府发挥监管职能。粮食流通企业在各个环节上（加工或销售）都是通过市场机制进行自由竞争与交易，所产生的问题也可以通过市场机制自发解决，限制政府在市场中的干预作用。

④基于市场主体的粮食储备。政府不是粮食储备的主体，所有的粮食储备都要靠相应的市场主体进行，最终在市场整体层面上实现粮食均衡。政府可以选择与自由市场主体合作的方式，来实现一部分粮食成为国家储备粮。

如果粮食被视为公共物品，那么需要政府发挥调节粮食流通的作用。这类政策工具将主要旨在提供公共物品，具体包括以下方面。

①粮食购销指标管理。为了保证粮食作为公共物品在国家内部的分

配,政府需要干预粮食的生产与消费,即国家通过在农业部门设定计划收购指标,在城市消费部门设定计划销售指标来控制粮食流通的全过程。

②粮食价格控制。这是指由政府根据需要制定或调整粮食价格。制定价格的目的不是为了反映市场供求,而是政府配置粮食与相关利益的一个手段。

③粮食市场交易管制。不具备完全商品属性的粮食被禁止进行完全自由的市场交易,政府在粮食流通领域中占据垄断地位,政府或政府所属的企业是连接粮食生产与消费的主要通道。

④国家成为粮食储备主体。因为粮食是公共物品,所以政府需要根据国家的发展意志以及民众利益考虑设计、制定粮食储备的数量、规模以及分布等,国家的粮食储备可以起到平抑市场、保障国家粮食安全的作用。

四、粮食流通政策的发展历程

基于对上述粮食流通政策概念内涵、目标与工具的总结,接下来将简单介绍新中国成立以来粮食流通政策的发展历程。

1949 年到 1952 年的粮食流通政策体现为国家主导的粮食自由购销政策,即国家依靠市场购销的方式调节粮食生产与消费,对当时的私营粮食企业则采取"利用、限制、改造"政策(陈锡文 等,2018:298)。中央人民政府在 1950 年成立了粮食管理总局以统一粮食经营和粮食管理(1950 年中央人民政府财政部发布了《关于建立全国粮食管理系统 将粮食处改为粮食管理总局命令》)。经历了一段过渡发展时期后,1952 年底针对农村的土地改革基本完成,粮食产量也从 1949 年的 2263 亿斤提高到 1952 年的 3278 亿斤,人均粮食产量则从 1949 年的 208 公斤提高到 1952 年的 285 公斤[①]。1953 年开始,随着土地改革的完成,国家开始对农业、资本主义工商业和手工业进行社会主义改造。伴随着过渡时期总路线的提出,粮食统购统销政策作为"一体两翼"的重要组成部分正式确立。

在 1953 年 10 月 10 日召开的全国粮食会议上,政府决定通过以农村"计划收购"、城市"计划供应"即"统购统销"的方式管理粮食流通,同时限制粮食市场上私人粮商的粮食交易。随着"一五"计划和三大改造的完成,标

---

① 粮食产量数据来源:国家统计局网站(https://data.stats.gov.cn/)。

志着国家高度集中的计划经济体制的确立,这一时期粮食统购统配的管理模式,以及国家控制的价格体系几乎没有被调整过。这一时期粮食流通体系的特征是以国家集中计划管理粮食购销为特征,主要目标是汲取粮食资源以支持国家发展,一方面保证国家掌握足够支持国家发展的粮源,另一方面无意中形成了工农业剪刀差,保证国家在经济发展过程中具有低价运行的粮食,以应对粮食产量不足与工业化需求、国家财政能力不足与工业积累需求等矛盾(卢锋,2004:469)。

　　统购统销政策一直持续到改革开放初期,为了恢复和发展农业生产,粮食流通领域中出现了两个初步调整。其一,提高粮食的征购价格,并降低粮食征购比例,以增加农民收入、刺激农业生产。1978年国家调整了1966年以来长期未动的粮食收购价格,其中粮食的统购价格提高了20%,超购部分在此基础上再加价50%,并在农产品的收购种类上陆续提高了18种农产品的收购价格,农产品的平均收购价格提高24.18%(邓大才,2004)。其二,放宽粮食经营方式,允许在国有粮食企业在计划收购渠道外开展市场化的自由购销。这一时期再一次开始出现在粮食购销领域国有企业参与的统购市场和自由购销市场两个粮食购销市场并存的局面,粮食价格开始出现"议购价""平购价""超购价""市场价"等多个价格,造成价格体系混乱(陈锡文 等,2018:314)。

　　改革开放初期的粮食流通政策由于连续几年提高粮食征购价格、超购加价,刺激了粮食产量连续增加,致使国有粮食系统出现"收不起、存不下、调不走、销不掉"的困局(胡小平 等,2018)。1985年开始取消粮食统购,改为合同定购①,价格按照"倒三七"比例计价②,完成合同定购的粮食可以通过粮食市场自行购销。改革之后,粮食流通中被称为"稳一块,活一块"的定购价格与市场价格的价格"双轨制"正式出现。由于1985年粮食改革中合同定购形成的粮食收购价格低于农民的预期,打击了农民的生产积极性,出现了1985年到1989年粮食产量徘徊不前的现象。

---

① 1985年中共中央、国务院发布的《关于进一步活跃农村经济的十项政策》规定:所谓合同定购,就是在每年粮食播种前,国家指定的商业部门与农民协商签订定购合同,规定双方责任,包括农民需要生产的粮食品种、数量、质量,商业部门则负有提供生产资料、解决生产中的困难,并按照合同规定收购粮食的责任。
② "倒三七"比例计价即统购价格×30%+超购价格×70%。

经过几年的调整,1993 年对粮食流通政策的调整开始向"粮食商品化,经营市场化"方向进行。一方面在粮食收购端实行"保量放价"①,另一方面则在销售端则全面放开价格②。1993 年粮食流通政策转向市场化之后,突然出现的粮价上涨使得预计实行的"保量放价"转换成"提价定购"③。自1994 年开始,政府"提价定购"实行之后几年,国家逐步提高的粮食定购价格再一次激发了农民的生产积极性,形成了连续几年的粮食产量上涨,伴随而来的是这一时期粮食的"供过于求",导致粮食市场价格下降,国有粮食企业再一次陷入"购销倒挂",面临巨额的财政亏损④。

国有粮食企业巨大的负担成为 1998 年粮食改革的一个重要现实压力,对粮食流通政策的调整便以改革国有粮食企业、减轻国家财政负担为主。1998 年粮食流通政策调整为"政企分开、中央和地方的粮食责权分开、储备与经营分开、新老财务账目分开、完善粮食价格体制"的"四分开,一完善"的改革计划,旨在将国有粮食企业转换为真正的市场运行主体的同时,解决国有粮食企业的亏损问题。这项期待国有粮食企业完全负责粮食收购市场,并实行顺价销售,以缓解国有粮食企业亏损局面的政策,以国有粮食企业难以完全兼顾粮食收购渠道而再次进入调整阶段。

1998 年到 2003 年持续的粮食减产促使粮食市场的供求关系再次发生变化,2003 年 1 月 7 日的中央农村工作会议上,"培育粮食市场,探索市场化改革"成为粮食流通政策目标被正式提出来。《中共中央 国务院关于促进农民增加收入若干政策的意见》《粮食流通管理条例》与《国务院关于进一步深化粮食流通体制改革的意见》,从市场改革的角度,从粮食收购端全面放开粮食市场,在粮食流通政策领域基本建立了包括农业生产、流通以及农产品贸易的农业支持与保护制度(胡冰川,2019)。新中国成立以来粮食流通政策调整主要事件见表 3-1。

---

① "保量放价"即保留定购数量(国家定购粮食数量,即 5000 万吨),收购价格随行就市。

② 即国家对于城镇居民取消粮食的低价补贴而改为市场交易,将城市居民的价格补贴从暗补改为明补,取消了通行几十年的粮票、油票。

③ 即在保留国家定购数量的同时,提高粮食定购价格(即粮食价格再一次由国家制定)。

④ 根据国家审计署 1998 年组织对有关国有粮食企业的审计结果,1992—1998 年间国有粮食企业新增粮食财务挂账与不合理资金占用总额超过 2000 亿(赵文先,2007),1996 年独立核算的粮食亏损企业占全部粮食企业的 54.8%,到 1997 年这一占比增加到 74%(赵德余,2017:228)

表 3－1　新中国成立以来粮食流通政策调整主要事件一览表

政策变迁事件	现实压力	政策内容与特征
1953 年 统购统销	粮食商品率低，如何调整市场分配	1.封闭粮食市场，实行粮食计划收购与计划供应。 2.后续经过制度化成为稳定的粮食流通政策
1961 年起草 《农业六十条》	粮食产量下降，粮食供应紧缺	1.有条件地放开市场，鼓励生产，但是在文化大革命时期放开的市场被再次取消。 2.稳定了农业生产的"三级所有，队为基础"的核算结构，一直持续到家庭联产承包责任制的推行
1985 年 合同定购	阶段性供过于求，农民卖粮难，购销倒挂，产生财政压力	1.粮食经济属于有计划的商品经济的一部分。 2.粮食统购改为合同定购，价格按照"倒三七"比例确定。 3.合同定购被调整为国家定购，依旧具有一定的统购性质
1993 年 保价放量， 销价放开	阶段性供过于求，农民卖粮难；购销倒挂，财政压力继续增大	1.以价格改革为核心，放开价格，放开经营。 2.在收购端进行以保护价敞开收购，在销售端将粮食售价与经营全部放开。 3.保量放价被调整为提价定购，定购粮食依旧由政府定价
1998 年 四分开， 一完善； 三项政策， 一项改革	阶段性供过于求，农民卖粮难，库存压力过大，粮食部门亏损严重，大量挤占信贷资金，银行产生不良资产	1.持续市场化改革，施行"粮食商品化、经营市场化"。 2.改革核心以国有粮食企业为主，以"四分开，一完善"改革计划重塑国有粮食企业市场主体资格。 3.改革赋予国有粮食企业垄断权力，重塑市场主体资格，经后续调整，国有粮食企业垄断地位逐渐下降
2004 年 粮食流通 市场全面 放开	粮食产量下降，粮食库存不足，农民收入增长放缓	1.市场在资源配置中起基础作用，国家提出以工业支持农业。 2.全面放开粮食收购市场，在收购领域托市收购，发挥国有粮食企业的主渠道作用。 3.后续持续推出小麦、稻谷最低保护价收购，玉米与大豆临储政策旨在进一步保护农民利益
2014 年 进行价补 分离与粮食 流通市场 结构调整	结构性供求矛盾相对突出，呈现"高收购、高库存、高进口"现象	1.进一步强调市场在资源配置中起决定性作用。 2.逐步改革稻谷、小麦最低收购价，并完善玉米、大豆市场收购，市场化趋向明显。 3.推动粮食流通企业的股份制改组，以政策性收储为主向政府引导下市场化收购变革。 4.推行调整粮食安全省长责任制

经过了将近十年的粮食流通市场化的发展,2014 年粮食流通政策再一次调整,转向"价补分离"的市场化改革,着力从供给端(生产端和收购端)进行改革,从价格形成机制和农业生产补贴两方面进行调整。具体的政策调整主要集中为以下三方面。①针对稻谷和小麦调整最低收购价政策,改变收购价只升不跌的做法,并建立"最低收购价＋补贴"的做法,增加农民收入。②调整玉米临时收储政策,实行"市场化收购＋生产者补贴"的政策。③针对大豆和棉花进行目标价格补贴改革试点(2014—2016 年),试点结束后,针对大豆的政策调整为"市场化收购＋生产者补贴",针对棉花的政策则继续深化目标价格补贴。

第二节　粮食流通政策阶段划分的三要素依据

一、粮食流通政策变迁时期的划分与存在的问题

关于中国粮食流通政策所经历的阶段,不同学者按照不同标准进行了划分。赵发生(1988:26 - 164)对于中国粮食工作的分析主要集中在 1949 年到 1984 年间,主要阶段包括 1949—1952 年的粮食恢复阶段、1953—1957 年的统购统销阶段、1957—1965 年的集中管理阶段、1966—1978 年的保证供应阶段、1978—1984 年的调整流通体制阶段。赵德余(2017:14)对于粮食政策是的梳理则包含 1949—1952 年的自由市场阶段、1953—1958 年的统购统销阶段、1959—1961 年的粮食困难阶段、1961—1966 年的粮食政策退却阶段、1966—1976 年的统购统销政策强化阶段、1978—1991 年的价格双轨制阶段、1991—1997 年的粮食价格自由化改革阶段、1998—2001 年的国有粮食部门改革阶段以及 2001 年之后的粮食市场化阶段。钱煜昊等(2019)从粮食流通中的主体权责划分的角度,将粮食流通政策划分为 1949—1978 年的粮食统购统销时期、1979—1992 年的粮食流通改革初步调整时期、1993—2003 年的粮食流通体制深化改革时期。王钢、钱龙(2019)从粮食安全的角度,将粮食流通政策划分为 1949—1952 年的粮食自由贸易时期、1953—1978 年的粮食统购统销时期、1978—1992 年的粮食流通体制初步调整时期、1993—2003 年的粮食流通市场化改革时期、2004—2014 年

的粮食流通市场化运行时期、2014 年之后的粮食流通深化市场化运行时期。赵和楠、侯石安（2019）从粮食领域财政保障的角度，将粮食流通领域中财政保障划分为 1949—1977 年的负向保护阶段、1978—2003 年的调整过渡阶段、2004 年至今的全面支持阶段。肖春阳（2019）则从粮食购买角度，将粮食流通政策划分为粮食自由购销（1949—1952 年）、粮食统购统销（1953—1985 年）、粮食合同定购平价销售与议购议销（1985—2004 年）、粮食市场购销（2004 年至今）四个时期。

从以上内容来看，研究者对粮食流通政策发展的阶段划分大多以"统购统销""改革开放""建立社会主义市场经济""流通体制改革"等关键事件为节点，大体时间范围基本相似，但是在具体年份的划分上则各有不同。不同学者依据不同的研究目的来划分粮食流通政策发展历程。

鉴于笔者对于粮食流通政策变迁的假设并没有关于渐进式变迁与范式性变迁的区分，因此笔者并不关心粮食流通政策演变过程中的关键时间点（critical juncture）及其关键时间点产生的影响。笔者更加关注不同时间段的粮食流通政策体制以及政策变迁呈现出的动态模式是否具有明显的差异，判断这一差异的基本出发点来自粮食流通政策体制。基于上述讨论，笔者在厘清新中国成立以来粮食流通政策的内涵、目标与工具之后，需要分析粮食流通政策体制的基本框架与核心要素，并以此作为粮食流通政策不同时期的区分标准。

二、粮食流通政策体制三要素分析框架与历史阶段划分

解构政策体制组成部分的关系是否经历了根本性的变化，有助于了解不同的政策阶段。政策体制包含政策理念、制度结构与利益主体三个要素，需要说明的是，因为我国的决策制度是民主集中制，这一制度既是国家制定各项政策的重要规则，也是各类政策得以执行的重要保障（赵德余，2008：91）。以民主集中制为基础的政策决策过程要求特定政策涉及的社会利益和需要得到充分体现。在我国的粮食流通政策子系统中很难寻找到西方文献中所包含的能够进行政策游说的利益团体，以及能够对政策方案进行投票的政策场域和政策垄断（policy monopolies）。

（一）政策理念

粮食流通政策理念是对粮食以及粮食经营问题的概念化，是国家对粮食以及粮食流通领域理性建构的呈现，因此可以看作粮食流通政策的思考范式。赵德余（2008：107-112）认为政策理念体现为政府的主流观念，是政府的政策理念决定了政策的具体或实际的安排。由于粮食的多重属性，粮食流通问题也成为一种带有多重目标的政策领域。粮食流通的政策目标可以总结为经济目标和非经济目标。当粮食在政策中被看作具有私人商品属性时，政府一般采用效率优先的原则，采取符合市场规律的办法和方式对粮食这种商品实施调控，以提高资源的配置效率，并促进经济发展。当粮食问题变成保障国家安全、维护人民正常生活的一种主要战略物资时，政府将采取非经济手段来调控与管理粮食这种"物资"，这一手段将不会受效率优先原则约束。当粮食供给不足时，这一时期的粮食问题表现为社会政治问题，而随着粮食供给充足，粮食问题则更多地表现为经济问题。对粮食本质属性的理解以及对粮食问题经济目标和非经济目标之间关系的理解是国家对粮食政策选择的关键所在（张晓涛 等，2009：77-95）。

国家对粮食经历了从统购统销时期的"粮食是关系国计民生的战略物资"的产品经济认识，到市场化时期的"粮食是关系国计民生和社会安定的重要商品"的商品经济认识的转变，这一理念转型引导了粮食流通政策的调整方向。基于赵德余（2008：114）的分析，在国家的民主集中制决策制度下，决策层制定政策时的理念是一致的，且具有共识。笔者对理念一致性的判断，关注的是国家政策理念在不同时期的表述是否保持一致，而非政策体制内各参与者是否达成一致。

表3-2总结了粮食流通政策领域中的两条主线：一是粮食流通作为经济体制的一部分，体现国家对政府与市场关系的治理理念；二是粮食作为战略性农产品，支持粮食政策的角色定位、制度基础和发展方向（李成贵，2007：53）。因此，对粮食流通政策的执行将不仅仅体现在实现经济增长的目标上，关键是要发挥粮食政策本身的功能，包括保障国家粮食安全，在应对危机时真正发挥压舱石、稳定器的作用。

表 3 - 2   粮食流通政策发展过程中的政策理念

阶段	时间段	政府与市场	粮食的属性
计划经济时期	1953—1978 年	"政府替代市场",完成社会主义改造,实行计划经济	农业发展是发展工业的重要支撑,粮食是战略物资
市场化时期	1979—1992 年	"政府放开市场",突破计划经济体制,引入商品经济	粮食是关系国计民生的特殊商品,也是关系社会稳定的战略物资
	1993—2003 年	"政府调控市场",明确社会主义市场经济框架	
转向粮食安全时期	2004—2013 年	"市场约束政府",加快政府改革,强调科学发展	粮食是关系国计民生的重要商品,是关系经济发展、社会稳定和国家自立的基础,保障国家粮食安全始终是治国安邦的头等大事
	2014 年至今	"使市场在资源配置中起决定性作用,更好发挥政府作用"	

(二)利益主体

Wilson(2000)定义的权力安排是指支持政策体制的利益集团,可能包括少数政府领导人或各类利益集团。在中国粮食流通领域,虽然不存在具有显著影响力的利益集团,但不同时期的政策理念确实塑造了特定的利益结构,反映了不同利益群体之间的关系(邓一鸣,1993:38 - 142)。本书所指的利益主体,是从主体间关系的角度理解的利益结构。利益结构不仅源自政策理念下的政策安排,还会通过分配结果反过来影响政策。利益结构通过影响其中的行动主体产生特定的政策反馈,这些反馈基于各主体对成本与收益的估计,进而可能对政府收入、财政预算或资源获取能力带来压力(赵德余,2008:114)。粮食流通利益结构反映的是以粮食为核心的利益在国家、农民、经营企业和消费者之间的分配关系(国务院研究室课题组,1992:3)。从这一角度看,粮食流通过程中将包括三个核心主体与两组购销关系。三个核心主体即粮食生产部门、粮食消费部门和粮食流通部门。

粮食生产者,或者粮食供给者,主要是指从事粮食生产的种粮农民(包括分散的农户、种粮大户、粮食经济合作组织),他们是粮食流通的初始端。

种粮农民提供粮食供给具有增长不稳定、受季节和地域影响以及零星与分散的特征,在粮食流通当中,粮食价格将是刺激与调整粮食生产者进行粮食生产决策的重要政策工具。

粮食流通者,是从事粮食流通、生产以及加工的组织。在我国,粮食流通者主要包括国有粮食购销企业、私人粮食贸易商、粮食加工商等。这些粮食流通者是构成粮食市场的主要行动者。国家针对粮食流通市场体系的建立与改革也主要是以发展和改造这些粮食流通者为主。

粮食消费者,主要是城市居民以及从事非粮生产的农民。由于粮食是满足粮食消费者生存需求的重要物品,因此消费者对于粮食存在需求刚性。从这一角度来看,粮食的数量与价格都需要有一定的保证,才能满足消费者的生存需求。保障粮食消费者的生存将成为国家粮食安全的重要内容。

图 3-2 以简单的形式呈现了粮食流通政策领域中的利益主体关系。

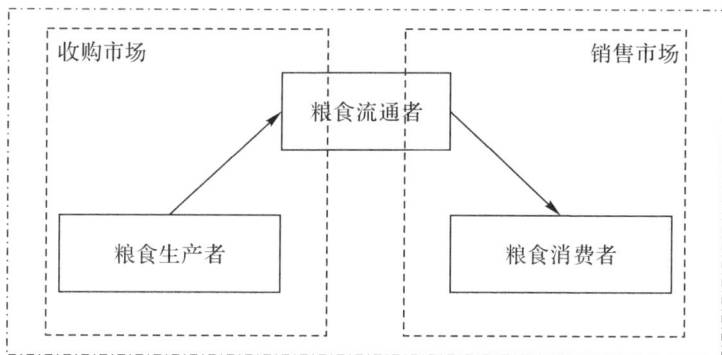

图 3-2 粮食流通结构中的利益主体关系

两组购销关系即粮食生产者与粮食流通者之间的购销关系,以及粮食流通者与粮食消费者之间的购销关系。笔者将这两组关系分别表示为粮食收购市场和粮食销售市场①。

粮食收购市场,涉及的问题是种粮农民如何将自己手中的粮食转移到粮食流通者(这些流通者包括国有粮食企业与私人粮食企业)手中。这一过

---

① 这里的市场泛指对粮食进行收购与销售发生的场域,并不具备完全竞争与自由交易性质。

程包括粮食议价过程、粮食收购过程等。

粮食销售市场,体现的是粮食流通者与粮食消费者之间的购销关系。在这个市场中,粮食消费者能够以合理的价格获得足够的粮食将是粮食销售市场的主要功能。

表3-3总结了三个不同时期粮食流通主体与流通市场的一些特征。从粮食收购市场的角度来看,粮食收购市场主要体现为粮食收购价格的调整,以及粮食收购方式的变化等。在统购统销时期,国有粮食企业代表国家,采取计划收购的方式全面收购农民的余粮,商品粮由国家经营。虽然出现过一段时间的农村集贸市场,但是从总体上来看,农民的售粮对象主要是以国有粮食企业为主,粮食价格是由国家计划部门确定。粮食的收购市场伴随着1978年的改革开放开始逐渐放开,在保障国家收购计划执行的同时,增加了粮食的议购部分,这一部分的粮食价格开始不归国家计划控制,粮食收购方式也从以定购为主转向定购和市场化收购长期并存。这种情况直到2004年国家决定全面开放粮食市场,调整流通体制时才结束,粮食收购市场上出现了政策性收购和市场性收购两种收购类型[①]。而至2014年,由于偏重政策性收购造成国内粮食产量、进口粮与库存量三量齐高,再一次推进粮食收购市场主体的改革,这之后粮食的收购市场开始出现多元化发展态势。

表3-3 粮食利益主体的结构特征

阶段	时间段	粮食流通主体	粮食收购市场	粮食销售市场
计划经济时期	1953—1978年	国有粮食企业、供销合作社(私营粮商作为国有粮食购销机构的附属存在)	全面封闭自由交易市场,由国家计划收购,规划价格,进行垄断收购	全面封闭自由交易市场,由国家计划销售,规划价格

---

① 政策性收购即受到政府委托的粮食收购活动,包括最低收购价收购、临时收储政策收购、政府储备粮收购等行为。

阶段	时间段	粮食流通主体	粮食收购市场	粮食销售市场
市场化时期	1979—1992 年	国有粮食企业、供销社、私营粮商等,建立以地方为中心的粮食市场体系	新旧制度交替,从合同定购转向国家定购,在粮食收购市场上存在市场价和国家定购价两种价格	国家计划销售,规划价格,垄断销售市场
	1993—2003 年		建立以地方为中心的粮食市场,以保护价敞开收粮,地方国有粮食企业为主要的粮食收购主体	放开销售市场和销售价格,呈现市场竞争
转向粮食安全时期	2002—2013 年	鼓励多种所有制市场主体从事粮食经营活动,继续发挥国有粮食企业的市场主渠道作用,在粮食购销市场上以中央为中心	放开粮食收购市场,启动托市收购之后,以政策性收购为主,粮食价格包括托市价格和市场价格	自由购销,外资粮油加工企业进入粮食流通市场,开始占据粮油销售份额
	2014 年至今	鼓励多种所有制市场主体从事粮食经营活动,呈现多元化市场购销主体	由政策性收储为主向政府引导下市场化收购转变,对稻谷、小麦实行最低收购价格和市场价格,对玉米、大豆实行市场价格	在粮食加工领域推行混合所有制改革,通过股份制方式增加流通领域的企业竞争力

　　国家的粮食销售市场变动较为简单,自从 1953 年伴随国家决定实行粮食的计划收购,在城市也开始了粮食的计划供应,粮食销售市场开始由国家全面垄断,城市居民以及粮食加工商需要凭借粮票或粮本通过国有粮食销售部门购买粮食。1979 年之后,伴随着农村粮食集贸市场的放开,粮食销售市场呈现出一定的松动态势,但是国有粮食销售部门依旧是市场上的销售主体。至 1993 年开启的粮食改革,粮食的零售消费市场全面放开。随着

2008年外资开始进入粮食流通领域，粮食流通领域更加开放。

（三）制度结构

制度结构则与政府内部组织，包括政策的执行安排相关。执行部门包括政策的执行机构，诸如中央行政部门以及地方行政部门等，而制度结构则主要体现的是政府行为者之间的关系（例如，中央与粮食流通部门之间、中央政府和地方政府之间的关系等）。陈云同志在20世纪50年代提道："在粮食问题上，有四种关系要处理好。这就是国家跟农民的关系，国家跟消费者的关系，国家跟商人的关系，中央跟地方、地方跟地方的关系。"这其中"中央跟地方、地方跟地方的关系"体现的就是制度结构的调整。这些关系的组织与制度依托是"国家粮食系统"，主要内容包含国有粮食企业的运行，以及中央和地方粮食流通事权与财权的分配等（冀名峰，2003：2）。这一制度结构在粮食流通相关的政策文件以及学术研究中被表述为"粮食流通体制"。"粮食流通体制"与本书中的制度结构几乎相同。

表3-4简单总结了中央层面主管粮食流通的部门机构的演变过程。从国家层面的粮食管理部门来看，新中国成立初期的粮食管理部门主要分为两个部分，分别是由财政部管理的公粮征集系统即粮食管理总局（负责公粮的征收与管理[①]）和由贸易部门管理的中国粮食公司（负责粮食的购销与经营等）。由于两个粮食管理部门在一定程度上职能交叉，1952年中国粮食公司与粮食管理总局合并成立粮食部，形成了与行政管辖体制相同的层级组织管理机构，每个层级的行政组织根据粮食经营的业务需求成立了所属的企业单位，从事粮食经营、加工等业务。这一时期的粮食部门的粮食管理与财务核算都是为政府负责，完全是政企合一的行政部门。1982年之后，粮食部被合并到商业部，并在1993年国务院机构调整中被调整到国内贸易部之中。尽管这一段时期国务院层面主管粮食工作的机构出现变动，但是地方层面上的粮食管理系统依旧被保留下来。直到1998年粮食流通体制改革之后，原属国内贸易部的国家粮食局被调整到国家发展计划委员

---

① 公粮即国家的农业税征实，这一时期的农业税是以征收粮食为主的实物税，占全部税收的40%。

会管理之下,明确了国家粮食局的宏观调控职能。国家粮食局最近的一次调整出现在 2018 年的国务院机构改革中,为整合国家发展和改革委员会对国家战略物资的收储、轮换和管理职能,管理国家粮食、棉花和食糖等储备职责,以及民政部、商务部、国家能源局等组织实施应急储备物资收储、轮换与日常管理等职能,重建国家粮食和物资储备局。而地方上的粮食管理系统则是经由政企分开改革,在省市层级保留粮食厅(局),执行粮食行政管理职责。

表 3-4 粮食流通部门机构演变过程

成立时间	事件
1950 年 3 月	成立中国粮食公司,由贸易部领导,执行粮食贸易,国家调运、收购等任务。分别在行政大区、省市、专区、县级设立分公司,各级粮食公司受到上级公司的领导(包括粮食价格、粮食调拨与资金回笼等业务),并接受中央统一管理
1950 年 10 月	成立粮食管理总局,由财政部领导,管理公粮收支与公粮库,形成了行政大区、省市、专区、县各级粮食局和公粮库
1952 年 9 月	撤销贸易部,中国粮食公司与粮食管理总局合并,成立粮食部,对内管理公粮入库,对外管理粮食市场;在大行政区设粮食管理局,在省设粮食厅(局),在地市(专区)设粮食局,在县设粮食局(科),受本级政府和上级粮食行政机构双重领导
1970 年 6 月	粮食部被裁撤,调整到商业部
1979 年 4 月	成立粮食部
1982 年 2 月	商业部、粮食部、供销合作总社合并为商业部,粮食管理机构包括粮食综合司、粮食购销司、粮食储运局、油脂局、粮油工业局、粮食议购议销司、饲料局
1988 年 10 月	商业部内部机构调整,在粮食方面成立三个司局,分别为粮食综合司、粮食管理司、粮食储运局
1989 年 5 月	商业部成立中国粮食贸易公司,在市场上代购市场调节粮
1990 年 9 月	中央决定建立国家专项粮食储备,成立国家专项粮食储备领导小组,并成立国家粮食储备局,负责国家粮食储备的管理任务
1993 年 3 月	成立国内贸易部,国家粮食储备局是国内贸易部管理的负责国家粮油储备和粮油流通工作的行政管理机构,地方粮食行政管理机构由地方自行确定
1993 年 10 月	国家粮食储备局与原商业部的粮食综合司、粮食管理司、粮食储运局合署办公。粮食储运局是由国内贸易部管理的负责全国粮食流通和储备管理工作的副部级国家局

成立时间	事件
1994 年 5 月	原粮食部、商业部、国内贸易部等部门的国有粮油经营实体(中国粮食贸易公司、中国植物油公司)等组合成立中谷粮油集团,以粮油经营为主业,业务范围涉及国内外贸易、粮油食品和饲料加工、仓储运输、设备工程、期货资本市场;2006 年整体并入中粮集团,成为中粮集团全资子公司
1998 年 3 月	国家粮食储备局改为国家发展计划委员会管理的国家局
1999 年 11 月	国家粮食储备局改为国家粮食局,是由国家发展计划委员会管理的负责全国粮食(含食用油)流通的宏观调控、行业指导和中央储备粮行政管理的行政机构
2000 年 6 月	成立中国储备粮管理总公司,在国家计划、财政中实行单列,受国务院委托负责中央储备粮的经营管理,经营范围为中央储备粮的收购、储存、运输、加工、销售及相关业务,对中央储备粮实行垂直管理
2003 年 3 月	国家发展计划委员会改组为国家发展和改革委员会,管理国家粮食局;国家粮食局负责全国粮食流通宏观调控、行业指导和中央储备粮行政管理
2006 年 8 月	国务院出资组建中国华粮物流集团公司(简称华粮物流公司),管理中央上收的市场粮食流通项目,由国家发展和改革委员会、财政部会同国务院国资委、国家粮食局共同管理,粮食购销业务接受国家发展和改革委员会、财政部、国家粮食局、中国农业发展银行的指导。经营范围是粮食物流,2013 年 3 月 12 日整体并入中粮集团,成为中粮集团全资子公司
2018 年 3 月	整合国家发展和改革委员会的国家战略物资收储、轮换和管理职能,管理国家粮食、棉花和食糖等储备职责,以及民政部、商务部、国家能源局等组织实施应急储备物资收储、轮换与日常管理等职能,组建国家粮食和物资储备局,由国家发展和改革委员会管理

(四)粮食流通政策的历史阶段划分

笔者将粮食流通政策发展的历程划分为三个发展阶段。①计划经济时期的粮食流通政策阶段(1949—1978 年)。随着 1953 年统购统销政策的确立,粮食政策体制发生了明显的改变,国家针对粮食的产品理念达成共识,结合"四统一"的强有力的农业剩余汲取制度结构,巩固了这一时期汲取农业剩余支持工业发展的利益格局。②市场化时期的粮食流通政策(1979—2003 年)。1979 年在粮食流通领域引入议购议销渠道,粮食流通市场的结构开始出现调整。③转向粮食安全时期的粮食流通政策(2004 年至今)。2004 年,以《国务院关于进一步深化粮食流通体制改革的意见》公布为标志,粮食流通市场全面开放,粮食流通市场上的利益分配机制开始受到市场规律的调节。

为深入分析本书针对粮食流通政策历史阶段的划分,笔者整理了新中国成立以来的粮食流通政策文件,希望借此来进一步关注粮食流通政策的演进趋势。笔者整理了 1949—2020 年国家与粮食流通政策相关的文件,梳理了粮食流通政策文件中的相关政策文本。本书中政策文本分析的范围是 1949—2020 年中共中央、国务院及相关部门出台的粮食流通领域相关政策[①],具体筛选政策及构建政策文本数据库的标准如下:①在数据库中以"粮食工作""粮食流通""粮食市场""粮食购销""粮食经营管理""粮食管理"等为标题关键词和内容关键词进行检索;②政策文本效力层级为行政法规和部门规章,发文单位为中共中央、国务院及其相关部门;③政策文本类型是对粮食流通领域提出有关规制性内容的意见、通知、决定等;④不包括领导讲话、函、批示等,以及地方性法规和规章。通过筛选共得到 175 份政策文本,总体上来看粮食流通政策文件总数在每年的分布都较为平均(平均每年 2～3 份),仅在 1998 年就出台了 14 份文件。

如图 3-3 所示,自 1953 年以来政府关于粮食流通政策文件的总数虽然不多,但是保持着较为稳定的关注程度,并在 1955 年左右、1980 年左右、1998 左右和 2004 年左右出现了几个政策文件发布的小高峰,这几个时间段刚好呼应笔者通过粮食流通政策三个要素分析框架所得到的阶段划分。

---

① 政策文本主要来源于北大法宝数据库,并以中央人民政府门户网站、国家粮食和物资储备局网站、农业农村部网站、中国知网等网络数据资源为基础,并结合国务院公报、《改革开放以来粮食工作史料汇编》、《当代中国粮食工作史料》《粮食工作史料汇编:1993—2013》进行补充和印证。

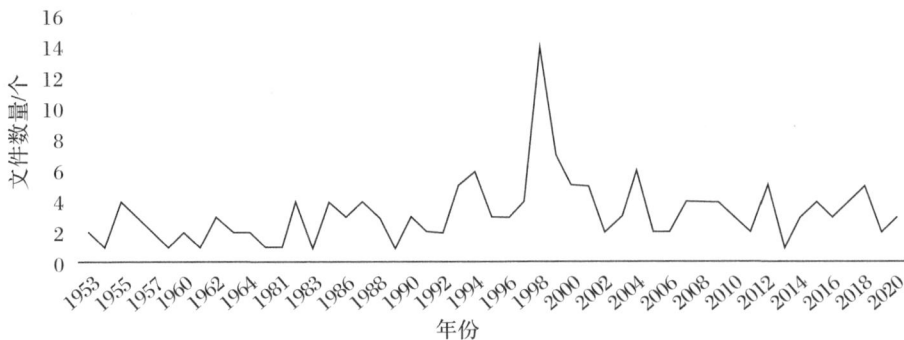

图 3-3　粮食流通政策文件数量(1953—2020 年)

第三节　粮食流通政策变迁的动态模式

笔者将粮食流通政策的发展划分为三个阶段,即计划经济时期的粮食流通政策阶段(1949—1978 年)、市场化时期的粮食流通政策阶段(1979—2003 年)、转向粮食安全时期的粮食流通政策阶段(2004 年至今)。

一、计划经济时期的粮食流通政策变迁模式(1949—1978 年)

(一)政策内容

结合第二章介绍的文本定量分析方法,接下来将阐述计划经济时期(1949—1978 年)的粮食流通政策共词网络分析结果,以初步分析粮食流通政策的主要内容(本时期关键词统计数据见附录Ⅱ)。计划经济时期的粮食流通政策的内容相对简单。图 3-4 呈现了粮食流通政策关键词网络关系。图中涉及 10 个关键词,这 10 个关键词以"粮食"为中心,分别形成了以"统销""计划供应""粮票"为核心的粮食计划供应部分,以及以"征购""统购""收购计划"为核心的粮食计划收购部分。其中,计划收购和计划供应是这一时期粮食流通的两个主要政策工具,政策目标是保证民众的"口粮"供应。在农业合作社之后,"农业社"成为粮食收购的主要执行单位,而城镇单位的粮食政策工具则集中在"粮票"管理上。从这些关键词的中心度上来看,"征购"和"统购"的中心性都比较高,可见对于粮食如何征购、征购多少是这一时期粮食流通政策的主要关注点。

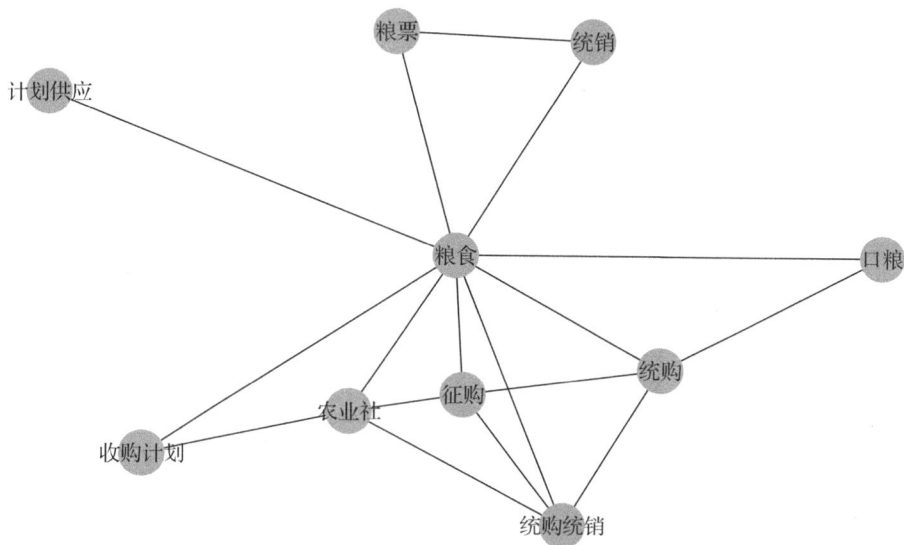

图 3 - 4　1949—1978 年粮食流通政策关键词网络关系图

(二)政策变迁动态模式

结合上文对于计划经济时期粮食政策发展过程的描述,依据第二章中对粮食政策不同层面的分析,接下来将从政策目标、政策工具、政策设置层面总结这一时期的粮食流通政策变迁动态模式。

1.政策目标

这一时期粮食流通政策的主要目标是从马克思主义计划经济理论发展而来,可以被总结为公有化、平等主义和产量目标至上主义(赵德余,2017:4)。正是由于这一时期国家发展面临的内外部环境,国家的发展模式受到了苏联模式的深入影响,强调重工业优先的发展路径。在粮食流通领域,目标被强调为农业发展是工业发展的重要支撑,而粮食是重要的战略物资。粮食政策是注重恢复农业生产、改变粮食供给、提升粮食产量。在这一理念的指导之下的政策手段便是计划经济下的市场控制,由政府完全替代市场。国家全面垄断了粮食市场,以实现足够的农业积累以支持工业发展。这一时期粮食市场的原则是:中央统一管理、指挥和调度,通过国家对粮食市场的严格控制,粮食市场成为国家的财政工具(熊万胜,2013:71)。

2.政策工具

1953 年发布的《中共中央关于实行粮食的计划收购与计划供应的决议》以及《政务院关于实行粮食的计划收购与计划供应的命令》为后续粮食流通政策的发展创造了稳定的环境。在粮食的计划收购和计划供应之下，国家承担对于粮食的分配责任，为了保证粮食在农村与城市以及在农业领域与工业领域的分配，形成的政策工具可以总结如下。

首先，在农村针对农村的余粮户进行粮食计划收购（即"统购"）。计划收购的数量占余粮户余粮的 80%～90%。1955 年之后，计划收购的形式开始以粮食"一定三年"①的方式稳定下来，并在 1971 年从"一定三年"调整成为"一定五年"。这一政策工具在大跃进与人民公社时期经历了统购单位的调整。从这些调整来看，基本的计划征购政策工具几乎保持稳定，而从"一定三年"到"一定五年"的调整过程来看，都是基于当时的政策现实做出的相应的政策设置层面的调整。

其次，对城市居民等进行计划供应（即"统销"）。计划销售的对象大致包括三类：在城市生活的机关、团体、学校、企业的人员与一般居民（主要凭证购买），农村的缺粮户（主要由生产队供应），工业和工商业等组织单位（进行定额供应）的人员。在 1953 年国家计划供应 2 亿人口，占人口总数的约 34%（全国人口 5.9 亿）。为了保证粮食计划供应，政务院开始委托粮食部发行全国通用粮票，地方也开始发行地方粮票，基于粮票的粮食计划管理制度基本建成，这一制度直到统购统销制度解体，一直保持较为稳定的形态②。

再次，限制私人商业进入粮食流通领域。商品粮由国家经营，虽然期间出现过一段时间的农村集贸市场（出现在统购统销初期，以及粮食形势转好的 20 世纪 60 年代后期），但是从总体上看，农民的售粮对象主要是以国有粮食单位为主，粮食价格是由国家计划部门制定。

---

① 1955 年发布的《农村粮食统购统销暂行办法》决定对粮食征购实行"三定"（即定产、定购、定销）办法，一方面确定将农民划分为缺粮户、余粮户和自足户，进行分类管理，另一方面核定粮食产量、余粮户的交售任务以及缺粮户的销售任务。

② 政策来源：《国务院关于市镇粮食定量供应暂行办法的命令》。

3.政策设置

这一段时期可以观察到的政策设置主要包括粮食的计划收购数量、计划销售数量以及国家针对粮食的计划收购与计划销售价格。如图3-5所示,国家计划收购与计划供应的数量虽然在不同时期经历了一些剧烈波动,但是粮食征购数量占据粮食产量的百分比这一政策设置保持着一定的波动稳定性。图3-6则呈现了国家粮食征购与销售价格,这一时期的粮食价格除了在经济困难时期经历过几次上调之后,保持着长时期的稳定。可见,在统购统销时期政策设置保持着波动稳定性,呈现的是波动式渐进变迁过程。

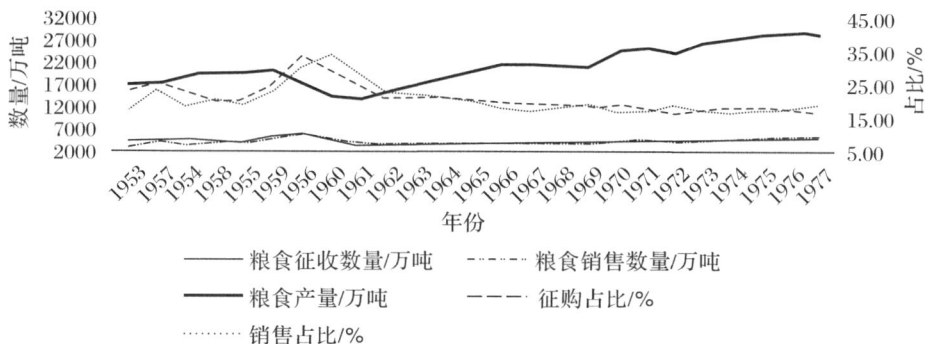

图3-5　粮食征购与销售数量与占比(1953—1977年)

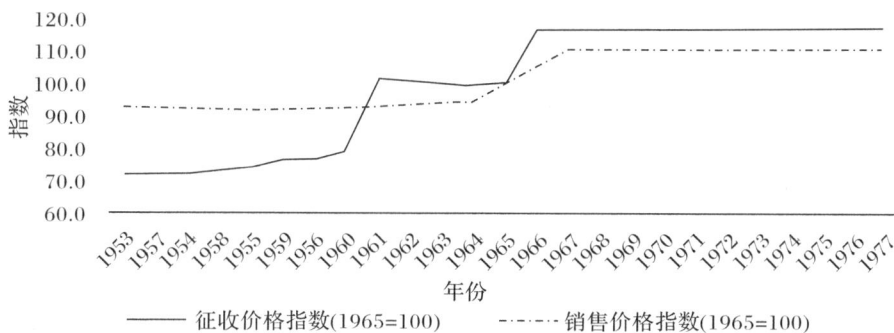

图3-6　粮食征购与销售价格指数(1953—1977年)

Howlett & Cashore(2009)在将政策分解为政策工具、政策目标以及政策设置之后,再一次界定了彼得·霍尔(2007)的自稳定模式,主要是指政策目标层面经过一次间断性变迁之后开始保持稳定,而政策工具与政策设置层面呈现波动式的间断或累积变迁以应对外部出现的冲击。计划经济时期粮食流通政策变迁的主要特征与彼得·霍尔（2007）的自稳定模式类似。其主要特征为以下方面。首先，政策目标始终保持稳定，即强调农业发展是工业发展的重要支撑，而粮食是重要的战略物资。粮食流通政策主要注重恢复农业生产以保证工农业、城市以及农村都得到合适的粮食供应与分配。其次，政策工具也保持稳定。在计划经济的市场控制下，稳定地采用粮食计划收购与计划供应的政策工具以满足不同部门与地区的粮食需求。最后，政策设置保持波动。从国家的计划收购与计划供应的数量来看，在不同时期经历了一些剧烈波动，但是从粮食征购数量占据粮食产量的百分比来看，这一政策设置保持着一定的波动稳定性。具体见表3-5。

表3-5　计划经济时期粮食流通政策变迁动态模式

时间	政策背景	政策目标	政策工具	政策设置	变迁特征
1953—1957年	过渡时期总路线	恢复粮食生产，平抑粮价	在农村进行计划收购，在城市进行计划销售，尝试建立国家管理的农村集市	在征购方面，尝试"一定三年"，即按照余粮户、缺粮户、自足户标准设置征粮计划	政策目标：稳定　政策工具：稳定　政策设置：呈现波动式渐进变迁
1958—1965年	大跃进与经济恢复调整时期	农业生产恢复与调整	在全国范围内调拨粮食，放活农村集贸市场，放开议购议销	按照生产队为单位调整征粮计划，"一定三年"，提高统购价格，降低统购比例，减少城市人口粮食消费，增加粮食进口	
1966—1977年	文化大革命	以粮为纲，发展粮食生产	延续统购统销政策，关停农村集贸市场，取消议购议销	进行最后一次统购加价	

二、市场化时期的粮食流通政策变迁模式(1979—2003 年)

(一)政策内容

市场化时期的粮食流通政策是出现反复与波动较大的时期,随着国家集中精力建设社会主义市场经济,全面推进市场化、改革国有企业、推动政企分离成为这一时期的政策重点。图 3 - 7 展示了 1978 年到 2003 年粮食流通政策关键词网络关系图(本时期关键词统计数据见附录 Ⅱ)。可以看出,这一时期粮食政策的目标和工具变得更为复杂。从图 3 - 7 中可以看到"粮食""粮食收购""粮食企业"等词处在中心位置,可见这些词较常出现在不同的政策文本之中,与其他词关系密切。从政策内容来看,"保护价收购""合同定购""议购粮""敞开收购""粮食收购"等词成为粮食政策的主要内容,可见粮食收购是粮食流通政策涉及的核心内容,不同的收购形式则随着时间的演变而出现变化。在政策目标上,以解决"挂账"和"顺价"销售的旨在提高粮食流通效率的词成为国有粮食企业改革的主要政策目标,以"粮食价格"为核心的粮食购销调整和粮食储备系统的建立成为粮食流

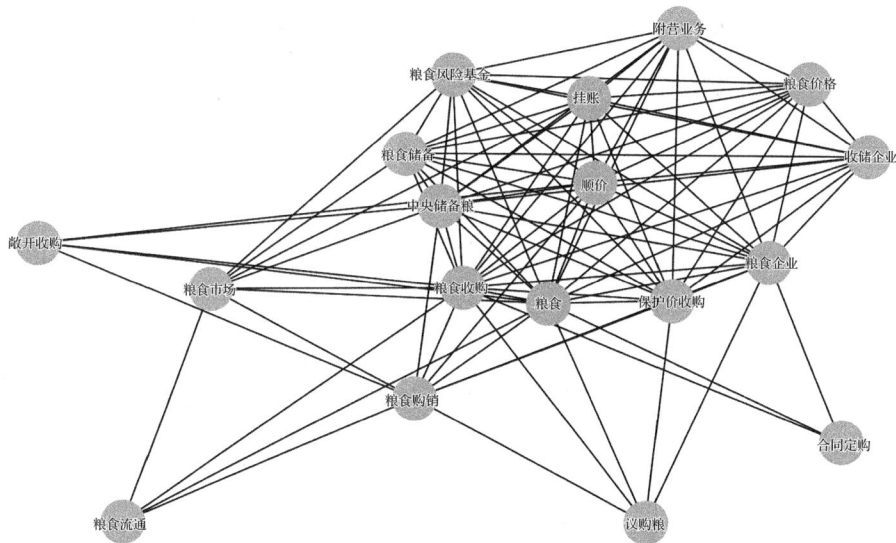

图 3 - 7　1978—2003 年粮食流通政策关键词共现网络关系图

通领域的主要政策目标。为实现上述政策目标，主要的政策工具则主要集中于"中央储备粮""粮食储备"，以及包括"保护价收购""敞开收购"等粮食收购手段，粮食流通开始与粮食市场相联系，表明粮食流通政策开始集中于建立粮食市场。"粮食企业""附营业务""收储企业"等与国有粮食企业相关的词表明国有粮食企业是这一时期国家实现粮食购销与储备的主要行为主体，而解决"挂账"和"顺价"主要是针对国有粮食企业改革的主要手段。

(二)政策变迁模式

1979年之后粮食流通领域的政策逐渐从国家控制粮食购销市场，转向逐渐开放粮食购销市场，政策的主要方向体现为"放开市场，放开经营"的政策方针。这一时期具有代表性的政策文件包括1985年颁布的《中共中央国务院关于进一步活跃农村经济的十项政策》和1993年颁布的《国务院关于加快粮食流通体制改革的通知》。后一份文件正式确立了粮食流通的市场化发展方向。随着1994年颁布的《国务院关于深化粮食购销体制改革的通知》以及1998年颁布的《进一步深化粮食流通体制改革的决定》《国务院关于印发当前推进粮食流通体制改革意见的通知》等核心政策文件的出台，这一方向日渐明确。

接下来笔者将从政策目标、政策工具、政策设置层面总结这一时期的粮食流通政策变迁的动态模式。

1.政策目标

改革开放到21世纪初，国家的经济体制经历了从建立"有计划的商品经济"到建立"社会主义市场经济"转型，市场经济逐步成为国家经济体制改革的主要方向。粮食流通政策开始需要兼具商业部门和农业部门的性质。一方面，粮食作为农业的基础，是重要的战略物资，其中重要的政策目标是提高粮食产量，保证粮食供应。为实现这一目标，需要保证农民种粮收益以稳定粮食生产，并依旧以国家为主导，进行粮食资源在农村与城市、农业与工业之间的分配。另一方面，粮食流通部门属于国家重要的商品部门，粮食是关系国计民生、低盈利的重要商品，经常出现在国家重要的文件表述之中。作为商品的政策目标是减少流通成本、增加流通收益以提高粮食的流通分配效率。如何借由市场经济建立一个具有较高流通效率的粮食市场，成为显现这一政策目标的重要手段。这一时期的粮食流通政策在这两个政策目标中呈现波动式调整。

2.政策工具

由于没有稳定的政策工具能够兼容两个叠加的政策目标，在政策工具层面，也形成了两套不同的政策工具。这两套不同的政策工具在不同的粮食供求情况下交替出现。

在粮食供求情况较好的情况下，社会上的粮食供应得以保障，粮食的商品属性凸显时，侧重于选择放开粮食经营的方式，即侧重市场化的粮食收购工具，以逐步实现粮食流通经营的市场化。这些政策工具包括1985年的以"倒三七"比例计价的合同定购模式、1993年的以"保量放价"放开粮食流通市场和粮食价格。

当通货膨胀以及粮食产量下降引起粮食供应不足问题时，市场化政策工具的使用将会被收紧，政府指令性政策工具随即增加。指令性政策工具包括1986年的将合同定购改为国家定购、1994年的"提价定购"、1998年的国有粮食企业垄断顺价销售等。

在政策工具的使用上，难以存在单一政策工具以兼容两个方向不同的政策目标。国家在粮食商品化与经营市场化的改革方向过程中，受到保证供给的政策目标的限制，政策工具便呈现波动式的范式性变迁特征。

3.政策设置

虽然政策目标与政策工具层面都出现了波动式范式变迁，然而在政策设置层面则呈现出累积式渐进变迁。图3-8显示了国家粮食定购价格，可见从1980年到1998年三种主粮价格处于稳步上涨状态，在1998年之后定购价格开始由地方国有粮食企业制定，并逐渐与市场价格靠拢。1998年粮食定购价格向市场价格靠拢的主要原因是定购粮食数量的逐年降低。如图3-9所示，从国家粮食购销数据来看，不论是国家粮食的定购数量，还是政策性粮食销售数量都有逐年减少的趋势。从这两个政策设置来看，政策变迁呈现累积式渐进变迁的模式。

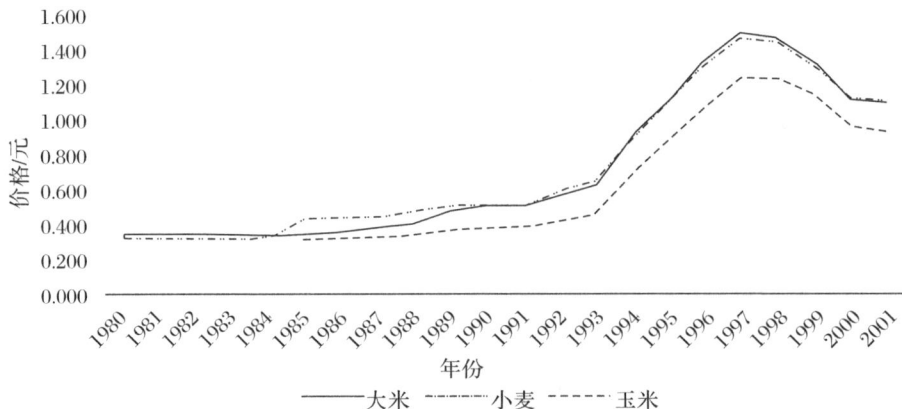

图 3-8　大米、小麦、玉米粮食定购价格

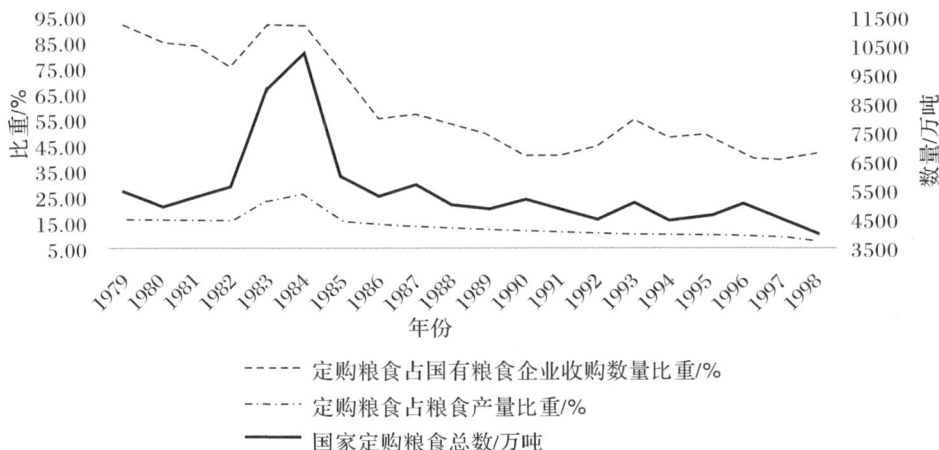

图 3-9　国家粮食定购数量占比(1979—1998 年)

　　市场化时期的粮食流通政策变迁模式可以表述为：系统朝向特定目标运行过程中产生目标振荡模式。这一概念来自维纳的系统论，其在分析一种人体行为时认为，人体中存在一种系统反馈的障碍，即在寻求目的物过程中所发生的振荡现象[①]。市场化时期出现的政策变迁动态模式与维纳(1978:133)所分析的人体"目的震颤"(intention tremor)以及"人机耦合振

---

　　①　这些出现振荡的案例包括：当个体用手去取一杯水时，他的手会摆动得越来越厉害，或当人聚焦于穿针引线的时候，当注意力集中在针孔的时候，手会抖动得越来越厉害，这种振荡一般是由于系统过度负反馈引发的。在飞机控制系统中同样存在这样的振荡现象，即当飞机起飞或降落时，飞机应对气流等扰动时会出现振动，而飞行员若对振动做出过度反应动作，可能会造成飞机过度振荡，发生飞行事故。

荡"过程十分类似,即当系统朝向特定目标运行过程中,由于目标与调整目标的手段之间出现过度反馈,进而造成振荡现象,即在政策变迁过程中,短期政策目标、政策工具都呈现出波动式变迁过程,因此笔者总结为目标振荡模式(见表3-6)。这一政策变迁模式的特征可以总结为以下方面。首先,政策目标出现波动式范式变迁。政策目标在保证粮食供应和实现粮食流通效率提高中产生波动式范式变迁。其次,政策工具也呈现波动式范式变迁,即工具在放开经营与放开价格的政策工具和控制经营与控制价格政策工具的选择之间波动式调整。最后,政策设置出现累积式渐进变迁。政策设置呈现出粮食价格逐步向市场价格并轨、国家定购粮食数量逐渐降低的累积式渐进变迁过程。由此可见,市场化转型时期粮食流通政策在目标和工具使用层面出现明显的波动式振荡,但是发展政策整体走向却是国家定购不断减少,并逐步增加市场化粮食购销的方向。

表3-6　市场化时期粮食流通政策变迁模式

时间	政策背景	政策目标	政策工具	政策设置	变迁特征
1977—1993年	粮食价格双轨制	提价压销,保证供应,探索粮食作为商品的经营方式	放开农村集贸市场,粮食议购议销,合同定购;放开粮食价格(管制),放开粮食销售市场(取消粮票),粮食转向储备	提高粮食征购(定购)价格,减少统销粮食数量	政策目标:波动式范式变迁 政策工具:波动式范式变迁
1994—2003年	社会主义市场经济	经营市场化,粮食商品化;四分开,一完善	保护价敞开收购	减少粮食定购数量,调整粮食定购价格	政策设置:累积式渐进变迁

三、转向粮食安全时期的粮食流通政策模式(2004—2020 年)

(一)政策内容

图 3-10 是 2004 年到 2020 年粮食流通政策关键词的共词网络图(本时期关键词统计数据见附录Ⅱ)。从这一网络图来看,这一时期粮食流通政策的目标与工具变得更为复杂。从图 3-10 中可以看到"粮食""检查""粮食安全""粮食收购"等词处在网络关系图的中心位置。这些词是同时出现在不同政策文本中的关键词,可见这一时期的粮食流通政策内容主要集中在粮食监督检查、粮食收购以及粮食安全等方面。从政策目标来看,在网络关系图中,"粮食安全""粮食市场"都处在较为核心的位置上,表明这一时期的粮食流通政策主要的政策目标集中在保护国家粮食安全以及建立健全粮食流通市场上。为实现这些政策目标,"省长责任制""补贴""最低收购价""中央储备粮"等包括粮食储备、地方政府首长负责制、粮食直接补贴以及最低价粮食收购等政策工具都呈现在了这一网络关系图上,显示出粮食流通政策开始在市场化的方向上逐步完善,并着重从底线和过程监管的角度确保国家粮食市场稳定以及粮食供应安全,在政策工具的使用上更多地倾向于利用价格或非价格(省长负责制、保护耕地)等刺激增加粮食的要素投入规模。

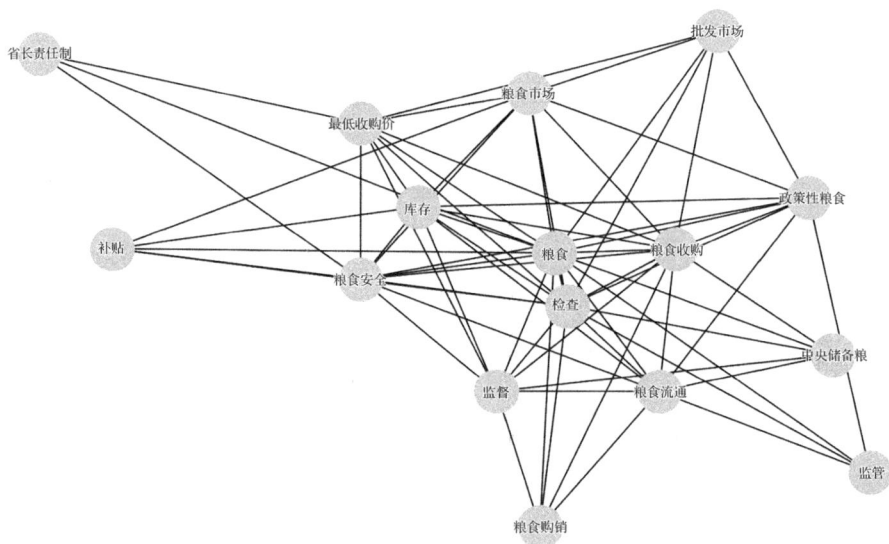

图 3-10 2004—2020 年粮食流通政策关键词网络关系图

（二）政策变迁动态模式

2004 年之后粮食流通政策的市场化转型过程十分明显，接下来将从政策目标、政策工具、政策设置层面总结这一时期的粮食流通政策变迁动态模式。

1. 政策目标

进入 21 世纪之后，国家对市场经济的认识进一步强化，国家针对市场的理念延伸到粮食流通政策调整之中。在这一段时期，粮食流通全面市场化，粮食价格全面放开，强调市场对粮食资源配置的决定性作用。让市场发挥配置资源的决定性作用，并不意味着粮食流通中的资源配置全部由市场调节，随着粮食安全作为一种公共产品开始提升为国家任务，粮食安全开始替代保证粮食供应，而成为国家对粮食进行宏观调控的新的政策目标。

2. 政策工具

随着粮食产量的增加，国家粮食政策的发展从旨在增加粮食产量转向保证粮食生产结构与质量，从单纯追求"数量"发展为兼顾"数量、效益、品质"。2008 年世界贸易组织取消外资进入我国粮食流通领域的限制，粮食流通市场全面放开，粮食流通市场上开始出现国有粮食企业、民营粮食企业以及外资粮食企业多元化的发展格局（熊万胜，2013：78）。从收购渠道来看，粮食收购市场上出现政策性收购和市场性收购两种收购渠道，这一时期的政策工具依照政策目标的转型被进一步明确为由国家宏观调控保障粮食安全[①]。国家对粮食流通政策工具的使用，开始逐渐向国家宏观调控体系方向转型，从单一的政策调整发展为包括"农产品价格形成机制""农产品市场调控""调整粮食储备"等在内的粮食流通领域宏观政策调整体系（程国强，2012：9）。因此，这一段时期的政策工具也主要是市场化政策工具，并且开始呈现全面监管特征。粮食流通领域有关市场体系建构的相关政策可以总结如下。

---

① 2006 年颁布的《国务院关于完善粮食流通体制改革政策措施的意见》明确提出粮食流通政策开始转向宏观调控，这一目的在于探索建立中长期粮食供求总量和品种结构基本平衡的长效机制。

　　首先，在粮食的收购与价格政策工具的调整中，面对过度强调政策性收购造成的超高库存问题，对政策工具的选择持续强调市场的作用，借助市场化收购以及储备粮轮换的竞价销售持续去库存。就粮食流通主体而言，从强调粮食收购中，国有粮食企业发挥主渠道作用转向进一步搞活粮食流通，加快形成主体多元、渠道多样、优粮优价的市场化收购新格局，调整粮食收购方式与收购市场的主体格局。

　　其次，为实现粮食安全，开始推行"粮安工程"，确保在粮食供应过剩的情况下解决农民"卖粮难"问题，针对粮食的收储开始转向底线思维[①]。

　　总结来看，这一时期的粮食流通政策工具的使用呈现累积式渐进变迁过程。不论是从收储政策来看，还是从价格政策工具来看，这些以价格调整粮食资源分配的政策工具逐渐减少，转向非价格政策工具，着重维护市场秩序，并逐步向以保障粮食安全的政策目标方向转变。

3.政策设置

　　从粮食价格的政策设置来看，笔者主要观察 2004 年以来政策性收购的粮食收购价格，图 3 - 11 分别展示了 2008 年以后的玉米临储价格和 2006 年之后推行的小麦最低收购价格。从图 3 - 11 可见，在 2014 年收购政策调

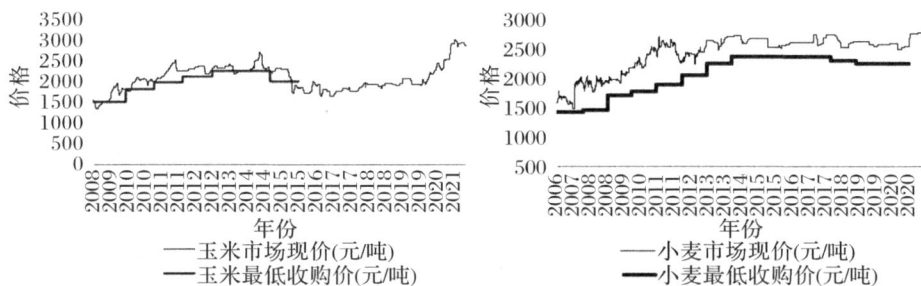

图 3 - 11　玉米（2008—2020 年）、小麦（2006—2020 年）市场现价与最低收购价

资料来源：《中国粮食年鉴》、商品价格网（http://price. mofcom. gov. cn/index. shtml）

---

　　① 2015 年颁布的《粮食收储供应安全保障工程建设规划（2015—2020 年）》提出：守住"种粮卖得出、吃粮买得到"粮食流通工作底线，保持粮食供求基本平衡和价格基本稳定，促进粮食增产、农民增收和粮食流通现代化，确保国家粮食安全。

整之前的收购价格不断提高,在增加农民福利方面呈现出累积式渐进变迁过程。在 2014 年调整收购政策之后,玉米收购价格随行就市,小麦与稻谷价格开始下调并逐渐接近市场价格,与政策工具市场化过程相一致,也呈现出波动式变迁过程,在 2014 年呈现峰值之后,价格调整逐渐向市场价格靠拢。

结合马霍尼等在对渐进性制度变迁形态的研究中提出的四种制度变迁的类型,笔者将转向粮食安全时期的粮食流通政策变迁模式确定为转换性稳定模式。马霍尼等(2017:36)指出转换(conversion)是"策略的重新部署导致现有规则的实施发生变化",即现有制度在形式上保持不变,但是由于出现新的目标与意图,使得其可以利用制度的模糊性来重新解释现有不变的规则,从而使原有规则为新的目标或意图服务。这一特征与转向粮食安全时期粮食流通政策变迁模式相类似。转向粮食安全时期的粮食流通政策变迁的主要特征可以总结为以下方面。首先,政策目标出现转换。新一轮的政策目标替代过程开始出现,保障粮食安全逐渐成为粮食流通政策的主要政策目标,呈现出累积式范式变迁过程。其次,政策工具呈现稳定市场化。随着"市场在资源配置中起决定性作用"认知的深化,实现政策目标的政策工具开始逐步发展为注重市场监管、最低价格收购等,呈现出累积式渐进变迁过程。最后,政策设置保持着波动式变迁。粮食流通市场上的供求以及价格波动可以通过政策设置的调整来熨平,呈现出波动式渐进变迁过程。由此可见,这种转换性稳定的政策变迁模式的出现,意味着粮食流通的政策体制再一次回归到较为稳定的状态,即政策工具通过政策设置来保持稳定,而政策工具所旨在实现的政策目标则出现新的转换。表 3-7 总结了这一段时期粮食流通政策的主要内容。

表 3 - 7　转向粮食安全时期粮食流通政策变迁模式

描述特征	政策目标	政策工具	政策设置
最终目的	粮食是关系国计民生的重要商品，是关系经济发展、社会稳定和国家自立的基础	从保持全国粮食供求总量基本平衡和价格基本稳定转向粮食安全	调整最低收购价格，调整临储收购品种和价格，按照政策性收购和市场化收购采用不同标准
政策手段	结合经济手段和必要的行政手段进行宏观调控	粮食价格工具（最低保护价、目标价格、临储价格）；价格支持工具（最低保护价、农业生产补贴）；粮食储备政策工具（粮食库存检查、政策粮食竞价销售）；粮食流通市场建设	根据市场需求调整收购价格、收购品种与数量
变迁特征	累积式范式变迁	累积式渐进变迁	波动式渐进变迁

综上所述，笔者首先通过对粮食流通政策体制以及粮食流通政策在其中的特征分析，将粮食流通政策发展的时间划分主要粗分为三个发展阶段，即计划经济时期的粮食流通政策阶段（1949—1978 年）、市场化时期的粮食流通政策阶段（1979—2003 年）、转向粮食安全时期的粮食流通政策阶段（2004—2020 年）。进一步通过对三个不同阶段国家粮食流通政策内容的梳理，确定了新中国成立以来粮食流通政策的不同时期的变迁模式，分别是计划经济时期的自稳定模式、市场化时期的目的振荡模式，以及转向粮食安全时期的转换性稳定模式。

第四章

以粮食分配为核心的自稳定
变迁模式(1949—1978 年)

笔者在第二章厘清了影响政策变迁动态模式的理论分析框架，在第三章对粮食流通政策变迁进行了简单的历史性描述。接下来将按照粮食流通政策的三个发展阶段，分析不同时段粮食流通政策变迁的动力机制。

计划经济时期的政策变迁动态模式呈现出彼得·霍尔（2007）的自稳定变迁模式形态。在本章，笔者将结合这一时期的政策理念、利益主体与制度结构等特征，分析产生影响这一变迁模式的动力机制。不少针对粮食流通领域以及农业政策的分析，往往将改革开放前后的政策发展割裂开来进行解释，实际上，对于当下粮食流通政策变迁的探索更需要从改革开放之前粮食流通的"初始条件"谈起。计划经济时期粮食统购统销政策，可以说是由国家获取农业资源将其系统转化为工业化建设的一个重要政策手段。这一时期形成的粮食流通的结构性要素在各个阶段的粮食流通改革中依旧存在，这些结构性要素是理解后续粮食流通政策变迁的关键。笔者使用计划经济的表述，并不希望将粮食流通政策进行标签化的割裂，书中使用的计划经济说法主要是为突出粮食流通政策所处的经济结构特征。

第一节　政策体制三要素结构

统购统销政策的发展过程以及政策遗产受到很多学者的关注，这些研究包括分析统购统销实行的动因、决策过程，该政策在国家层面制度建构的发展演进、在地方运行的情形，以及所产生的社会经济影响等（田锡全，2007；徐建青，2002；赵德余，2011）。关于统购统销政策发展的动因研究，徐建青（2002）从粮食供求矛盾的角度出发，认为由于生产发展不能满足需求，加之采用市场控制的高成本，促使国家推行统购统销政策。李福钟（2003）则认为粮食危机，是发生统购统销的外生冲击，但这项政策已经是国家早已思索的一项政策，即旨在保证国家的粮食出口，赚取满足工业发展的外汇。赵德余（2017：38－63）等诸多学者认为这一时期的统购统销政策属于国家学习苏联的一体化政策的一部分，是国家实现工业积累时采取的一项重要政策举措。Perkins（1966：205－214）认为国家对于重工业的强调、对农业生产能力的限制，以及意识形态、政治控制等综合因素催生了统购统销政策的推出。这些研究显示，这一时期的粮食问题看起来更像一个实现经济发展的部类再分配问题,而非粮食经济发展问题,带有强烈的福利性质与工业发展性质(Walker,1984:1 - 35)。

在本节,笔者将首先描述统购统销政策的发展历程,并总结这一时期粮食流通政策体制的主要框架。

一、传统粮食流通基础的解体与统购统销政策的形成

统购统销政策建立在新中国成立初期的以地主为供应主体的粮食供应体系之上,土地改革打破了这一粮食供应体系。在分析统购统销政策之前,需要先回到新中国成立初期国家的粮食流通基础。

(一)商品粮食流通基础的解体

1949 年的《共同纲领》中确定"建立一个新民主主义的中国"的国家性质,土地革命成为了新民主主义革命时期的首要任务[①]。伴随着土地改革的完成,农业生产快速恢复。在 1949 年到 1953 年期间,粮食生产增加47.4%,棉花增产 164.6%(董志凯,1987)。土地改革不论是在促进农业生产上,还是在增加工业积累上,都做出了巨大的贡献,但是也引发了一些其他现象。

首先,传统的商品粮供应基础改变。地主、租佃地主以及富农是土地改革之前中国城市商品粮的主要提供者。田炯权(2006)在分析清末民国时期粮食流通过程时,总结当时的粮食商品市场呈现出农村集市—镇集—地区性集散点—全国性大市场的结构,市镇市场层面以上的粮食主要来源于农民向地主所交的佃租。土地改革打破了地主经济,使农业生产在回到自给自足的小农经济的同时,也改变了原来的农村向城市提供商品粮的供应机制(金观涛 等,2011:370 - 387)。因为土地改革免除了农民向地主缴纳地租的义务,这些地租每年大约有 700 亿斤(马齐彬 等,1989:18)。本来应该流向市场的粮食地租,被囤积在了农民的家中,提高了农民的粮食消费水平,1949 年到 1952 年农村人均粮食消费从 370 斤增加到 440 斤。在土地改革

[①] 　新民主主义革命的工作任务包括:"必须取消帝国主义国家在中国的一切特权,没收官僚资本归人民的国家所有,有步骤地将封建半封建的土地所有制改变为农民的土地所有制,保护国家的公共财产和合作社的财产,保护工人、农民、小资产阶级和民族资产阶级的经济利益及其私有财产,发展新民主主义的人民经济,稳步地变农业国为工业国。"

完成的 1953 年秋天，国家的粮食供应开始出现短缺，当时国家需要商品粮 700 亿斤，而实物税（农业税）收入只有 275 亿斤（马齐彬 等，1989：70）。这成为国家决定进行粮食政策调整的一个重要的现实背景。

其次，保障城市粮食供应的商业系统运转困难。新中国成立初期，城市遭遇了经济冲击，出现了以粮食和棉纱为核心的价格上涨，进而引起了全国性的物价上涨。为了抑制城市中的通货膨胀，中央财经委员会（以下简称"中财委"）利用高度统一的管理机构和强有力的计划手段来稳定物价。在粮食流通领域，一方面，通过建立自上而下的管理体系，将粮食的价格控制权掌握在中央政府手中[①]。另一方面，通过建立粮食国营商业体系，大量收购市场上的余粮，占据粮食行业主导地位[②]。缺乏粮食议价权和粮源的私人粮食商业开始出现市场萎缩，据王春英、张艳梅（2017）对于南昌市私营工商业的分析，仅 1949 年 8 月粮食行业的私营工商业便萎缩了 65.7%。由于国家强调粮食作为战略物资的重要地位，以及警惕城市私营粮食工商业投机行为，逐渐压缩了城市粮食商业中私营工商业的发展空间。在 1953 年推行粮食统购统销政策之前，国有粮食系统几乎占据了粮食行业的主导地位，这种通过国有粮食商业系统维持粮食价格稳定的措施，面临着高额政策补贴与经营压力，国家针对粮食的经营压力也成为统购统销政策出台的一个现实原因（金观涛 等，2011：370 - 387）[③]。

（二）统购统销政策决策形成

1953 年国营粮食系统出现的收支赤字危机，成为粮食流通政策调整的现实压力。1953 年 6 月 2 日粮食部在全国财经会议上的一份报告指出：

---

① 中央发文要求："今后北京、天津、广州、武汉、上海、西安等各大城市的批发物价，随时由中央贸易部电告，各地应根据中央贸易部决定执行，不得擅自修改。"

② 中财委于 1951 年发布《关于地方财政余粮、地方事业粮统一由国营粮食公司收购的决定》，要求各地方需要出售的财政余粮以及事业需要由当地国营（国有）粮食公司收购。根据粮食公司统计，国家粮食征收数量和市场征购数量由 1949 年的 308 亿斤上升到 1952 年 606 亿斤，其中国家粮食收购数量占公私收购总量的比重，从 1950 年的 23% 上升到 1952 年的 73% 左右，销售比重从 20% 上升到 50%。

③ 据粮食部 1953 年《中共中央转发粮食部关于粮食工作检查及今后方针任务的报告》统计，1950 年国家贴赔了 7000 余亿元，1951 年贴赔了 2000 余亿元，1952 年贴赔了 6000 余亿元。

"在1952年7月1日至1953年6月30日的粮食年度内,政府部门共收入粮食547亿斤,但支出了587亿斤,收支相抵,赤字达到40亿斤。6月30日的粮食库存将由一年前的145亿斤减少为105亿斤。加上1953年这一年小麦受灾,预计将减产70亿斤,而农民在天灾影响下产生的惜售心理,预计夏粮征收和收购都将大大减少。"

随着1953年中国大规模引进苏联工业项目①,城市工业粮食需求逐渐增大,粮食"收进的少,销售的多"情况愈演愈烈。时值全国财经会议召开,粮食部与中财委粮食组的干部们共同起草包括《粮食收购办法》《粮食计划供应办法》《加强粮食市场管理办法》《节约粮食办法》四个文件,被提交到全国财经会议粮食组进行讨论。考虑到农民的接受能力,与会者提出了较为温和的方案,即除征缴实物农业税外,对于余粮的征集方式选择了"余粮认购法、结合合同收购法(即订合同用工业品换粮食)、储粮支付货币法②、预购"等方案。

从粮食部开始应对粮食收支赤字,到《中共中央关于粮食统购统销的决议》等文件的形成过程来看,国家针对粮食统购统销政策的决策过程十分迅速。金观涛、刘青峰(2011:417)对此进行了分析,发现在当时国家推行重大的政策决策几乎都会引起一些较大的争议,然而针对统购统销政策的推行,争议却很小。仅有的争议只在于在政策设置层面的征购数量方面,而非针对粮食购销的政策工具方面(是采用计划征购,还是市场收购)。于是1953年11月19日以政务院下达《关于实行粮食的计划收购和计划供应的命令》,粮食的统购统销政策正式形成,并开始运行。

(三)统购统销政策的制度化运行

由于特殊历史原因,国家决定在粮食流通领域采取统购统销政策的过程相对仓促,统购统销政策真正成为粮食流通制度经历了一系列的过程。

首先,从统购端开始实施统购统销制度。统购端的完善需要完成两个

---

① 根据国家统计局1953年3月11日的统计报告,1950年到1953年中苏共签订成套设备进口合同68394万卢布,3年累积实际进口46974万卢布,完成合同的68.7%(沈志华,2001)。

② 即按照储粮时牌价将款存入银行保本保值并计利息。

任务,一个是确定统购计划的"征集单位",另一个是确定统购的数量标准。1953年,统购统销制度开始实施,国家向余粮户征购一定数量的粮食。由于土地改革后农户分散,交易成本巨大,同时国家对粮食征购有严格要求,这使粮食征购成为推动农村合作化的动力①。经过农业合作化之后,国家的粮食征集单位从个人转向合作社,通过与合作社和农民签订购销合同,国有粮食部门向合作社按照合同的定价,定量收购粮食。在征购数量标准的规范化方面,由于政策初期缺乏经验,加之1954年长江淮河地区的洪灾,许多地区向农民征购了"过头粮"。1955年初,农村普遍出现"家家谈粮,户户要统销"的情况,余粮户与缺粮户纷纷要求国家统销粮食,导致大量粮食以返销的形式回流到农村。为应对这一问题,1955年国家出台了《农村粮食统购统销暂行办法》,实行"三定"(定产、定购、定销)政策。该政策将农民分为缺粮户、余粮户和自足户进行分类管理,并核定粮食产量、余粮户交售任务及缺粮户销售任务,且三年内不变。

其次,在统销端建立基层配给制度。统销制度是指政府制定粮食的供应量与相应的供应价格标准,并由国有粮食企业(如国营粮店、合作社或代销店)向居民出售粮食。在政策运行初期,由于销售范围定得过宽而导致出现了过量销售的情况。1954年《中华人民共和国城市居民委员会组织条例》《城市街道办事处组织条例》和《公安派出所组织条例》的出台,标志着城市基层组织建设基本完成。1955年《关于市镇粮食定量供应暂行办法的命令》开始执行"以人定量"和相关行业定量计划供应以及供应凭证制度,至此城市部分的计划供应制度化过程也基本形成。

最后,限制私营粮商进入粮食市场进行贸易。若要维持粮食的计划征购与计划销售,需要保证粮食在国家计划轨道内流通。1953年统购统销制度推行之初,国家决定封闭粮食市场,但是为了保证居民口粮种类的调剂,在国家监管之下开放了一些以物易物的交易市场。这些市场的交易仅限于剩余粮食品种间的调剂,而且这些市场也随着国家政策的调整,不时开放或

---

① 通过田锡全(2014:28-29)对于河北省唐河县合作社的分析,不同种类的合作社数量在统购统销执行初期过程中均增长了至少一倍。

关闭。1954年国家决定重新开放粮食市场,连续出台了《中共中央关于限期建立国家粮食市场的指示》《粮食市场管理暂行办法》,建立了在国家的指导之下展开的市场交易规则。1956年10月24日,国务院发布《关于放宽农村市场管理问题的指示》,指示规定:"农村市场中可以放宽管理的商品,只应该是小土产一类。"1958年,进一步取消商品经济、关闭集贸市场,在1961年调整时期,粮食市场再度重新开放,1966年,粮食市场再次关闭。

表4-1呈现了1953年到1957年粮食流通政策的调整细节。1953年到1957年的政策调整基本是围绕着1953年《中共中央关于实行粮食的计划收购与计划供应的决议》的文件原则进行,如调整市场管理结构、调整粮食征购计划与方式等。国家粮食征购数量开始趋于稳定,至1956—1957年征购总数占到全国粮食总产量的25%左右。

表4-1 1953—1979年粮食流通政策措施细节

年份	政策措施
1953年	1.确定粮食统购统销制度,粮价与收购价由中央规定。 2.不准私商私自经营粮食,粮食市场调整为政府统一领导的国家市场
1954年	1.计划征购(征与购)4390万吨,计划销售3707万吨①。 2.设立农村初级粮食市场,方便农民调换粮食品种
1955年	1.确定粮食征购"三定"方案,并且"一定三年",要求征购数量不得超过增产户部分的40%,确定粮食定量供应标准。 2.下调征购数量,确定连征带购4151万吨,总数三年不变,计划销售数量调减为3475万吨②
1956年	1.确定了合作社粮食统购统销方式。 2.调整粮食市场交易方式,要求在统购结束以前,不得在市场进行交易,部分地区取消自由市场
1957年	1.强调保证1750万吨征粮和2500万吨购粮标准不能减少③。 2.要求统购粮食品种不得进入自由市场,关闭自由调换粮食品种的市场

① 数据来自《中共中央关于粮食征购工作的指示》。
② 内容来自1955年颁布的《关于建立制度,控制购销,改进粮食工作的指示》。
③ 内容来自1957年颁布的《中共中央关于加强农村思想工作为完成今年征粮购粮任务的指示》。

续表

年份	政策措施
1958 年	1. 确定 1958 年粮食征购任务为 4400 万吨，农业社完成包干任务之后，增产不增购（中央和地方差额包干，一定五年不变），提高东北、内蒙古、湖南、湖北、贵州、云南、广西、江西等地粮食价格。 2. 确定计划销售粮食 3730 万吨
1959 年	1. 计划征购 5500 万吨粮食，从 1959 年到 1961 年保持不变，增产粮食国家只征购 40％。 2. 定销 4100 万吨，从 1959 年到 1961 年保持不变①；为了稳定粮食局势，提出"一压二调三搭配"的办法，即合理压缩城乡粮食销量，完成粮食调拨计划，搭配粮食品种。 3. 确定人民公社的粮食购销原则，要求粮食购销通过人民公社，指标基本分配到队，公社保证完成国家任务
1960 年	1. 全面管理粮食分配和消费，实现"粮食由我管，吃饭由我包"原则②。 2. 对于具备国家要求超出特定条件的人民公社售粮给予统购加价 10％的奖励。 3. 继续压缩粮食销售，建立健全基本核算单位统一管理粮食的制度，在农村做到产量、征购、留量、生活安排四落实③
1961 年	1. 三年内减少城镇人口 2000 万以上，同时决定 1961 年至 1962 年，城镇粮食销量争取压缩到 2400 万吨至 2450 万吨。 2. 全国粮食收购价格平均提高 20％，并对 1960 年已经实行加价奖励的地区加价奖励 5％，对农民售粮予以物质奖励④（多产、多奖、多购）

① 文件来源 1959 年颁布的《中共中央关于粮食工作的指示》。

② 主要工作包括：第一，要求实事求是地核实产量；第二，采取有效措施，加速征购进度，坚决完成粮食征购任务，但是不要买过头粮；第三，农村留粮应该按照较低的标准安排；第四，实行粮菜并举，把瓜菜生产提到更重要的地位；第五，办好公共食堂，安排好人民生活；第六，安排好农村人民生活，合理压缩国家粮食销量，迅速扭转目前销量过大的情况；第七，必须坚决完成国家粮食调运计划。

③ 中共中央批转全国财贸书记会议《关于坚决做好秋冬粮食工作的讨论纪要》，要求实行党的领导，群众路线；大队统一，小队参加；两把钥匙，共同（大队、小队）保管；三级商量（大队、小队、群众）商量，民主管理。

④ 《关于一九六一到一九六二年度粮食工作的几项规定》中，关于收购粮食奖励工业品的具体办法包括：①生产大队向国家每出售 1500 斤粮食（贸易粮，下同）奖售布 15 尺，纸烟 3 条，胶鞋 1 双；②对于超产超购的粮食，按粮食价款全额奖售工业品。生产大队每出售 100 斤粮食，奖售布 10 尺、胶鞋 1 双。全额奖售的粮食，全国定为 22.5 亿斤。

年份	政策措施
1962年	1.坚持"少购一点,少销一点,多上调一点,少进口一点,多挖地方潜力",并对粮食征购、上调、进口数量实行五年一定、一年一议的方针。 2.确定征购任务为3587万吨,比上年度减少592.5万吨,对于粮食奖售方案,只实行单项奖售工业品的办法,不再实行超产超购全额奖励工业品的办法。 3.压缩粮食计划销量,全国粮食销量指标为3742万吨,比上年度减少747.5万吨;减少用粮食奖售的经济作物的品种和畜产品的品种。 4.全国粮食征购、销售、调拨由中央统一安排,实行分级管理,并调整粮食生产计划年度(从7月1日到次年6月30日,调整为4月1日到次年3月31日)。 5.适当地放开农村集市贸易,分品种允许完成粮食征购任务后,剩余粮食在市场交易(严禁私商参与),供销社可以进行部分议购
1963年	1.粮食征购任务包干,计划征购粮食3400万吨;推行工业品换购粮食办法,确定换购任务为16.64亿斤。 2.继续压缩农村粮食销售范围(改变对同一生产队又征又销的情况),严格控制城市销售,计划销售3300万吨;提高农村粮食销售价格和工商行业用粮价格。 3.建立国家粮库,建立粮食社会储备(集体、个人的粮食储备),在农村要设立集体储备粮。 4.粮食部门接管粮油议价购销业务
1964年	1.调高四川中等玉米、青海小麦、福建标准面粉价格。 2.继续缩小调减粮食奖售的农副产品
1965年	1.计划征购3750万吨,并稳定三年。 2.对统购粮食进行加价奖励,超过100斤部分的商品粮给予统购价12％的奖励金;对于增产超购的粮食,实行一半给予奖售物资,一般给予加价奖励,加价幅度大致在30％～50％。 3.打击粮食投机,强调粮食的转手买卖只许国家经营,不许私人经营
1966年	1.全面提高粮食统购价格,取消超购加价奖励,提价最低幅度要求不低于12％,针对农业税征实的粮食按照提价后的统购价格计算。 2.在购销价格拉平的基础上,上调粮食统销价格并对城市职工进行补贴。 3.粮油的议购议销价格,由省、自治区、直辖市粮食厅、局自行制定

年份	政策措施
1967 年	1.计划征购 4100 万吨,计划销售 4025 万吨。 2.要求压缩或取消议购议销,粮油征购期间,不准进入集市贸易
1968 年	征购任务"一定三年"继续沿用一年,继续实行超购超奖办法,即一半给予加价奖励,一半奖售化肥
1971 年	政府将三年定额调整为"五年定额"(即"一定五年"),从而将定额的期限延长到五年;调整征购基数,计划征购粮食 3827.5 万吨(比现有基数增加了 197.5 万吨),计划销售 4150 万吨;继续实施超购加价办法,超过配额的粮食和油料种子实行 30% 的价格补贴
1972 年	整顿城镇粮食统销,压缩一切不合理供应
1973 年	1.计划征购 4400 万吨至 4500 万吨,计划销售 4300 万吨。 2.恢复粮食议购议销业务
1974 年	1.粮食计划征购 4700 万吨,计划销售 4400 万吨。 2.推广"旅大粮食管理经验",压缩稳定城市粮食销量
1976 年	原则上关闭粮食市场
1977 年	粮食征购期间关闭粮食市场

二、产品经济的粮食商业理念

在粮食统购统销制度建立的过程中,粮食流通政策体制也逐渐形成。这里首先总结计划经济时期粮食流通政策体制中的政策理念及其特征。戴维·伊斯顿强调政策是社会价值的权威分配,政策理念是对于这些分配的理念化呈现,因此对于粮食流通的政策理念需要解释两个问题,即粮食在整个经济体系中的地位,以及以何种方式分配粮食资源。这就涉及当时讨论社会主义经济的基本理论,这些理论涉及分配工具、工农业之间的适当关系以及经济发展的物质和思想基础等方面。

(一)价值规律与有计划按比例发展规律的争论

1952 年底,新民主主义革命任务基本完成,土地改革等基于新民主主义主张的政策举措极大地恢复了国家的生产力,有的地方的农业生产开始走向了中农化与富农化,沿着这条路继续发展下去便会形成具有资本主义特征的累积剩余的方式，是否按照这条道路继续发展，以及选择何种经济发展模式，成为政策争论的核心，也成为粮食经济的政策理念基础（金观涛 等，2011：15）。

在 1952 年对经济发展模式讨论的理论基础，来自马克思提出的价值规律和国民经济有计划按比例发展规律。马克思在《资本论》中强调商品经济发展中的价值规律，认为商品的价值最终取决于生产过程中消耗的劳动力，供求关系影响商品的交换价值，商品的实际价值取决于商品内部蕴含的劳动力存量。在资本主义生产方式之中，商品价值的抽象形式只能通过同样抽象的商品化雇佣劳动形式来发展（Brodsgaard，2017：19 – 20）[①]。市场竞争将会对商品价格产生一种向下的压力，但是商品生产者并不希望以低于成本的价格供应商品，这种价值规律自发的调节过程会促使市场上的供求出现偏差，从而使资本主义生产方式不断波动并产生周期性危机。

在共产主义阶段价值规律就会消失，因为工人们不会为了工资而工作，只是为了满足社会需求。在物质利益和劳动时间之间权衡，商品的价值不再是将生产组成抽象劳动和商品的社会生产关系的结果，于是交换价值和生产价格的中介概念可以被取消。对此，马克思提出了共产主义阶段的社会生产，需要保持一定的比例性。

"社会必须合理地分配自己的时间，才能实现符合社会全部需要的生产。因此，时间的节约，以及劳动时间在不同的生产部门之间有计划的分配，在共同生产的基础上仍然是首要的经济规律。"[《马克思恩格斯全集（第四十六卷 上）》，1979：120]

生产的社会化和统一将废除价值规律，消除资本主义生产的不规范性，消除竞争造成的重复劳动和资源浪费。社会主义下的生产是由有计划按比例发展规律调节的，而按比例发展规律的目标，则由社会主义经济法则来提供，这一法则斯大林（1979：569）将其定义为："用在高度技术基础上使社会主义生产不断增长和不断完善的办法，来保证最大限度地满足整个社会经常增长的物质和文化的需要。"

---

① 这是因为一种商品在生产中消耗的商品化工资劳动的数量（或者更确切地说是小时数）可以直接与另一种商品消耗的商品化工资劳动的数量进行比较，所以每种商品的价值都可以确定。

从资本主义向共产主义过渡的过程中，必须积累和创造剩余价值，以发展生产的物质条件以满足"经常增长的物质和文化需要"。在马克思的分析中，经济增长在很大程度上取决于经济体系持续生产剩余价值的能力，剩余价值可以重新转化为生产性资本。因此，实现积累需要创造剩余价值（即超过资本和劳动力投入总额的价值），然后将积累用在总量层面上扩大生产资料再生产。要实现积累，部分已实现的剩余价值必须再投资于工业，于是这种积累的创造，主要取决于农业部门和工业部门之间的关系，因为农业部门生产直接消费品，工业部门则主要生产生产工具（Brodsgaard，2017：22）。

向共产主义过渡的国家在物质基础相对不发达、生产社会化不完善的情况下，在选择经济增长模式时会面临两个问题的讨论：一是在社会主义经济有计划按比例发展的过程中在什么程度上认可价值规律的作用；二是在资本主义向共产主义过渡时期的经济采用何种方式积累剩余价值（Brodsgaard，2017：22）。

苏联早期对于这些问题的核心论点，主要围绕在普列奥布拉任斯基和布哈林的争论之中。普列奥布拉任斯基认为，快速工业化必须通过国家从"国有经济复合体之外的资源"（即农业）中挪用剩余价值来维持（普列奥布拉任斯基，1984：41）。普列奥布拉任斯基担心在苏联新经济政策背景下，小农的自主发展会将国家引向资本主义发展道路，并坚持认为价值规律与国民经济有计划按比例发展内在地是不相容和对立的，并提出"社会主义原始积累"理论主张，即国家凭借垄断地位，运用预算、价格等手段重新分配国民收入，把资金从农业抽调到工业部门保证经济的高度发展。布哈林则认为普列奥布拉任斯基的理论会破坏工农联盟，并会破坏工农业再生产的比例，从而妨碍工业高速发展。布哈林从部门依存的角度认为，过度强调工业部门的积累将对其他经济部门产生不利的影响，对农业部门的过度提取将会削弱消费品供应，并减少农业部门对工业部门的工业品消费，进而从总体上阻碍经济增长。布哈林还反对普列奥布拉任斯基的观点，即"价值规律与国民经济有计划按比例发展内在地是不相容和对立的"，他肯定了价值规律在促进农村经济活跃，以及联系工农部类交换的作用（布哈林，1988：78－120）。

(二)以重工业为基础的经济模式的确立

过渡时期总路线的提出确立了国家经济的发展模式。1952 年底,新民主主义革命任务基本完成。

国家工业化道路和农业集体化的发展道路,确定了国家强调重工业优先的实现经济增长的积累方式,重申了工业社会化和农业集体化是社会主义经济发展和壮大的基本前提的假设(于鸿君,2020)。在第一个五年计划中,"要解决社会主义的经济任务,就不仅要发展以重工业为基础的工业体系,而且要把包括农业在内的国民经济转移到大生产的技术基础上来",强调将农业作为工业发展的积累基础,并在工业部门强调重工业积累率的按比例的部门发展经济的模式。在第一个五年计划中强调这一比例关系的制定原则是"轻重工业的投资的比例关系,必须根据生产资料优先增长的原理来决定"。尽管在"大跃进"之后,由于部门发展失衡,产生了诸多关于国民经济部门调整的讨论,不论对于国家发展"农轻重"比例的讨论如何,张宽、隋福民(2020)在对改革开放前的五年计划的分析中发现,国家惯性之中始终保持着倾向工业发展的偏向。

过渡时期总路线的提出,确定了党和国家对国民经济有计划按比例发展规律和价值规律的关系的认知,认为首要的经济规律是国民经济有计划按比例发展规律,其次才是价值规律,即认可价值规律需要在国民经济有计划按比例发展规律之下发生作用,并认为处在向共产主义过渡的社会主义,存在两种社会主义所有制,因此商品交换就有存在的必要。在这一共识下,一些政策分歧发生在价值规律在社会主义计划经济中发生作用的范围方面(孙冶方,1978)。

总结来看,虽然不同时期以及不同领导人对于价值规律发生作用的范围的看法不同,但是对于价值规律始终在国民经济有计划按比例发展规律之下发生作用的认识,实际上是共同的。在第一个五年计划中,有"为着继续保持市场的稳定……逐步地推行计划收购和计划供应的政策……不让私商有操纵市场的可能"的论述。上述这些针对经济发展的基础性理念延伸到粮食流通领域,便形成了国家针对粮食的特殊政策理念。

（三）粮食是基础的基础，粮食分配是粮食工作的关键

国民经济的发展目标是实现国家的社会主义工业化，农业是实现工业化的重要支撑，粮食便是实现工业化基础的基础。对此，中央宣传部在宣传统购统销的要点时强调："中央人民政府决定从今年起实行统购粮食。它的目的是保障全国城市农村人人有饭吃，保障国家按总路线实行经济建设，保障我国能够一步一步走社会主义的路。"（中共中央文献研究室，1998：412）。因此，我国强调在农业生产上"以粮为纲"，即以粮食生产为核心为工业化提供了重要的资金、原粮等，对此 1958 年毛泽东同志在一份农业部的报告中批示："粮食、钢铁、机械是三件最重要的事，有了这三件，别的也就有了。"（中共中央文献研究室，2003：823），并于此时提出"以粮为纲，全面发展"的方针，强调农业生产力的重要作用，国家将发展农业生产力集中在粮食生产上。邓小平同志在 1962 年恢复农业生产的讲话中提道："我们有了粮食、棉花和其他东西，才翻得了身。"（中共中央文献编辑委员会，1994：46）

由于强调价值规律需要在国民经济有计划按比例发展规律之下发生作用，粮食的流通与分配需要体现为"生产资料的社会主义所有制"之下的经济关系。因此做好粮食分配，是做好粮食工作的关键问题，于是粮食作为商品交换（包括农村小农经济和城市资本主义经济）需要加以限制。

这一理念鲜明地体现在过渡时期总路线上，即强调对于农业、手工业和资本主义工商业的社会主义改造。在农村存在的小农经济，是农村生产过程中出现富农化、雇农的原因，城市由于存在资本主义工商业，且城市之中的自由市场出现了失序，因此需要在城市限制资本主义的发展。《为动员一切力量把我国建设成为一个伟大的社会主义国家而斗争：关于党在过渡时期总路线的学习和宣传提纲》强调："由于农民小商品经济和资本主义经济都是建立在生产资料私有制上面的，所以农民具有自发的资本主义倾向，这是农民落后的一面。"因此需要对"不愿意把余粮卖给国家"的小农经济进行社会主义改造。在城市进行的计划销售以及封闭市场，则是对城市资本主义进行限制的重要部分，"因为资产阶级唯利是图的本质必然对国计民生发生破坏的作用"，所以在城市需要对资本主义工商业进行社会主义改造。

以粮食为核心连接的农村生产与城市商业之间的经济关系需要以"生产资料的社会主义所有制"为基础。正如上一部分对于价值规律的作用范围的讨论,粮食的商品交换可以在"生产资料的社会主义所有制"范围内受限制地发展,只是在不同的时期受到的限制多一些或少一些。

三、部类交换的利益结构

这一时期粮食流通政策理念显示,粮食流通政策目标,需要从属于发展社会主义经济以及实现国家工业化的重要战略目标。粮食作为农业部门的主要产品,其涉及的利益结构便是国家在粮食生产者(农业部门)与粮食消费者(工业部门)之间的再分配关系。总结这一时期粮食流通结构如图 4-1 所示,在这个流通结构中,国家通过作为粮食流通者的国有粮食企业,联系农民与粮食消费者。这一时期粮食流通结构具有明显的再分配特征,其中粮食生产者、消费者以及经营者的利益全部由国家直接调节(贺涛,2001:87)。

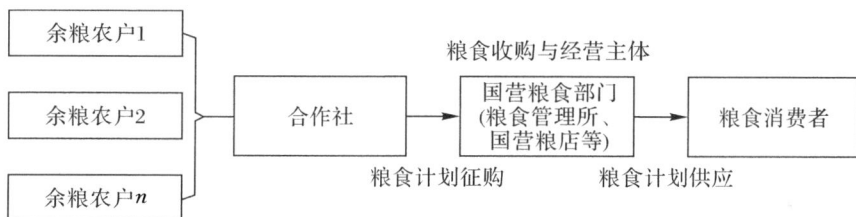

图 4-1　统购统销时期粮食流通结构

从粮食的收购价格与销售价格来看,国家规定粮食零售价格,等于计划收购价格加上粮食经营的成本[1]。在这一时期的粮食的再分配结构中,农民和城市居民的标准不同。

在农村,国家通过农业税征实以及计划收购,通过低价获得粮食,并且限制粮食返销农村,农村的粮食需求主要靠自给自足的生产来满足。在城市,因为粮食商业系统进行微利经营,城市居民则可以极低的价格获得粮食,虽然这一供应是限量的,但保证了全国性的粮食需求。为了实现经济建设,城市居民和工业生产者成为了计划供应的主要受益者。

---

[1] 成本包括运输和装卸费、加工成本(如相关)、税收和利润。粮食零售价比国家收购价高出 5%～15%,国营商业系统从粮食贸易中获得微利。

在这个粮食流通过程中，国家通过计划购销获得了农民剩余粮食的再分配权力，即通过征购获得了农业剩余，通过计划销售保障了城市居民基本口粮需求。但是在这个再分配环节中，农民会对粮食过度征购非常敏感，而城市居民则会对粮食价格上涨十分敏感（温铁军，2000:141）。

四、统收统支的制度结构

国有商业即国有粮食系统是沟通工农两个部类交换的重要中介。通过第三章中表3-4对中央层面主管粮食流通的部门机构的演变过程进行了简单总结。新中国成立初期的粮食管理部门，主要包括由财政部管理的公粮征集系统（即粮食管理总局）和由贸易部管理的中国粮食公司。1952年中国粮食公司与粮食管理总局合并成立中央粮食部。中央粮食部管理的国有粮食部门成为在市场上收购粮食以及执行国家粮食政策的中央部门。统购统销时期粮食流通制度结构如图4-2所示，在组织结构上，粮食部形成了与行政管辖体制相同的层级组织管理机构，每个层级的行政组织根据粮食经营的业务需求，成立所属的企业单位，从事粮食经营、加工等业务。这一时期的粮食部门的粮食管理与财务核算都是为政府负责，完全是政企合一的行政部门。

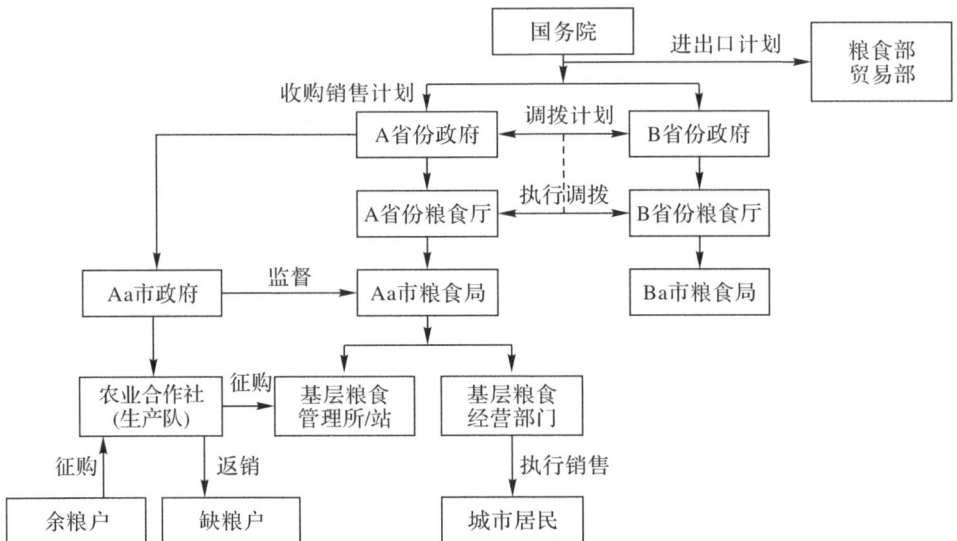

图4-2 统购统销时期粮食流通制度结构

在从中央到地方的制度运行方面,在 1953 年统购统销政策建立的同时,也建立了中央和地方分工负责的粮食管理体系,即中央和地方分工负责的粮食管理工作。中央对粮食实行统一管理、统一指挥和调度,并确定所有粮食方针政策,以及收购与供应的数量、标准、价格等;地方只需要在既定的方针和政策原则之下,因地制宜、分工负责、保障实施[①]。1958 年的粮食管理体制,调整为中央对粮食的购销差额包干五年不变的办法,包干之后中央对地方进行"丰收不增,大灾照减"的办法,即地方政府只需要向中央保证上缴粮食包干的部分,而中央对于地方粮食的计划征收和计划销售不做要求。之后出现粮食管理不严格,粮食产量的虚报造成地方政府在农村征了过度粮的现象。1962 年,对于粮食包干的办法重新调整为粮食征购、销售、调拨由中央统一安排,分级管理的管理体制。1963 年强化为统一征购、统一销售、统一调拨、统一管理库存,粮权集中在中央,地方只能在中央确定的方案之下因地制宜、分工负责、保障实施。简单来说,这一制度可以总结为"四统一"制度结构,即体现为粮食商业实行垂直管理,财政经费完全包干,粮食企业的财务管理始终归属政府,企业本身没有财务自主权。

在统购统销的基层征收层面,农村合作化的推行为统购统销建立了稳定的基层制度基础。1955 年国家确定粮食征购"一定三年"的方案针对粮食征购单位开始稳定下来,规定"个体农民和互助组应以户为单位;农业生产合作社可以社为单位,也可以户为单位"。而至 1958 年人民公社建立初期,粮食的征购单位由于人民公社的建立开始变得不清晰,这在一定程度上也造成了这一时期地方在农村过度征粮的现象。随着 1962 年《农村人民公社工作条例(草案)》强调"三级所有,队为基础",国家的粮食征购单位开始稳定在生产队层次,直到 1983 年家庭联产承包责任制以及政社分设之后[②],以生产队作为统购统销基础单位才基本解体(董筱丹 等,2008)。

---

① 中央主要负责内容包括:粮食的计划收购与销售数字(由国家计划委员会提供,地方政府按照控制数字做出计划报中央批准),对地方粮食余缺进行调拨,管理进口与出口粮、军需供应粮、储备粮、灾民救济粮,规定粮食计划收购与供应价格,审批各地方出台的粮食计划供应标准。地方政府主要负责的内容包括:征购粮食(包括公粮、征购和收买的粮食),进行粮食的供应及保管,制订本地粮食计划供应标准,管理本地粮食收购与供应,服从中央对地方粮食的调出工作。

② 来自 1983 年颁布的《当前农村经济政策的若干问题》。

总结来看，这一时期的粮食流通管理体制，主要包括农业合作社（生产队）作为基层粮食征购单位，以及从中央到地方的统一征购、统一销售、统一调拨、统一管理库存的"四统一"粮食流通制度结构。

表4-2呈现了计划经济时期粮食流通政策体制的主要特征。

表4-2 计划经济时期粮食流通政策体制的主要特征

政策体制	内容	说明
政策理念	粮食作为一种战略物资，保证农村和城市人人有饭吃，并进行国家经济建设	1.粮食是关系国计民生的重要物资，重要性没有下降过。 2.粮食流通属于粮食商业范畴，商业活动无论买卖，都必须服从国家统一的经济计划；密切关系国计民生的粮食商业必须服从国家计划
利益主体	国家汲取农业剩余以满足工业化与口粮供应的粮食再分配结构	1.在城市粮价过高，相当于变相提高了职工工资，会伤害城市居民利益与工业经济。 2.征了"过头粮"会伤害农民的利益
制度安排	国家统一征购、统一销售、统一调拨、统一库存管理；在农村成立农业合作社（生产队）	1.有关粮食的征购、销售、调拨以及库存都由中央统一管理。 2.因为中央统一管理，地方政府之间不存在竞争关系。 3.以农业合作社（生产队）为基本征购单位稳定了国家的征购制度

第二节　自稳定变迁模式的动力机制

1953年粮食流通进入统购统销政策的变迁过程，是一个典型的霍尔所提出的范式变迁的过程。过渡时期总路线的形成，确定了粮食流通政策的政策目标、政策工具与政策设置。进一步，随着国家粮食流通政策理念的形成，计划经济时期的粮食流通政策变迁呈现出明显的自稳定特征。在这一变迁中，政策目标保持稳定，限制了对政策工具合法性的选择，因而只能对政策设置进行调整以应对外部环境的变化。这种自稳定的政策调整是在较为稳定的政策体制之下运行的。在本节，笔者将分析产生这一自稳定政策变迁模式的动力机制，包含如下内容：首先，分析统购统销时期粮食流通政策保证自稳定模式的动力机制；其次，结合本书对这一动力机制的分析，阐释 20 世纪 60 年代初期出现粮食危机时期的政策调整;最后,对计划经济时期的粮食流通政策变迁及其动力机制进行总结。

一、政策自稳定变迁的动力机制

(一)粮食计划管理理念维持了指令性政策工具的稳定

通过上一节对计划经济时期粮食流通政策体制三个组成元素的分析,其形成的逻辑是,国民经济有计划按比例发展规律优先于价值规律的作用的理念,延伸到粮食流通领域之中,形成了具有产品经济特征的粮食商业,因此粮食涉及的是农业与工业之间利益与福利分配的问题。服从于生产计划的粮食商业,产生了较为稳定的政策目标,即保证"全国城市农村人人有饭吃,保障国家按总路线实行经济建设,保障我国能够一步一步走社会主义的路"。为实现这一政策目标,粮食流通的政策工具被限制在政府的指令性计划管理的框架之中。

首先,对重工业优先发展目标的选择,限制价值规律在粮食商业之中的使用。一些研究者认为,国家选择重工业优先的工业化道路,需要限制农产品利润,即压低农业消费品价格,通过工农剪刀差的方式实现国家的工业积累。另一种观点认为计划购销不是国家从农业提取资金的一种必要手段(崔晓黎,1988)。不论国家选择统购统销政策的目的是否是为了从农业提取工业资金,但是选择重工业优先的工业化发展目标,意味着不论是在农村收购的粮食,还是在城市中作为消费品的粮食价格都不能太高,甚至不能出现较大的波动。陈云同志对于粮食价格有清醒的认识,其在 1953 年全国粮食会议上的讲话中提道:"粮价涨了,物价就要全面涨。物价一涨,工资要跟着涨。工资一涨,预算就要超过。这样一来,就会造成人心恐慌。"(中共中央文献编辑委员会,1995b:207)对此,中共中央宣传部在《为动员一切力量把我国建设成为一个伟大的社会主义国家而斗争:关于党在过渡时期总路线的学习和宣传提纲》中提道:"重工业需要的资金多,赢利较少较迟,产品不能直接满足人民的消费需要,所以在工业化时期不能不节衣缩食,艰苦奋斗。"在这一时期,粮食不论是作为农业产出品,还是作为城市消费品,价格需要保持稳定并维持在一定的低水平上。

其次，在粮食商业引入以价值规律为基础的商品经济可能导致资本主义。因为粮食流通一方面与农村小农经济相联系，另一方面和城市商业相联系，当不论是小农经济，还是城市商业，都有可能自发地产生资本主义经济时，这将不符合国家确定的社会主义经济目标。当粮食的统购统销与改造小农经济联系在一起时，统购统销对于改造农村中的小农经济具有重要意义，陈云同志在第一届全国人民代表大会第一次会议上的讲话中指出：

"我们认为计划收购这个政策，今后要继续实行下去，是不会变更的。因为一方面，由国家掌握各种货源是保证国家进行有计划建设所必须；另一方面，我国农民走向富裕生活的道路，不是发展农村的资本主义，而是经过合作化走向社会主义。取消计划收购，等于放纵私商和富农去操纵农产品市场，农村的资本主义就会发展。计划收购是一种使全体农民不受人剥削、都能得到利益的社会主义的步骤。"（中共中央文献编辑委员会，1995b：261）

即便是1955年出现过粮食供求波动之后，国家对于粮食统购统销政策工具也持肯定意见，1957年的《中共中央关于向全体农村人口进行一次大规模的社会主义教育的指示》中有"曾经有不少人怀疑粮食的统购统销政策，但群众辩论的结论却是：这个政策好得很，不这样，就得有很多人在粮食商的操纵下挨饿以至家破人亡"的论述。

（二）农业集体化吸纳了粮食过度征购产生的负面效应

重工业优先发展目标所发展出的粮食流通政策目标，强化了粮食流通中计划收购与计划销售的合理性。但仅在理念上保证计划征购与计划销售的合理性是不够的，还需要配合以稳定的制度结构，并得到利益主体的支持。国家对于粮食流通制度结构的设计，一方面，需要保证具有足够的资金以吸收粮食产出，另一方面，需要具有高效的粮食分配能力，保证足够的粮食被加工为足够的食品，并公平且有效率地分配到所有粮食消费者手中。这一制度设计，即为以国有粮食企业为核心的统一征购、统一销售、统一调拨、统一管理库存，指粮食事权集中在中央，地方只能在中央确定的方案之下因地制宜、分工负责、保障实施统收统支的制度模式。这一制度保证了在制度内没有足量的收购资金背景下,也能最低限度保证粮食的公平供应(冀名峰,2003:16-43)。由此而建立起来的国有粮食商业系统是以国家财政为后盾,政企合一性质的粮食分配体制,这一制度呈现出从上到下、对上负责的纵向调拨结构,因此征购与分配效率高,但也具有封闭性与排他性特征(余新平,1991:1-52)。

如果没有其他制度设计的配合,以重工业优先发展的工业化目标形成的高度统一的粮食流通制度结构,将会和小农经济形成矛盾(温铁军,2000:170-178)。在粮食流通的利益结构当中,实现国家社会主义工业化道路成为最高利益,"全国人民的一切局部的暂时的利益都应当服从这个最高的利益"①。因此国家成为粮食流通中重要的利益分配主体,需要关注的是保证"合理地处理分配问题,兼顾国家、合作社、社员三方面的利益","做到国家、集体、个人统筹兼顾"②。针对粮食进行统收统支的制度结构,保证了粮食利益的分配,但是一旦出现对农业领域粮食过度的提取,就会出现损害农民利益而产生粮食危机的消极反馈,进而对现有粮食流通政策中的政策目标以及政策工具等的合法性和有效性产生冲击。

在其中起到稳定国家与农民关系作用的制度设计是以农业合作社(生产队)为基础的农业集体经济,这一制度设计几乎吸收了国家对粮食征购对农民利益损失的消极反馈作用。基于农业合作社(生产队)经济基础建立的粮食流通政策体制,达到了保证收购和增加产量的双重目的,并可以缓解一定程度的因粮食危机而产生的政策冲击。以农业合作社(生产队)为基础的粮食流通政策体制对于政策冲击的吸纳体现为以下两点。

首先,农业合作社(生产队)解决了国家面对个体农民执行统购统销的过高交易费用的问题。1953 年土地改造完成,国家面对的是高度分散的 4

① 中共中央宣传部在《为动员一切力量把我国建设成为一个伟大的社会主义国家而斗争:关于党在过渡时期总路线的学习和宣传提纲》中提道:"必须教育全党和全体人民认识国家社会主义工业化的极端重要的意义,认识它是全国人民的最高的利益,全国人民的一切局部的暂时的利益都应当服从这个最高的利益。"
② 1956 年颁布的《中共中央 国务院关于当前粮食工作的指示》中有:"农业社分配粮食在原则上必须严格遵守下列先后顺序:第一,首先完成国家的粮食征、购任务(包括增产社的增购任务);第二,留下农业社生产必需的种子,分给全体社员基本口粮和必要的饲料用粮;第三,在解决了上述两项问题以后,再照顾劳动强和出工多的社员的需要,安排必需发展的副业生产的用粮。"

亿农民，如果在这种情况下进行粮食的统购统销，那将面临极高的交易成本。执行统购统销初期（即1954年到1955年）出现粮食购销危机的主要原因，就是当时的农业合作化尚未完成，因为土地革命之后的农村经济再一次变成了财产独立的小农经济，这种特征下的农民并不愿意低价向国家交售粮食。

其次，农业合作社（生产队）缓冲了国家与个体农民之间的利益冲突。农业合作社不论是在积极售粮的带头作用上，还是在对农民的宣传教育上具有积极作用。田锡全（2014：29-31）分析了唐河县农业合作组织在以合作社为基本单位的粮食征购方面的积极作用，他发现通过将有抵触情绪的余粮户纳入农业合作社之后，因为这些农户的土地、耕具等生产资料开始纳入合作社统一管理，这些抵抗售粮的农户不能自由处理粮食买卖，开始接受合作社的统一安排。而合作社中的缺粮户，则因为被纳入了合作社之中，由于合作社内的再分配，得到了粮食保障。开展农业合作化之后，合作社充当了国家和农民利益冲突的重要缓冲机制，吸纳了国家粮食征购可能伤害农民的消极结果。

国家针对农村的粮食征购造成的利益冲突，可以由农业合作社（生产队）吸纳，一旦这一制度设计被破坏，向农村过度征粮或向城市敞开计划销售所造成的利益冲突，便成为实实在在的消极反馈结果，从而产生政策的波动。接下来，笔者将借助这一框架分析1958年到1961年出现的粮食危机以及政策调整过程。

二、粮食危机与粮食流通政策的调整

(一)1958年到1961年粮食危机的出现与政策调整

1958年到1961年农业歉收，粮食产量下跌，但粮食收购量则不断上升，紧张的粮食形势成为粮食流通政策调整的现实压力，一系列旨在恢复粮食生产和调整粮食分配的政策措施开始推出。这些政策包括1960年颁布的《中共中央关于农村人民公社当前政策问题的紧急指示》和1961年颁布的《农村人民公社工作条例（草案）》（即《农业六十条》）。相关的整顿措施可以总结如下。

首先,粮食征购单位被稳定在"三级所有,队为基础"的生产队。《农村人民公社工作条例(草案)》强调"三级所有,队为基础",其中"三级所有"是指包括农业生产资料与农业收成要归属公社、大队和生产队所有,"队为基础"是指针对生产队所有的物资主要由人民公社和大队来进行调拨,生产队则需要"完成国家规定的粮食和其他农副产品的征购、派购任务"。这一重要的生产单位基础为粮食生产与征购,以及后续农村大力发展农田水利等农业基础设施提供了重要的组织基础。

其次,提高粮食收购价格并逐渐减少粮食征购比例。国家从 1958 年到 1965 年间分别四次提高粮食收购价格。1965 年国家的粮食统购价格,相比于 1957 年提高了 35%(赵发生,1988:131)。在粮食购销总量来看,在农村征购端,开始降低征购比例,并开始了新一轮的"一定三年",1963 年《中共中央、国务院关于粮食工作和农产品收购工作的几个问题的规定》提出 1961 年、1962 年两个年度共计减少粮食征购 221 亿斤。

再次,压缩粮食销售数量。1961 年中央工作会议制定了《关于减少城镇人口和压缩城镇粮食销量的九条办法》,决定在 1960 年底 1.29 亿城镇人口的基数上,三年内减少城镇人口 2000 万以上,同时决定 1961 年至 1962 年,城镇粮食销量争取压缩到 480 亿~490 亿斤,比上年度减少 30 亿~40 亿斤。同时,为了平衡农业的购销逆差,1961 年 3 月中共中央决定增加粮食进口,计划于 1961 年、1962 年度进口分别进口粮食 110 亿斤和 105 亿斤。

最后,重新建立国家粮食库存。逐步增加国家的粮食库存和集体、个人的粮食储备,在农村建立集体储备粮,逐步实现国有余粮、队有余粮以及户有余粮。

这些经过调整后的政策虽然 1966—1976 年间受到一定影响,但是总体的政策方向并没有出现大的变动,这一时期即使政府诸多业务会议无法召开,但是全国的粮食会议以及农业会议几乎都照常进行。

(二)农村社队经济重建对政策负面效应的缓冲作用

20 世纪 60 年代初期一系列粮食流通政策调整过程的直接原因是粮食供应危机,总体而言,粮食供应危机的出现与这一时期基层农村经济体制的调整密切相关（温铁军，2000：169-268；赵德余，2017：74-87）。1956年经过农业改造之后，农业初级社有了很大发展①，尽管合作化期间出现了工作过急等问题，但是合作化的发展依旧按照《一九五六年到一九六七年全国农业发展纲要》中的要求，在1957年开始向高级形式的合作化发展②，于是"并社升级"开始进行，高级农业生产合作社开始迅速发展。简单来看，高级合作社是对初级合作社的合并，但是由于合作社范围的扩大，高级合作社的内部分配方式，已经不同于初级合作社的内部分配方式。初级合作社中允许农民有一定的自留地进行自主生产，并且保留了按股分红③，在转变为高级社之后，合作社社员变成全部按劳分配，采用统一分配原则。通过对高级合作社的调整，形成了农村社队两级基层制度结构，这种农村的集体化经济实际上有利于统购统销政策执行的稳定（温铁军，2000：194）。

1958年《中共中央关于在农村建立人民公社问题的决议》中提出建立"建立农林牧副渔全面发展、工农商学兵互相结合的人民公社"。将原本为经济互助组织的高级社，再一次合并为人民公社的调整，改变了能够保持统购统销政策稳定的社队经济基础，人民公社变成了"政社合一"的性质，人民公社虽然提高了国家对农业资金的提取能力，但是也造成了国家和农民关系的一些冲突。不同于农业合作社（不论是初级社，还是高级社）中暗含的部类交换关系，人民公社与国家的关系变成了服从国家政策、计划以及资金统一安排的基层财政单位。在人民公社内部则形成的"一平二调"的无差别分配方式，改变了原有的合作社内农业生产激励机制。

人民公社制度的建立在两个层面一定程度上加剧了粮食危机的出现。一方面，人民公社被内化为国家"统收统支"的基层财政单位，这意味着人民

---

① 1955年底，全国合作社数量大约有1905000个（温铁军，2000：188）。

② 《一九五六年到一九六七年全国农业发展纲要》中强调："现有的、数目不多的初级合作社，在条件成熟了的时候，应当引导它们自愿地转为高级合作社。"

③ 初级合作社的内部分配包括将土地留出一部分自留地外，其余土地全部折股入社，实行统一经营。收入分配实行以按劳分配为主、按股分配（红）为辅的办法，在合作社内部保留了一定程度的农民自主（温铁军，2000：188-189）。

公社从与国家进行农业交换的经济主体,变成了统购统销政策体制的内在组成部分。这虽然方便了国家针对粮食的征购,但也增大了国家对农村征"过头粮"的可能性。另一方面,人民公社难以消化国家过度征粮的负面效应。在合作社时期,国家粮食征购是以合作社为单位进行核算,合作社内部超出国家征购数量的粮食,可以在合作社中的余粮户和缺粮户之间进行调剂余缺,不仅如此,农民还可以在合作社允许的自留地种一些杂粮以满足家庭口粮需求。而在人民公社的建立之后(尤其是在 1960 年农村公共食堂的引入),由于人民公社之中完全的平均分配,不论是进行社内农户之间粮食调剂余缺,还是利用农民自留地满足口粮需求都难以实现。由此可见,过度征购造成的政策消极反馈效应,没有了农村社队合作经济制度设计的吸收,产生了严重的负面结果,直接引发了农村的粮食供应危机。

粮食供应危机并没有引发粮食流通政策目标与工具层面大规模调整,而是随着 1961 年《农村人民公社工作条例(草案)》的颁布,将基层粮食征购单位重新调整为"三级所有,队为基础"之后而保持稳定。人民公社的基本核算单位被下放到生产队,并且人民公社内部"一平二调"得以被调整。随着农村基本经济制度的稳定,统购统销政策也得以稳定下来。1961 年之后,国家粮食征购数量,始终稳定在粮食总产量的 20%～25%。并在随后,采用提高粮食收购价格或进行超购奖励等方式,鼓励农民的售粮积极性,保护农民利益。

在城市粮食销售方面,由于粮食征购数量的限制,无法针对城市进行无限量的供应,国家针对城市采用粮票等方式,计划供应机制始终保持稳定。为了应对城市人口增加产生的消费增加,国家没有再次过度征粮,而是采取压销和"以出养进"的方式增加国内粮食供应。在第四个五年计划阶段,由于城市人口数量回升,城市的粮食消费量开始大规模上涨,粮食系统再一次出现粮食收不抵支。但是这一次依旧没有出现大规模粮食征购的波动,粮食流通政策的调整,主要着力于在计划销售部分进行压销,并扩大粮食进口。由于粮食产量增长缓慢,这一时期国家依旧扩大粮食进口,并提出"以出养进"的方案,即通过出口价格较高的大米、大豆,调节进口价格较低小麦的数量,在增加粮食数量的同时,也增加了外汇收入。

　　由此看来，只要基于国民经济有计划按比例发展规律形成的重工业优先发展的国家目标不发生改变，以及以农业合作社（生产队）为特点的农村基本经济制度不发生改变，粮食流通政策之中的计划收购与计划销售的政策工具将始终保持稳定，而以价值规律为基础的市场调节方式，只可能在农村经济内部局部地区，在国家控制下发生作用。

三、总结

　　从这一时期的政策体制来看，基于重工业优先的国家工业化，所形成的粮食是重要物资的政策理念的核心地位一致没有被削弱，由此而产生的"四统一"粮食流通管理体制，以及农村集体化经济制度的基层粮食收购制度，最大化了国家掌握以及分配粮食的能力。在这一稳定的政策体制之下，对粮食流通政策的设计，是以保障粮食工业以及生活供应为核心政策目标，粮食的计划收购与计划供应的政策工具，在统收统支的粮食制度结构之下得以有效运行，而政策变迁则在粮食收购数量，以及粮食价格这类政策设置层面呈现渐进的波动。针对粮食计划征购产生的过度征粮，对农民利益造成损害的政策消极反馈，在农业合作社（生产队）的农村集体化制度设计之下被吸纳，因而粮食流通政策的政策设置在平衡国家、农民与消费者的利益之间波动，保证了政策工具使用的稳定，也保证了粮食供应政策目标的实现。

　　针对农业合作社（生产队）的农村集体化，保证了统购统销政策的基本政策工具得以稳定执行，但是潜在的问题在于，农村集体经济内部的分配机制缺乏激励机制，致使农业合作社（生产队）内长期出现"出工不出力"的现象（温铁军，2000：234）。粮食产量呈现缓慢增长的同时，城市人口开始大规模增长，粮食缺口不断增大，很明显这样的粮食缺口难以依靠粮食进口补充。在流通领域引入激励机制，将成为下一轮粮食流通政策调整的核心，也正是这一激励机制的引入，造成了市场化时期的粮食流通政策呈现出目标振荡模式。

第五章

战略物资与商品双重理念下的目标振荡模式(1979—2003 年)

市场化时期的粮食流通政策变迁呈现出目标振荡模式。在本章，笔者将结合这一时期政策体制的特征，分析产生这一变迁动态模式的动力机制。从 1979 年开放粮食议购到 2004 年粮食市场完全开放，这段时期的粮食供求波动最大，政策调整也最为频繁。粮食流通体制在这段时期的主要变化包括：关于粮食的理念呈现出"商品"和"战略物资"的双重认知；粮食管理的体制从过去的计划管理，转向强调发挥中央和地方的积极性；国有粮食企业也从"计划主渠道"向"市场主渠道"转变。

这一阶段粮食流通政策最大的特征是计划经济向社会主义市场经济的转轨。这不仅是制度上的转轨，还包括观念上的"转轨"，新的政策工具与既有的观念利益间形成张力，并成为推动经济社会体制改革前行的主要力量。本章的主要内容包括：总结 20 世纪 80 年代粮食流通政策的调整以及其后续形成的政策体制；总结这一时期产生政策振荡模式的动力机制，并结合这一机制说明 20 世纪 90 年代粮食流通政策的两次调整过程。

第一节　政策体制三要素结构

第三章的分析显示，市场化时期的粮食流通政策变迁呈现出目标振荡模式。为分析这一振荡模式的动力机制，在本节，笔者将首先描述改革开放初期的政策发展历程，并总结这一时期粮食流通政策体制的主要框架。

一、改革开放初期的政策调整

计划经济时期的粮食流通体制中缺乏激励机制，徘徊不前的粮食产量结合逐渐增加的城市人口，给国家粮食供应系统带来巨大的供应压力[①]。随着 1979 年左右开始推行城市和农村的休养生息政策，粮食流通领域也出现了一系列的政策调整，这些调整举措包括以下方面。

首先，提高粮食价格，包括提高统购价格以及超购加价。1979 年的《中

[①]　从 1975 年到 1979 年，城市人口从 16030 万人增加到 18495 万人，增幅 15%，国家粮食收购数量从 6339.2 万吨增加到 6936.1 万吨，增幅 9%，人均粮食供应量从 395 公斤下降到 374 公斤（这一人均算法还将可能的农村返销粮计算在内），国家粮食供应能力开始难以满足城市工业粮食需求。

共中央关于加快农业发展若干问题的决定》提出将粮食统购价格提价20%,超购部分则在统购提价的基础上再加价50%(粮食统销价格保持不变)。在接下来的几年,国家持续调整粮食统购价格,具体的粮食价格增长情况见表5-1。

表 5-1　粮食价格与价格指数(1978—1984 年)

年份	粮食价格指数	粮食统购价、加价平均指数	粮食统购价格指数	集市粮价指数	六种粮食平均统购价格(元/50公斤)	超购加价(元/50公斤)	六种粮食平均统销价格(元/50公斤)
1978	100	100	100	100	10.76	—	14.10
1979	130.5	134.1	120.7	89.6	12.99	19.49	14.09
1980	140.8	134.5	120.7	84.8	12.99	19.49	14.09
1981	164.5	147.2	125.8	85.4	13.54	20.31	14.05
1982	160.3	154.4	128.7	85.4	13.85	20.78	14.17
1983	176.9	154.6	125.5	83.2	13.50	20.25	14.44
1984	198.1	162.5	—	74.5	13.41	20.12	14.52

资料来源:前四行价格指数来源于国务院研究室课题组(1992:33-34),后两行统购统销价格资料来源于韩志荣、冯亚凡(1992:102)。

其次,调整粮食购销结构,调减统购数量,增加议购数量。要求全国粮食征购指标稳定在从 1971 年到 1975 年"一定五年"的基础上,并从 1979 年起减少 250 万吨粮食征购计划且逐年减少[1]。

再次,开放农村集贸市场,农民手中的余粮可以在市场上出售[2]。农民的多渠道经营得到了国家的认可,而粮食的议购议销也成为国有粮食部门经营粮食的一条重要途径。这一时期的粮食市场以及市场交易规模逐步扩大,从 1977 年至 1984 年,全国市场从 3 万个增加到 5.65 万个,自由市场交易额翻了两倍多,1983 年粮食的市场加议价交易占全国粮食销售总额的22%左右(Sicular,1988)。

---

[1]　从 1978 年到 1982 年,全国粮食计划征购数量减少了 20%,同时计划征购的农产品品种也逐步减少(Sicular,1992)。

[2]　1983 年《国务院办公厅转发商业部关于完成粮油统购任务后实行多渠道经营若干问题的试行规定的通知》中规定"对农民完成征购、超购任务以后的余粮,允许多渠道经营""供销社和农村其他合作商业组织可以灵活购销,农民私人也可以经营"。

　　调高粮食收购价格和减少征购数量的措施，再加上家庭联产承包责任制推行的叠加效应，推动了我国粮食产量的快速增长。从 1979 年到 1984 年，粮食产量平均每年增产 170 亿公斤，1984 年粮食总产量突破 4 亿吨，人均粮食占有量达到 390 公斤，达到新中国成立以来历史上最高人均粮食占有量（姜受堪 等，1992：45）①。粮食产量的增长，直接对国有粮食流通部门的粮食运营承载力造成了冲击。从表 5－2 可以看到，国有粮食企业每年收储的比重超过了全国粮食收购量的 90％，1984 年国有粮食企业的收储粮食数量几乎是 1978 年的两倍。由于国家收储数量的增加并没有伴随着仓储设施的改进，1984 年 12 月底全国粮食库存超过库存承载量的一半以上，将近 300 亿公斤以上的粮食被露天存放，国有粮食企业已无力将农民要卖的粮食全部收购上来，被粮食部门概括为"收不起、存不下、调不走、销不掉"，也造成了农民"卖粮难"的困境（高小蒙 等，1992：46）。

　　另一方面，粮食收购价格的上涨致使国家粮食财政负担日益加重。结合表 5－1 和表 5－2，可以发现 1979 年之后国家收购的粮食一定程度上集中在超购加价和议购议销部分，征购比例却逐年减少②。征购粮食逐年减少的原因，一方面是由于征购计划比例几乎逐年调低，另一方面是由于实际征购完成率逐年下降，其中一部分原因是农民为了获得更多的超购加价款，选择将自己的粮食，以超购粮食类别售出，致使国家的征购完成率逐年降低，但国家为此支付了更多的超购加价款（Travers，1985：112－130；Sicular，1988）③。与此同时，国家为了保证城市粮食供应稳定，并没有相应提高粮食的统销价格，粮食系统内"购销倒挂"现象，即粮食收购价格高于销售价格越发严重。1979 年粮食部门的财政补贴为 78.1 亿元，而至 1984 年这一补贴已经增加到 209.2 亿元，平均每年增长 21.03％（赵德余，2017：177）。

---

　　① 不仅如此，粮食流通政策的调整还提高了农民的农业收入水平，根据 Travers（1985：112－130）的估计，仅 1979 年到 1981 年的统购价格上涨就将农民的农业收入提高了 44％。

　　② 随着 1979 年的超购加价以及议购议销的放开，市场上的粮食出现了四种价格，即粮食的统购价格、超购加价价格、议购议销价格以及集市的市场价格。国家粮食征购数量从 1978 年的 75％下降到 1982 年的 39％，粮食征购率从 1979 年的 94.6％下降到 1981 年的 80％。

　　③ 家庭联产承包责任制的推行直接促使农村的经营范围再一次回到了家庭制阶段，国家的粮食征购变成了直接面向农户的征购，直接增大了征收的难度，也成为征收完成率降低的一个原因。

表5-2　粮食收购与销售数量

时间	全国粮食收购量（万吨）	国家计划征购数量（万吨）	国家实际征购数量（万吨）a	国有粮食企业与供销合作社收购量（万吨）	全国粮食销售数量（万吨）b	国营收购占全国收购总量比重（％）	超购加价与议购议销粮食数量占比（％）c
1978	5072.5	3775	4783	5072.5	5300.4	100.00	—
1979	5757	3500	5400.7	5757	5456.1	100.00	37
1980	6129	3433	5022.8	5707	5927.7	93.11	42
1981	6845.5	3038	5209.9	6323.5	6572.3	92.37	50
1982	7805.5	3032	5619.5	7208.5	6913.1	92.35	50
1983	10248.5	—	9123	9673.5	6968.4	94.39	65
1984	11724.5	—	10235.7	10748	7751	91.67	71
1985	10762.8	7900	5961.2	9061.6	6517	84.19	—
1986	11516.2	5500	5334.1	9614.8	7154.4	83.49	33
1987	12092	5000	5691.9	9920	6522.9	84.37	43
1988	11995	5000	5048.3	10201.2	6774.3	85.05	—

资料来源：全国粮食收购量、国有粮食企业与供销合作社收购量资料来源于《中国农村统计年鉴(1985)》。

a.征购包括农业税征实与计划统购(或合同定购)的总和[数据来源《当代中国粮食工作史料》(下)]。

b.包括议价销售、奖售粮等[数据来源《当代中国粮食工作史料》(下)]。

c.数据来源：Sicular(1988)。

　　大范围的"卖粮难"、粮食仓储困难，以及财政压力成为粮食流通领域改革的现实要求。1985年，发布《中共中央、国务院关于进一步活跃农村经济的十项政策》，改革农产品统购统销制度为合同定购，对粮食实行长期放开的经营政策，主要内容包括以下方面。

　　(1)改革粮食收购方式以及粮食的价格结构，即取消针对粮食的统购，改为合同定购[1]，价格按照"倒三七"比例计价[2]。

---

　　[1]　所谓合同定购，就是在每年粮食播种前，国家指定的商业部门与农民协商签订定购合同，规定双方责任，包括农民需要生产的粮食品种、数量以及质量，商业部门则负有提供生产资料、解决生产中的困难并按照合同规定收购粮食的责任。

　　[2]　"倒三七"比例计价即统购价格×30％＋超购价格×70％。

（2）扩大粮食流通渠道，完成合同定购部分的任务后，农民可以将余粮通过粮食市场自行销售，若国家还有需要，则可以通过议购的方式向农民继续收购①。农民也可以自行或以合作组织或协会的名义直接与粮食的经营、加工、消费单位签订收购合同。

（3）取消统购之后，任何单位都不得再向农民下达指令性生产计划。

1985年的粮食改革，由于按照合同定购形成的粮食收购价格低于农民的预期，打击了农民的生产积极性，出现了1985—1988年连续的粮食产量下降，以及粮食征购数量下降情况②。再结合城市经济发展，以及一部分农民出于收益考虑改种经济作物，致使粮食征购数量降低，而粮食销售数量并不见减少，粮食系统内再一次出现粮食供应短缺局面。

为应对这一局面，国家进行了再一次的政策调整，主要内容依旧是以提高粮食收购数量和压缩粮食销量为核心。政策调整主要内容为以下方面。

首先，自愿签订的粮食合同被调整为国家强制性的，1986年中央一号文件，即《中共中央、国务院关于一九八六年农村工作的部署》指出粮食合同不仅是合同，而且是一种"责任"。

其次，在城市和农村的一系列粮食压销措施开始推行，包括：逐步取消不同农副产品销售的粮食奖售措施；压缩城市工商业以及工业用粮的平价粮销售指标，改为议价粮销售；加强粮食市场的行政管制，为了保证粮食市场的稳定，在1988年实行大米专营。

再次，增加粮食进口，平衡国家粮食收支差额。在1986年增加了"议转平"指标，即由国有粮食企业以议价粮价格征收的粮食，转为平价粮食向城镇和农村居民销售，产生的价格差额由国家财政补贴。

总结1980年左右的粮食流通政策调整措施可知，政策调整主要涉及的是理顺粮食的价格结构，其政策调整的逻辑与20世纪60年代调整时期的

---

① 收购价格按照市场价格制定，若市场上的粮食价格低于国家统购价格，国家将按照统购价格敞开收粮。

② 国有粮食企业需要与一个个农户签订粮食定购合同，一方面增大了国家定购粮食的成本，另一方面，由于1985年之后粮食市场价格大规模上涨，促使农民更愿意在市场上出售粮食，分散式签订定购合同降低了农民的违约成本，使国家难以完成定购任务。加上1985年调整农业内部生产结构，粮食播种面积又减少了6000多万亩，这也是1986—1988年粮食产量下降的一个主要原因。

政策措施十分类似。随着这些政策措施的引进,再一次导致了粮食价格补贴的增长,给国家财政带来了巨大压力①。如表 5 - 3 所示,笔者整理了1979 年到 1989 年粮食流通政策调整措施的细节。

表 5 - 3　1978—1989 年粮食流通政策措施细节

时间	政策措施
1979 年	1.统购提价 20%,超购加价 30%～50%,坚持征购基数"一定五年"不变(征购基数调整为 3500 万吨),超购一年一定。 2.提高城市食品价格,农副产品粮食奖售标准未经国务院批准不得擅自提高。 3.属于国家统购的粮、油在完成征购任务之后可以上市,粮食部门可以议价收购和出售,完成征购和超购任务并有余粮的生产队可以进行粮食议销
1980 年	1.调减统购基数,减少部分少数民族地区的征购基数,计划征购 3433 万吨。 2.在农村压缩销售,对议价收购的农副产品不再奖励粮食。 3.粮、油议购议销工作由粮食部门统一经营,凡由执行党中央、国务院指定的各项政策而发生的亏损,包括粮食、食用油脂购销价格倒挂的差价和开支的合理费用,统由国家财政定额单独补贴,不再列为企业亏损
1981 年	1.东北三省大豆收购价上调 50%,到每吨 629.1 元,取消超购奖励并调减大豆征购基数。 2.调减负担过重的老商品粮基地的征购基数,计划调减 250 万吨。 3.确定粮食议购议销是在国家计划指导下的市场调节,是对国家统购统销的必要补充,是国家掌握粮源的一条渠道
1982 年	1.1982 年推行粮食征购、销售、调拨包干"一定三年",在完成国家粮食征购和超购任务之后,地方积极开展粮食议购议销调剂余缺。 2.统购配额为 3032 万吨,食用油料实行按比例计价。 3.取消与粮食相关的不合理奖售项目,降低过高的奖售标准,在城市整顿粮食统销
1983 年	1.增加计划外征购 200 万～300 万吨,对于完成征购、超购任务后的余粮,允许多渠道经营,撤销粮食议购议销由粮食部门统一经营的规定。 2.地区间粮食余缺调剂,除征购粮调拨数量和价格由上级政府确定以外,征购粮以外的粮食调剂由产销地方政府自行确定。 3.继续减少奖售粮食的农副产品种类,压缩粮食销售
1984 年	1.在 10 个省份开始推行按比例设置收购价格试验,大豆的收购价格降低 13.3%,调整到 600 元/吨。 2.将工业、饲料用粮退出统销范围,改为市场调节;在粮食征购的同时,开放市场,实行多渠道经营

---

① 以北京市为例,1988 年平销粮食总量为 54.7 亿斤,合同定购任务为 5 亿斤,省际包干 41 亿斤(其中国家进口 25 亿斤,省际平价调入 16 亿斤),合计 46 亿斤,其余部分需要议购粮食补充。现实情况是,如果采用平价销售便已经发生亏损,若是将议价粮食转为平价粮食销售则亏损更为严重(王赋,1990)。

时间	政策措施
1985 年	1.针对稻谷、小麦、玉米的收购价格调整为"倒三七"比例，针对超产部分价格随行就市（但是不超过统购加价），计划合同定购 7900 万吨；关于大豆的收购仅在 6 个主产省份保留合同定购，其余全部放开；除上述粮食品种，其余粮食品种全部放开；农业税部分按照比例计价折征代金（或征收实物）。 2.针对农村的销售粮实行购销同价，市镇定量供应部分仍按原统销价；国家收购生猪、棉花、糖料以及其他农副产品奖售粮取消。 3.为了保持合理库存，停止以平价转议价销售粮食，原定的"平转议"利润上交办法同时取消。 4.将超包干上交中央的粮食费用补贴调整中央对地方的超储补贴
1986 年	1.东北和内蒙古的玉米合同收购价格上调 9.3％。大豆价格上调 15.4％，并且仅保留在东北和内蒙古的合同定购，其余放开。 2.粮食合同定购数量调减到 5500 万吨，对于签订定购合同，给予奖售平价化肥和优先给予农业贷款政策，鼓励粮食定购数量的完成。 3.下达 1850 万吨的议转平指标（国家委托代购粮食，仅限于大米、小麦、玉米和调出的大豆），用于平衡国家粮食收支，议价粮食主要用于完成全国调拨，调整农村产业结构等
1987 年	1.上调地区性合同定购价格：东南地区的粮食进口省份的籼稻上调 12.8％，粳稻上调 11.2％；中部、北部和西北以及西南省份的粳稻价格上调 8.7％；北部、东北以及西北的玉米价格每吨上调 20 元；粮食合同订购给予供应平价化肥、柴油和发放预购定金实行"三挂钩"。 2.合同定购数量保持在 5000 万吨（除小麦外，取消国家委托代购），计划开支 7000 万吨，缺口的 2000 万吨粮食进行议价调拨和进口补充，中央财政拨付"议转平"差价款。 3.继续压缩平价粮食销售，改为议价供应，争取在三四年间做到合同定购和平价销售所需要的粮食基本平衡。 4.中央对省、市、自治区全面实行粮食购销调拨和财政包干（增加财政包干）
1988 年	1.全国范围小麦合同价格上调 7％，北部和西北地区大米价格上调 12.8％，中部以及西南省份的玉米价格每吨上调 20 元。 2.调整"议转平"计划，不再区分就地"议转平"和省间"议转平"计划，一律在定购价基础上按每斤六分四厘补贴，并要求大米由粮食部门统一专营
1989 年	提高定购粮价格（平均提高 18％）与合同定购"三挂钩"标准，合同定购数量为 5000 万吨，确定议购 4000 万吨计划

资料来源：整理自 Sicular（1988）以及商业部当代中国粮食工作编辑部编的《当代中国粮食工作史料》。

二、粮食商业的双重认知理念

粮食经济作为国家经济体系的重要组成部分,对于粮食以及粮食经济理念的分析需要先从国家对经济发展认识的转变开始。这一时期的粮食流通政策以计划内渠道和市场渠道的"双轨制"为特征,对于粮食的理念认知也呈现出"战略物资"与"商品属性"的二重维度。对于这一时期粮食政策的理念基础的分析,再一次不能绕开国家对价值规律的认识的深化过程。

(一)从对价值规律的争论到社会主义市场经济

20 世纪 70 年代后期,国家开始认识到价值规律的重要作用,1977 年在《关于召开全国城乡商业学大庆学大寨会议的通知》中明确提出"要理直气壮地促进社会主义商品生产和商品流通"。该通知阐释了社会主义条件下商品生产的意义,强调"社会主义的商品生产和资本主义的商品生产和商品流通,有本质的差别"。1978 年胡乔木同志在《人民日报》上发表的文章《按照经济规律办事,加快实现四个现代化》系统地反映了当时政府人员对经济建设规律的认识(鲁书月,2009)。这篇文章否定了价值规律和有计划均衡发展规律之间对立性的观点,支持对价值规律的广泛运用,认为只有允许价值规律在价格形成中发挥调节作用,才能实现合理的经济规划。价值规律的客观经济规律的地位开始得到了认可,然而在价值规律如何发挥作用这一问题上,则再一次引发了理论界和实务界的诸多讨论[①]。虽然针对价值规律的作用问题引发了一定的争论,但在 1979 年到中共十二大召开前,中央对于价值规律的认识的基本原则没有发生大的变化,即强调价值规律的市场调节要在计划经济的框架下起作用,中共十二大提出了正确贯彻"计划经济为主、市场调节为辅"的方针。

1984 年十二届三中全会通过的《中共中央关于经济体制改革的决定》,正式提出社会主义经济是"在公有制基础上的有计划的商品经济"的基本论

---

① 在经济学界对于价值规律的讨论集中在价值规律的地位问题,孙冶方(1978)认为价值规律是最基础的第一的规律,因此应该将计划工作建立在价值规律的基础上,一些学者如许涤新(1978)则坚持价值规律是计划工作的工具,是国民经济计划的辅助手段。关于改革开放初期对于价值规律进行讨论的文献,请参考Brodsgaard(2017:53-93)、萧冬连(2019)的论述。

述，商品经济问题的认识得到了突破。这一提法，首先确定了国家的经济是"有计划的商品经济"，其根本上还是"计划经济"，不是完全由市场调节的"市场经济"（萧冬连，2019）。有学者认为社会主义经济与资本主义经济的区别，不在于商品经济和价值规律是否仍在发挥作用，而在于所有权的区别。

从价值规律的作用来看，国家强调发展商品经济对于"搞活经济"有重要作用，并认为在社会主义经济中，应该包含计划调节和市场调节两种机制，其中计划是建立在市场机制基础上的间接计划，市场机制是经济运行的基础。当时国务院领导写给中央政治局常委关于计划体制、价格改革等征询意见的信中提到"计划要通过价值规律来实现，要运用价值规律为计划服务"，因此"'计划第一，价值规律第二'这一表述并不确切，今后不宜继续沿用"（中共中央文献研究室，2011：24－25）。这一决定"突破了过去将计划经济与商品经济对立起来的传统观念"，理想模式是"通过国家计划把宏观调控搞好，通过市场调节把微观经济放活"，使"计划经济与商品经济相结合"（薛暮桥，1988：17－18）。

随着国家对于商品经济的认识不断深入，党的十三大报告进一步指出必须把计划工作建立在商品交换和价值规律的基础上，经济运行的机制应当是"国家调节市场，市场引导企业"。党的十四大提出经济体制改革的目标是"建立社会主义市场经济体制"，这是对十二届三中全会提出"有计划的商品经济"的进一步突破①。1993年十四届三中全会通过的《中共中央关于建立社会主义市场经济体制若干问题的决定》进一步确定了这一发展方向，指出"建立社会主义市场经济体制，就是要使市场在国家宏观调控下对资源配置起基础性作用"。对此建立的"社会主义市场经济体制"的主要内容包括：一是建立现代企业制度，通过建立现代企业制度确立独立的市场参与者；二是扩大市场配置的范围，商品的价格需要体现竞争性市场的供求关系，以反映经济系统的健康程度；三是完善政府的宏观调控能力，实现政府对市场的宏观调节（郑永年 等，2020）。

---

① 对于商品经济理念的进一步深化在党的十三大到十四大期间经历了一段时期的争议，邓小平同志1992年初发表了南方谈话，确定了继续沿着市场经济方向的政策调整路线。

总结来看,不同于计划经济时期一直强调的"计划第一,价值规律第二"的价值规律需要在国民经济有计划按比例发展规律下发生作用的认知,国家对于价值规律的重要性的认知在这一时期逐渐深化。从改革开放初期,承认价值规律可以在国民经济有计划按比例发展规律之下发挥作用,即贯彻计划经济为主、市场调节为辅的方针,到20世纪80年代中后期强调计划经济与商品经济相结合,即希望计划和市场能够在经济的宏观和微观方面共同发挥作用。党的十四大提出"建立社会主义市场经济体制",标志着中国市场化改革越过了它的临界点(萧冬连,2013:67)。对此,在十四届三中全会中强调"转变政府管理经济的职能,建立以间接手段为主的完善的宏观调控体系,保证国民经济的健康运行"。这一段时期,国家对于价值规律重要性的认识不断上升,市场的作用上升为"在国家宏观调控下对资源配置起基础性作用",国家对于经济的直接手段被调整为间接手段为主的宏观调控,"国家计划是宏观调控的重要手段之一"(方福前,2008)。

(二)粮食既是重要物资,也是特殊商品

对国民经济有计划按比例发展规律以及对价值规律的认识,同样会延伸到对于作为农业部门产出的粮食的认识上。这一时期粮食的属性开始出现两种表述,即一方面粮食是关系国计民生的重要物资,另一方面粮食也是特殊商品。粮食作为农业部门的产出呈现出计划调节和市场调节两种属性,在不同时期计划属性和市场属性的偏重不同,总体来看,粮食呈现出特殊商品认知逐渐增强的趋势。表5-4呈现了这一认知的转变过程。在1983年国家对于粮食的认知还是"粮食是关系国计民生的第一位的重要物资",至1985年召开中央农村工作会议时,国家对于粮食的认知开始转换为"粮食生产又是低盈利的商品,农民要靠多种经营来补充收入",1993年开始明显转为"粮食是关系国计民生和社会安定的重要商品"。

而就粮食问题来看,国家开始强调粮食的商品属性与战略属性双重特征。

表 5 - 4　重要政策文件中对于粮食属性的政策表述

年份	文件或会议	内容
1983	《当前农村经济政策的若干问题》	粮食是我国人民的主食，又是食品工业、饲料工业的重要原料，从全局着眼，解决粮食问题必须建立在自力更生的基础上
1983	《国务院办公厅转发商业部关于完成粮油统购任务后实行多渠道经营若干问题的试行规定的通知》	粮食是关系国计民生的第一位的重要物资，要坚持计划经济为主、市场调节为辅的方针，坚持统购统销政策，坚持国家、集体和个人利益"三兼顾"和以丰补歉的原则
1985	农村工作会议（1985 年 12 月 5—21 日）	粮食是关系国计民生的不可替代的重要产品，粮食生产必须得到切实保证；粮食又是低盈利的商品，农民要靠多种经营来补充收入
1986	《中共中央、国务院关于一九八六年农村工作的部署》	粮食是关系国计民生的不可代替的重要产品，粮食生产必须得到切实保证，粮食又是低盈利的商品，农民要靠多种经营来补充收入，因此，粮食生产与多种经营必须统筹兼顾，密切结合，相互促进
1987	《把农村改革引向深入》	粮食是人民生活的必需品，任何时候都必须保持市场供应的稳定
1988	全国农村工作会议（1988 年 11 月 2—7 日）	农业仍然是国民经济的基础，粮食是基础的基础
1993	《国务院关于加快粮食流通体制改革的通知》	粮食是关系国计民生和社会安定的重要商品，在放开粮价、搞活经营的同时，必须进一步加强宏观调控，做到放得开、守得住
1994	《国务院关于深化粮食购销体制改革的通知》	粮食是关系国计民生的特殊重要商品
1998	《中共中央关于农业和农村工作若干重大问题的决定》	粮食是关系国计民生的战略物资
2000	《中共中央、国务院关于做好 2000 年农业和农村工作的意见》	粮食是农业的基础，也是结构调整的基础
2001	《中共中央、国务院关于做好 2001 年农业和农村工作的意见》	粮食是农业和农村经济结构调整的基础，也是当前农民特别是主产区农民收入的重要来源

国家对于经营粮食的商业部门的看法,也随着国家对于价值规律重要性的变化而呈现出一定的转变,即在粮食商业之中开始肯定价值规律发挥作用的商品经济。

针对粮食商品化运行的理念开始得以推广,其中最大的呼声是建立全国性的粮食流通市场,以应对粮食产量增加不时出现的农民"卖粮难"问题,以及因地方封锁导致的粮食流通不畅。针对这一点,1991 年国务院研究室课题组在提交给国家的关于农产品流通体制改革与政策保障的研究报告中着重提出:"仅仅在粮食价格的收或放等表象上调整而不进行市场的深层次构造很难形成成熟而发达的粮食流通市场。"(国务院研究室课题组,1992:50)

1991 年,时任国务院副总理田纪云在参观郑州粮食批发市场时提出了"粮食商品化,经营市场化"的思路,田纪云(2009:124 – 126)同志强调:"要逐步把用产品经济管理粮食的办法转向商品经济、市场调节的方向上来;要把粮食当商品,不要当产品;要用经营的办法搞粮食,不要用行政的办法搞粮食;粮食企业要自主经营、自负盈亏,不能再靠国家补贴,要从单一经营向多种经营转变。"

由此可见,在国家对粮食以及粮食商业的认识过程中,对于价值规律的重要性,即"粮食商品化,经营市场化"的认知逐步加深。着重强调成熟的粮食流通市场的建设与发展,需要包括两个方面。首先是市场经营主体创新,包括从生产者到经营者再到消费者(加工者)等市场主体的培育与重塑。其次是制度创新,包括市场规则的确立、政府宏观调控体系的健全等。

粮食流通运行主体是构成市场结构的重要微观基础,针对这些市场主体的改革成为建立成熟粮食流通市场的重要部分,这一部分涉及调整粮食流通中利益主体的结构问题。

三、粮食计划渠道和市场渠道叠加的利益结构

1979 年之后的粮食流通政策允许完成统购指标后的余粮在市场上出售,并且国有粮食部门可以参与粮食的议价收购与销售。在逐渐放开的粮食流通市场之中,国有粮食部门不再是粮食流通渠道中唯一分配主体。图5 - 1 呈现了国家在开放粮食经营渠道之后的粮食流通渠道。逐步放开的粮食流通市场将国家、种粮农民和消费者的利益分配分成了计划渠道和市场渠道两个渠道。计划渠道是指按照计划数量与价格执行的国家征购,并按

照计划数量与价格向国有粮食加工企业,以及城市居民提供的平价粮食的流通渠道。市场渠道是指计划外的市场性收购与经营,即在农村按照议价价格进行粮食收购,并为相关企业与居民提供议价粮食的流通渠道。由此可见,种粮农民、城市居民以及国有粮食企业面临的利益结构是计划渠道和市场渠道叠加的利益结构。

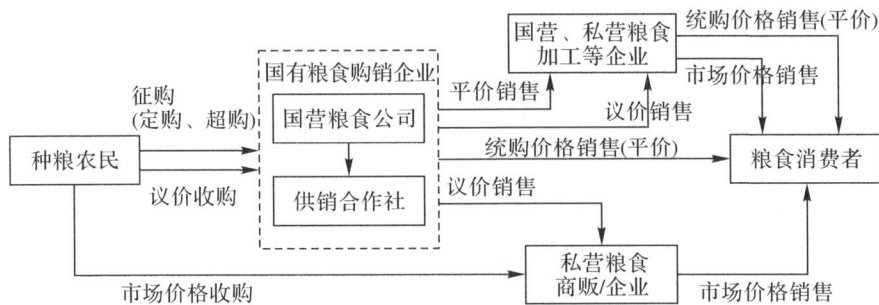

图 5-1　市场化时期粮食流通渠道

种粮农民在两个渠道叠加的粮食流通市场上,既可以在计划渠道和市场渠道中做出选择,也可以在计划渠道内的国家定购计划和超购计划中进行选择,这些叠加性的售粮渠道增加了农民实现利益的选择权利。随着家庭联产承包责任制的推行,以及计划外粮食销售渠道的出现,农民获得了对于农业生产剩余配置的权利,也增加了在市场上议价的权利①。当国家制定的粮食价格高于市场价格时,种粮农民获得了相当于价内补贴的收益。这种价内补贴,在不同时期表现为不同补贴类型,在 1985 年合同定购政策实施之前,通过表 5-1 可见,虽然粮食定购价低于市场价格,但是超购部分的粮食加上加价款的价格超过了粮食的市场价格,也正是此举刺激了农民的生产积极性。当粮食的定购价格低于市场价格时,农民也可以选择保存粮食、待价而沽,并减少下一年的种粮数量。1985 年出台的合同定购政策,将统购与超购价格合二为一,造成了新的定购价格长期低于粮食市场价,在一定程度上损害了农民的利益,粮食产量开始下降。由此可见,在逐渐放开的粮食流通市场之中,农民的囤粮行为以及生产决策,将开始对粮食市场产生影响。

城市居民在这一粮食利益结构之中的政策收益主要来自两个部分。其

①　1983 年《当前农村经济政策的若干问题》颁布之后,以生产队作为统购统销基础单位基本解体,农村的利益主体从 480 万个生产队变成 2 亿多个农户(董筱丹 等,2008)。

一,是持续地获得国家平价供应的粮食。自从 1979 年国家提高粮食收购价格并开放议购议销渠道之后,国家开始施行粮食倒挂补贴以及"议转平"补贴。这些补贴虽然给了国有粮食企业,但是实际的受益人是城市居民。因为平价供应的粮食价格一直低于市场价格,相当于这一部分的补贴直接从粮食生产者转移到消费者手中,直到 1993 年,城市居民始终享受着低价粮食的福利(柯炳生,1995:44)。其二,是在 1993 年粮食销售全面放开之后,国家依旧保持针对城市居民定购粮的定销指标,这种福利性质的分配直到 1998 年粮食改革之后才逐渐消失。但是粮食福利向城市居民倾斜也带来了一定的问题,一方面从 1979 年以来,城市居民收入提高,开始出现针对粮食不同的消费需求,国家垄断的粮食经营虽然保证了城市居民粮食供应的稳定性,但是抑制了城市居民对粮食的多样化的需求。另一方面,长期以来的粮食低价供应,开始产生浪费粮食现象,因居民造成的粮食浪费给国家带来了大量的财政损失。

国有粮食企业由于同时经营着粮食流通中的计划渠道和市场渠道,开始在这一时期逐渐形成自己的利益与行动动机。因为两种粮食流通渠道背后,是国家对国有粮食企业的两种政策期待,国家保留计划渠道是为了稳定粮食在城乡之间的供应。处于计划渠道的国有粮食企业需要保证政策执行,稳定市场供应。市场渠道出现的目的是活跃市场需求。国家于 1979 年放开国有粮食企业的粮食议购议销,国有粮食企业在经营时便需要考虑成本收益,获得盈利,由此国有粮食企业开始向逐利企业转型。

同时运营计划渠道与市场渠道的国有粮食企业开始出现行动困境。国有粮食企业作为计划渠道的经营者时,需要按照国家政策要求向消费者提供平价粮食,但是将粮食以低于收购价格的平价销售必然会带来企业亏损。对于这些政策性销售计划的执行,造成了国有粮食企业亏损的高速增长。从 1992 年到 1998 年,国有粮食企业亏损达 2140 亿元,平均每个月 1 亿元(柯炳生,1998)。另一方面,国有粮食企业作为市场渠道的经营者,为了实现企业利润具有逐利的本性。当粮食市场价格高于统购价格时,国有粮食企业为了创造利润,开始违反政策,对粮食进行"平转议",即将本来属于计划渠道的粮食,当作议价粮食出售以赚取高额差价①。

---

①　1988 年 12 月 14 日《人民日报》对此专门刊发《就粮食敲敲警钟:粮食经营、消费问题评述》一文,文中提出:"值得注意的是,流通领域中的混乱现象也渗透到一些国有粮食经营部门。他们经不住平议差价的诱惑,也干起了非法倒卖粮食、粮票的勾当。"

总结而言,这一时期的粮食流通因涉及利益结构开始逐渐复杂①,每一个粮食流通主体都开始形成独自的利益判断与行为。

四、粮食财权与事权分离的制度结构

1979 年到 2004 年期间,粮食流通的制度结构经历了诸多调整,这些调整主要是以中央与地方政府之间的权力和责任的分配为核心(熊万胜,2011)。图 5 - 2 展示了这一时期粮食流通制度结构。笔者旨在分析这一时期的制度结构特征对于后续政策调整的影响。总结来看,这一时期的粮食流通体制包括粮食事权的权责分配与粮食财政的权责分配两个方面。

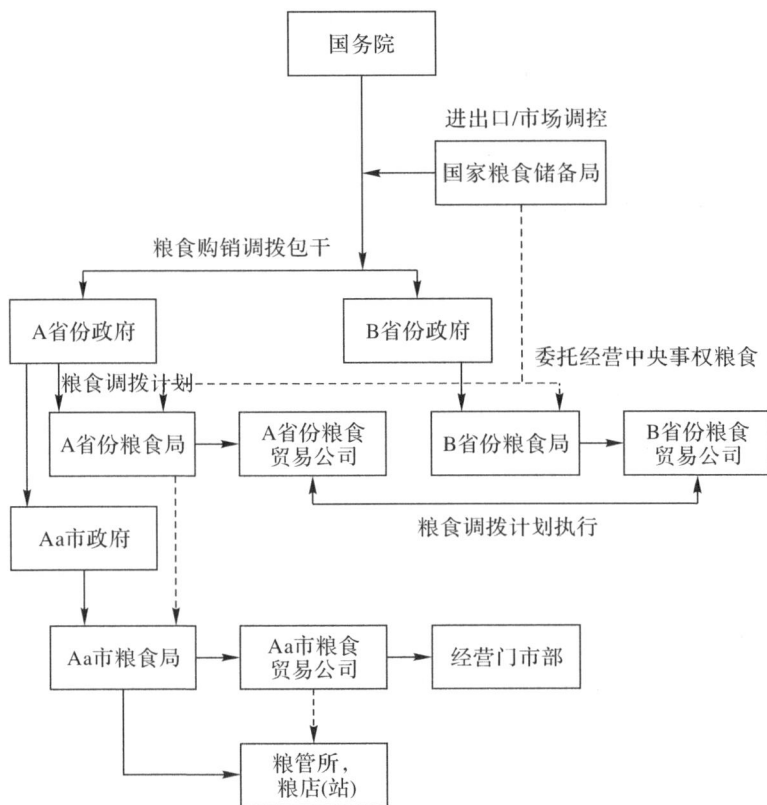

图 5 - 2 粮食流通制度结构

---

① 这一点在 1993 年颁布的《关于加快粮食流通体制改革的通知》中提道:"粮食价格放开,要兼顾生产者、经营者和消费者的利益,注意保护粮食生产,稳定粮食市场。"

粮食的事权分配主要是指粮食的购销和调拨权力在中央和地方政府之间的分配。1980 年,国家财政部门开始采用"划分收支,分级包干"的中央和地方财政新体制,1982 年国家粮食统一调拨的形式开始被调整为"粮食征购、销售、调拨包干一定三年"。政策的主要内容为省(市、自治区)根据当地实际情况确定粮食的包干总量,在粮食包干总量内,地方可以根据自己的情况确定粮食定(统)购与销售数量。多购少销的部分则由地方掌握,并在粮食丰歉年度进行调节。粮食包干总数三年统算,地方确定的粮食调出总数必须如数完成,调入总数不得突破原先确定的数量。1986 年,粮食购销、调拨、包干政策进一步完善,即允许各地区之间在包干范围之外协商议价购销,保证粮食区域平衡的任务被逐渐地调整给地方政府①。

地方粮食购销包干制度一直持续到 1993 年粮食流通制度改革,这一时期形成了中央和省(市、自治区)两级粮食管理结构。《国务院关于实行"粮食征购、销售、调拨包干一定三年"的粮食管理办法》规定的中央和地方的粮食事权分配包括:"国家储备、中央直接掌握的周转库存、省间调拨、归中央支配的议价转平价粮食、军粮、棉糖奖售粮、进口和出口,由中央统一管理;粮食征购、销售、定额周转库存、议价粮库存、代队储备,由省、市、自治区统一管理。"

粮食财权分配是指对粮食财务制度结构的调整,主要内容包括以下方面②。

首先,国家与国有粮食企业之间粮食财务实行盈亏两条线管理。这一政策起初通过对经营平价粮油的政策性亏损进行定额补贴,随后将政策性补贴与企业经营成果分开管理。1980 年,粮食部、财政部联合颁布《粮食商业企业政策性亏损定额补贴试行办法》,试行对国有粮食企业的政策性亏损定额补贴。1987 年实行粮食财政包干后,国有粮食企业平价粮油经营的净亏损(扣除企业利润后)被纳入地方财政清算,国有粮食企业盈利的利润(或

---

① 《中共中央、国务院关于一九八六年农村工作的部署》中有:"1986 粮食年度起,对各省、自治区、直辖市实行粮食调拨包干,并对调拨价格和财政补贴办法作适当调整。包干以外需要调出、调入的粮食,由各地区自行协商议价购销。"

② 根据 1987 年颁布的《国务院批转商业部关于当前粮食工作中几个问题请示的通知》,中央决定对粮食购销调拨和粮食财务实行包干办法。

改革后的利改税）向地方财政缴纳①（余新平，1991：1－52）。

盈亏两条线管理反映了粮食流通计划渠道与市场渠道在国有粮食企业财政管理中的分化。计划渠道内的粮食经营由国家财政补贴，市场渠道的盈亏则由企业自行承担。然而，由于国有粮食企业同时经营计划渠道与市场渠道，政策性亏损与经营性亏损难以区分，这可能诱发企业利用两条线管理进行投机。这种投机行为主要表现为：一方面，政策性亏损支出抵消企业经营效益，削弱企业经营活力；另一方面，政策性补贴掩盖经营亏损，助长企业的寻租行为。

其次，政策性粮食财务实行中央和地方分级负责的结构。1979 年粮食统购价格上调后，中央政府决定划分中央和地方的粮食补贴责任。被列入中央财政预算的政策性补贴主要包括粮油超购加价款②、议转平差价支出③、新增储备粮食的费用补贴、超库存粮食费用补贴④、省间粮油调拨经营费用补贴。列入地方财政预算的补贴包括粮油提价补贴和粮油费用补贴，以及地方的其他关于粮食的政策性财政支出。

粮食财务由中央和地方包干，增加了国有粮食企业在财政上出现挂账亏损的风险。通过粮食购销调拨包干制度，中央按照包干基数将经费拨付给地方，同时，地方将承担粮食经营可能产生的风险。这种分配方式容易导致中央和地方相互推卸责任，从而增加地方挪用补贴资金的可能性（傅林明，1991）。由于国有粮食企业可以获得低息贷款，地方政府倾向于将财政欠款集中在粮食部门，导致企业迟迟得不到补贴，无法弥补亏损，形成较为严重的资金挂账问题（杜军，2001）⑤。

───────────────

　　①　净亏损纳入地方财政清算的方式在各省试行的情况不同，主要包括：省级粮食主管部门统一管理，在粮食系统内进行指标分解（实行这种模式的有吉林、湖南、河北等省份）；省级财政预算下放到县级行政部门；分级预算、分级管理，在下放财务管理权限的同时，基层政府和企业需要将补贴留在省级粮食主管部门（李俊玲，1991：54－55）。

　　②　这一部分的补贴计算经过几次调整，在 1982 年实行粮食征购调拨包干之后，超购加价款开始不按照实际超购数量补贴，而是根据地方核定的包干比例结合征购基数计算得出。在 1985 年进行粮食合同定购政策之后，超购加价款的粮食价格开始按照"倒三七"比例计算。

　　③　超购加价款和议转平差价款在 1987 年同时实行粮食购销调拨和粮食财务包干之后被同时按照包干基数包干给地方，超支不补，节余留用，一定三年。

　　④　1985 年之后为应对"卖粮难"，粮食企业开始多购多存粮食，造成经营亏损，对此中央对地方超周转库存定额多存粮食进行补贴。

　　⑤　杜军（2001）指出，粮食企业的财政补贴下放过程中存在地方政府截留、挪用的现象，一些截留财政补贴的方式包括强迫国有粮食企业以现金支票形式支取下拨到国有粮食企业的财政补贴，或者以要求企业归还欠款为由对企业的财政补贴进行抵扣。

结合上文对于粮食流通制度结构的分析,可以看到这一时期的制度结构不同于统购统销的"四统一"结构,粮食事权和粮食财权开始分离。这一举措增加了粮食流通的运行成本,也成为后续粮食流通政策调整的制度限制。这一限制如何发生作用将在下一节进行分析。

表 5-5 呈现了市场化时期粮食流通政策体制的主要特征。

表 5-5 市场化时期粮食流通政策体制的主要特征

政策体制	内容	说明
政策理念	粮食作为一种战略物资,保证农村和城市人人有饭吃,保障国家经济建设	1.粮食是关系国计民生的重要物资,粮食流通系统需要保障粮食供应。 2.粮食是关系国计民生和社会安定的重要商品,在放开粮价、搞活经营的同时,必须进一步加强宏观调控,做到放得开、守得住
利益主体	国家、城市居民与农民	1.在城市粮价过高会损害城市居民的利益并阻碍工业经济发展。 2.放开议购议销渠道后,农民开始具有议价能力,过低的粮食收购价格将会损害农民生产积极性。 3.政府对国有粮食企业社会责任的要求与国有粮食企业自主经营之间存在矛盾,国有粮食企业开始不再是单纯的执行政策的行政部门,开始关注自主经营的企业利益
制度结构	粮食流通中粮食事权与粮食财权分离	1.保证粮食供应的责任从中央转为发挥中央和地方的积极性。 2.出现了为了保证中央宏观调控的粮食事权上收,以及减轻财政负担的粮食财权下放的粮食财权与事权分离现象

第二节 政策目标振荡模式的动力机制

这一时期的政策变迁呈现目标振荡变迁过程,即在政策调整中,企图实现粮食流通市场化的政策工具,经常被企图维持粮食供应的指令性工具所干扰,而呈现出政策工具的波动式演进过程。可见,这一政策变迁模式受到了不稳定的政策体制的影响,主要原因在于国家经历了很长一段时间的对经济中计划部分和市场规律调节关系的争论。对于计划与市场的关系的不确定的理念,发展出不稳定的政策目标与政策工具,进而出现来回摆动的情况(熊思远,1993)。粮食商业的产品经济和商品经济两种理念,塑造出两个流通渠道叠加的利益结构,以及粮食财权和事权分离的制度结构。由于缺少能够缓冲政策消极反馈效应的设计,这种冲突的利益结构和制度结构产生了政策的过度反馈过程,进而造成政策的振荡性调整。以下将针对这一政策体制产生的过度反馈机制进行说明,主要包含如下内容:首先,分析这一时期粮食流通过度反馈机制的形成;其次,结合过度反馈机制解释 20 世纪 90 年代粮食流通政策出现反复的原因;最后,对这一时期粮食流通政策变迁及其动力机制进行总结。

一、政策目标振荡模式的动力机制

(一)粮食双重属性认知发展出内在冲突的政策工具

由于国家对价值规律重要性的认识不断上升,开始强调"在国家宏观调控下对资源配置起基础性作用",国家对于经济直接干预的手段,被调整为以间接手段为主的宏观调控。这一认知理念的转变在粮食流通之中形成了"粮食商品化、经营市场化"的粮食商业理念。粮食的商品属性与公共物品属性,对于政策工具的使用存在冲突。前者需要发展按照市场配置发挥作用的政策工具,而后者则需要政府发挥作用的政策工具。这一时期,国家还没有完全意识到这两组政策目标与工具的内在冲突。于是这一时期形成了一套基于价值规律作用的商品经济目标与政策工具组合,以及一套基于国家按比例发展规律作用的国家指令性目标与政策工具组合。

在价值规律的重要性再一次获得了认可之后,流通部门在经济部门中的重要性凸显出来,因为只有通过流通过程,商品才真正地具有了"使用价值"(孙冶方,1978)。这意味着,依照价值规律运行的流通部门,不仅需要具有反映商品使用价值的机制,还需要反映出商品的供求情况。粮食的商品属性被认可之后,粮食需要按照价值规律在流通部门流通。价值规律下对重要政策目标与政策工具的使用,就是要求粮食价格按照供求形成。国家对于价值工具的使用呈现为逐步深入的过程,在有计划商品经济时期,国家承认了商品价格可以引导供求的机制,于是强调提高粮食的购销价格、放开"议购议销"以调整粮食的供需矛盾,在社会主义市场经济时期,则开始探索粮食价格由市场来决定,以反映粮食的供求关系。

粮食作为公共物品的属性,则需要按照国民经济有计划按比例发展规律设计政策工具,要求国家在"如何进一步理顺和疏通农村商品流通渠道,如何衔接产销关系等"问题上发挥作用。国家需要引导流通部门衔接粮食的生产与消费过程,并保证粮食供应以及粮食市场的稳定。基于这一政策目标发展的政策工具需要国家保证稳定的粮食储备、调整和管理流通领域中的粮食价格,并适时地限制粮食流通市场中的参与主体。

粮食作为商品与公共物品的政策工具实际上存在冲突,前者需要市场配置发挥作用,而后者则需要政府发挥作用。相互冲突的政策目标与政策工具若要相互兼容,前提是需要存在分工合作的利益结构与制度结构。在建立社会主义市场经济的初期,这样的利益与制度结构尚未发展成熟,由此引发了政策变迁的目标振荡。

(二)变革中的国家制度能力难以维持稳定的政策工具调整

基于这一时期"战略物资"与"商品"双重认知发展出的粮食流通政策理念,产生了两组需要同时实现的政策目标与政策工具。兼顾这些不同的政策目标的努力削弱了国家的制度能力,致使能够缓冲政策消极反馈效应的机制出现缺失。这一结构性缺失,直接体现在粮食事权和财权两个方面,下面将对这两种压力分别进行解释。

1.平衡利益结构的努力削弱了国家的财政能力

通过分析粮食流通利益结构,国家在粮食流通计划渠道之中,依旧扮演利益分配者的角色。为了兼顾各方的利益,国家对农民、城市居民以及国有企业都进行了大量的财政投入。国家这一时期为了维持粮食计划渠道所付出的财政成本包括以下方面。

首先,调高粮食收购价格以刺激农民种粮积极性,体现为1979年开始的持续调高粮食征购价格、超购加价等方面,对粮食财政支出迅速增长。1979年粮食部门的财政补贴为78.1亿元,而至1984年这一补贴已经增加到209.2亿元,平均每年增长21.03%(赵德余,2017:177)。1985年,国家为应对粮食财政压力,提出了"倒三七"的比例计价以及合同定购改革。这一改革只是针对粮食收购价格的结构性调整,粮食的收购价格依旧是国家制定的。由于按比例计算的粮食价格低于超购价格(参见表5-1),使农民无法通过超购策略获得更高的收益。因农民自发调整农业种植结构导致的粮食减产,引发了国家对于粮食"保证供应"功能的重要认识,对此田纪云同志 1985 年 10 月在全国粮食局长会议上听取汇报后再一次强调"应该十分强调把粮食生产摆到一个重要的地位"（宋文仲 等，2001：85）。对此国家再一次以提价压销的形式调高粮食价格，增加农民收益[①]。如图 5-3 所示，国家针对粮棉油的财政补贴仅在少数年份稍微下降，大部分年份的财政补贴都在增加。

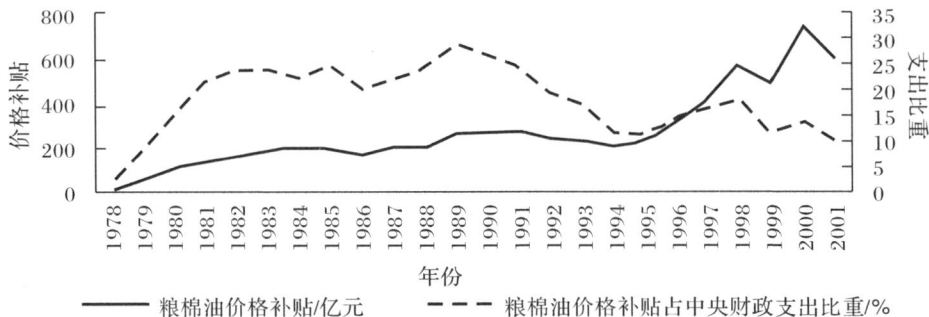

图 5-3　中央财政支付的粮棉油价格补贴以及财政收入占比

　　其次，增加粮食"暗补"以保护城市居民的利益。国家开始通过对国有粮食企业经营的粮食进行补贴以保证粮食的平价供应。20 世纪 80 年代国家在粮食部门财政补贴的主要内容包括粮油超购加价补贴、议价粮转平价供应差价补贴、多购多上调粮食费用补贴（后改为超定额存储粮食）、国家新增储备粮油补贴。从补贴内容来看，除了超购加价补贴是补贴给售粮的农民，其余的粮食经营补贴全都补贴给了经营粮食的国有粮食企业。复杂的粮食价格结构产生的利益结构[②]，增加了国家的财政负担，因为为了维持粮食的计划渠道经营所产生的补贴，几乎都集中在中央财政领域。

　　上述针对粮食生产与消费两个领域的高额财政补贴，再加上"分灶吃饭"财政体系下中央财政能力的下降，1978—1992 年政府财政收入占 GDP比重从 32% 下降到 15%，中央政府在政府总收入占比中从 1985 年的 41%下降到 1992 年的 22%，其中粮棉油领域的财政补贴从 1980 年开始占中央

　　[①]　在中央财力受限的情况下，为了保证国家定购粮食的交售，国家采取了粮食与化肥、柴油挂钩的办法，即对于完成定购任务的农民供应平价化肥、柴油并发放预购定金。
　　[②]　这一时期执行的粮食价格主要有四种：统购价格，即国家向农业生产单位和国营农场统购粮食的价格，也就是国家计划市场的计划收购价格；统销价格，即国家出售商品粮给消费者的价格，也就是国家计划市场的计划销售价格；粮食调拨价格，即粮食商业系统内部商品粮调拨价格；粮食议价，即生产队完成征购任务后，粮食部门在余粮较多的地方协商收购的价格。粮食调拨价格反映的是各粮食企业之间的经济关系（田锡全，2014：218）。

政府财政收入的 20% 以上。这一严重的财政包袱成为粮食流通政策调整的一个巨大限制与改革理由。

2. 粮食财权与事权分离的制度结构限制了国家的粮食调控能力

在粮食流通领域发展商品经济,首先需要激活企业等微观运行主体,对此国家在 20 世纪 80 年代不断下放粮食系统的财务权力,进而形成了粮食系统内财权与事权分离的制度结构。这种粮食财权和粮食事权相分离的制度结构,对于建立全国统一的粮食市场起到了阻碍作用(熊万胜,2013:107)。最直接的阻碍作用就是削弱了国家对粮食市场的调控能力。这种制度能力的削弱,一方面体现在地方执行中央的调拨政策上,另一方面体现在国有粮食企业执行国家平抑市场的政策上。

对于中央的宏观调控能力来看,粮食管理和粮食财务管理脱节,直接影响国家对粮食的调拨能力。在 1982 年和 1987 年,粮食调拨包干的政策,强调计划内的粮食调拨权由中央政府掌握,特别是在粮食供不应求时,中央政府控制着调拨的数量①。然而,粮食财务管理逐渐下放到地方,通过"分灶吃饭"的方式,地方政府负责管理粮食库存、人力、财务以及粮库的运营,包括执行粮食调运以及管理经营粮食所需要支付的财务经费。

虽然中央控制着粮食的调拨计划,但粮食调拨背后的财政补贴和财务问题需要相应地进行调整,而这些财务指标已经包干给地方,无法灵活变动,导致粮食调拨困难。因此,中央粮食部门虽然有调拨权,但缺乏调整已经被包干到地方上的财政指标的能力。为了避免超出本地粮食财务指标,地方政府即使有调拨任务,也可能会选择不执行国家的粮食调拨计划。李俊玲(1991:57)在调查中发现一些地区有粮食仓容,但是调不进去粮食,原因在于本地区粮食亏损指标解决不了,因此无法调进粮食。郑效畏(1999:195)也发现在 1985—1986 年间,不论是产粮省份,还是缺粮省份,绝大部分都采取了禁止粮食流向外地的强制手段,这种禁止粮食外流已经和地方经济效益关系不大,更多的是因为粮食财务指标难以突破。

①　1988 年国家建立购销调拨包干制度,要求地方配合国家的宏观调控,当年《国务院关于加强粮食管理稳定粮食市场的决定》重申"国家粮食储备和周转库存,粮权属于中央,必须服从统一调度,决不允许以任何借口有粮不调。必须以严格的纪律保证国家粮食调拨计划的完成,对不按计划如数调出粮食的,要追究省长的责任"。但是,由于购销调拨包干,激励了地方政府维持本地粮食供求平衡的动力,使其少有动力去协助中央调出粮食,因此这一政策执行效果并不理想。

粮食财权与粮食事权分离所造成的国家调控能力的削弱，还体现在国有粮食企业逆市场化操作上。中央和地方财政之间的分配不明，导致国有粮食企业在财务上无人管理。一方面，国有粮食企业需要自负盈亏，甚至成为地方政府的财政来源①；另一方面，这些企业作为保证粮食供应、平抑市场波动的重要单位，却难以在经营上自主决策。由于国家掌握着国有粮食企业经营的一些救灾用粮、军队用粮的专用粮食计划，地方国有粮食企业难以估计这些业务变化对企业自身财务收支的影响，因此影响了国有粮食企业的经营绩效（余新平，1991：2－52）。

国有粮食企业在财务上需要自负盈亏，但在业务运营中却缺乏自主权，导致了它们需要执行国家的粮食政策，却不得不自己承担政策性亏损。这种矛盾让企业在实际操作中与国家的目标脱节，逐渐演变为"官商"，以逆市场化的行为追求经济效益（郑效畏，1999：198）。

国家同时执行两套不同的政策目标和工具组合，削弱了整体的制度能力。虽然允许国有粮食企业通过市场渠道进行粮食买卖，但同时还要求它们完成计划内的国家定购任务。这形成了计划内和计划外双轨运行的模式，两种粮食流通渠道交织的利益结构对协调粮食流通的政策产生了负面影响。为了解决宏观调控能力和制度结构上的问题，国家开始不断出台旨在改善这些问题的政策。

二、市场化时期的政策波动解释

（一）粮食流通市场化的调整与反复

1990 年通货膨胀水平由 1988 年的 17％下降到 2.1％，全国粮食产量也回升到 4 亿吨的水平。在粮食形势较为宽松的背景之下，国家的粮食流通政策调整开始再一次向市场化方向发展。1991 年国务院副总理田纪云在参观郑州粮食批发市场时提出了粮食商品化与粮食经营市场化的思路（田纪云，2009：124－126）。粮食流通政策调整速度明显加快，1991 年粮食销售价格上调，政府减少了城市粮食补贴，以此将城市消费者引入市

---

① 因为粮食补贴的逐年增长，以及粮食企业财务管理权逐渐下放，增加了地方政府财政压力，地方财政选择不介入的状态（对于粮食企业的补贴不发放），与此同时，国有粮食企业的财务被调整到地方财政，而直接负责国有粮食企业的粮食主管部门也放松了粮食企业的财务管理（余新平：1991：18）。

场。1992年推行"购销同价",试图彻底消除城市粮食补贴,进一步缩小粮食购销价格倒挂,取消了大米专营,粮食销售端市场化的政策调整契机逐渐成熟。

1993年更为全面的粮食市场化政策开始推行,《国务院关于加快粮食流通体制改革的通知》和《中共中央、国务院关于当前农业和农村经济发展的若干政策措施》两份文件推动粮食流通领域的"两放""两化"[1]。政策主要包含下述几方面内容。

①稳步放开粮食价格与经营,实行购销同价,在粮食销售方面取消了粮票。

②在粮食收购方面,实行"保量放价",即保留定购数量,收购价格随行就市。

③对粮食进行保护价制度,同时建立粮食风险基金与储备制度,对农业生产资料实行最高限价,改粮棉"三挂钩"为价外加价。

④全面放开粮油经销市场,允许和放开多种成分与多种经营渠道进入粮油经营市场,改省间粮食计划调拨为市场交换。

由于一些省份已经开始推动粮食销售端的流通体制自下而上的改革,这一放开粮食价格的举措进行较为顺利,1993年底全国95%以上的县市放开了粮食销售和经营。

从1993年粮食流通政策调整的具体措施来看,这是一次全面的市场化改革。但是由于这一次市场化调整,不仅在粮食流通领域,还在其他诸多领域,包括分税制、汇率并轨、放开价格等市场化改革等政策的推出,刺激了国内需求的增长。1993年11月劳动部颁布《再就业工程》和《农村劳动力跨地区流动有序化——"城乡协调就业计划"第一期工程》,推动农村劳动力跨地区流动,随之而来1993年下半年开始南方省市早籼稻出现供应不足,从而引发了以粮食以及农副产品价格上涨为核心新一轮通货膨胀,国家动用了400亿斤中央储备粮才平抑了粮价。

突然上涨的粮食价格打乱了粮食流通走向市场化调整的步骤,为了应对上涨的粮食价格,1994年国务院发布《关于深化粮食购销体制改革的通知》,部署了一系列粮食购销领域的重新调整,包括以下方面。

---

[1] 即放开价格、放开经营,粮食的商品化、经营市场化。

①国家要按照掌握社会上 70%～80% 的商品粮的目标进行粮食收购,以掌握足够粮源。

②建立粮食吞吐调节机制,掌握粮食市场批发渠道以平抑市场粮食价格。

③将"保量放价"转换成"提价定购",提高粮食定购价格,粮食在收购端依旧保留一定的国家定购计划。

从这些政策可以看到,1993 年的政策内容除了实现了粮食价格的并轨,在其他领域基本放弃了"放开经营、放开价格"以及"粮食商品化、经营市场化"的趋向(卢锋,2004:16)。

1995 年到 1997 年粮食流通政策处在调整时期,为保证粮食稳定供应,这一时期的政策包括以下方面。

①在粮食收购计划上,继续稳定地执行国家定购粮政策[①],调高定购粮食价格且价格继续由国家制定。

②稳定降低生产资料价格,降低农业生产成本以提高农民生产积极性。

③除了定购粮食的部分,确定了按照保护价敞开售粮的政策,即由国家制定粮食保护价格标准,当粮食市价低于保护价时,由国有粮食企业按国家制定的粮食保护价敞开收购余粮,以防止再次发生"卖粮难"现象。

持续进行的按照保护价敞开收粮政策给国有粮食企业带来的巨大的库存压力以及财政亏损。从表 5-6 可知,从 1995 年到 1998 年国家粮棉油价格补贴增长了 147%。与巨额财政补贴同时出现的是大量的库存积压,从 1995 年开始国家定购粮食总额开始超过政策性销售总额,1997 年粮食政策性销售数量大致为国家粮食定购数量的 60%。从销售总额与收购总额的比较来看更是如此,1997 年国家粮食政策性销售与市场销售总计为 5484.5 万吨,仅为收购总额的 48%,产生了大量粮食库存。国有粮食企业的这种高收购与低销售的情形,加重了其亏损与挂账,不论从粮食库存总量来看,还是从财政亏损总额来看,这样的粮食流通系统运行都难以为继。

---

①　1995 年《中共中央、国务院关于做好 1995 年农业和农村工作的意见》做出定购粮食的使用规定:"国家定购的五百亿公斤粮食的粮权属国家,由省一级政府使用,主要用于当地城镇低收入居民、农村缺粮人口的基本口粮供应和增加地方储备。这部分粮食的销售办法和销售价格,由各省自行确定。"

表 5 - 6　粮食收购、销售与粮棉油价格补贴(1990—2003 年)

时间	粮食总产量/万吨	国家定购数量/万吨[a]	国有粮食企业与供销合作社收购量/万吨	国家粮食政策性销售数量/万吨	国家粮食市场销售数量/万吨[b]	定购粮比重/%	粮棉油价格补贴/亿元
1990	44624.3	—	12364.5	—	—	—	267.61
1991	43529.3	4749.3	11423	7437.8	2995.2	41.58	267.03
1992	44265.8	4534.4	10414.4	5183.6	3816.4	43.54	224.32
1993	45648.8	5066.1	9234			54.86	224.75
1994	44510.1	4464.1	9226.4			48.38	202.03
1995	46661.8	4617.8	9443.8	3851.4	3255.7	48.90	228.91
1996	50453.5	5012.5	11919.8	2665.5	2784	42.05	311.39
1997	49417.1	4549	11535.4	2688.2	2796.3	39.44	413.67
1998	51229.53	4020.2	9654.5	1738.3	2419.3	41.64	565.04
1999	50838.58	—	12807.7				492.29
2000	46217.52	—	11695.1				758.74
2001	45263.67	—	11784.2				605.44
2002	45705.75	—	10826.3				535.24
2003	43069.53	—	9717.1				550.15

资料来源:《改革开放以来粮食工作史料汇编》。

a.包括农业税征实与计划统购(或合同定购)的总和[数据来源《当代中国粮食工作史料》(下)]。

b.包括议价销售、奖售粮等[数据来源《当代中国粮食工作史料》(下)]。

国有粮食企业亏损产生的大量财务挂账,大量挤占银行信贷资金,成为引发金融风险的因素。1995 年以来保护价敞开收购下的粮食生产"已经达到一个阶段性的、相对过剩的阶段"(朱镕基,2011a:386)。粮食市场价格开始走低,国家的通货膨胀压力减小。从 1990 年开始建立粮食储备体系,到 20 世纪 90 年代中后期,国家粮食储备几乎都创造了历史新高。为了解决这些问题,在 1998 年提出了以粮食流通体制为首的经济改革措施,决定彻底解决粮食流通内部存在的问题。1998 年 5 月 10 国务院出台《进一步深化粮食流通体制改革的决定》,开始了新一轮粮食流通政策调整。这一调整延续了 1996 年的政策路线,将"四分开,一并轨"调整为"四分开,一完善",主要内容包括以下方面。

①政府粮食行政管理职能与国有粮食企业职责分开,所有国有粮食企业都要面向市场进行政企分开。

②明确划分中央和地方政府对于粮食流通的责任,中央不再负责地方

定购粮食的开支。

③储备粮和国有粮食企业的经营周转粮分开管理、分开经营。

④国有粮食企业新老亏损挂账分开，由中央财政和地方财政分担归还。

⑤完善粮食价格形成机制，国家对粮食价格的调控转变为间接调控，省级政府根据中央精神确定粮食定购价与销售限价。

为了保证粮食流通体制改革的有效推行，国务院进一步提出"三项政策，一项改革"，即按照规定范围以保护价敞开收购农民余粮、国有粮食企业实行顺价销售、对收购资金实行封闭运行和加快国有粮食企业改革。1998年的粮食改革旨在将国有粮食企业彻底变成市场行为主体，而非政府的执行机构，但也因为赋予了国有粮食企业在粮食流通系统中垄断地位而引起了较大争议。

接下来一段时期，国家将粮食流通政策的调整重点转移到调整粮食种植结构以及继续扩展粮食储备仓容方面。这些政策调整包括以下内容。

①调整保护价收购范围，并开始采用一些行政手段调整粮食种植结构①。

②强调坚持按保护价敞开收购的前提下，适度放宽粮食收购市场准入条件，一些国有粮食加工企业开始获得进入农村粮食市场进行收购的资格。

③部分地区开始了粮食购销全面市场化的试点，即全面取消指令性种植计划和粮食定购任务，粮食市场全面放开，允许多种所有制主体参与粮食经营，粮食价格随行就市，其中粮食行政管理部门与下属经营性企业全部脱钩，行政领导不允许兼任粮食企业领导，国有粮食企业全面改制为市场主体。这些调整举措在 2001 年《国务院关于进一步深化粮食流通体制改革的意见》中被总结为"放开销区、保护产区、省长负责、加强调控"的总体思路②。

---

① 1999 年《国务院关于进一步完善粮食流通体制改革政策措施的通知》调整了粮食保护价收购的范围，要求"黑龙江、吉林、辽宁省和内蒙古自治区东部、河北省北部、山西省北部的春小麦和南方早籼稻、江南小麦，从 2000 年新粮上市起退出保护价收购范围"。2000 年《国务院办公厅关于部分粮食品种退出保护价收购范围有关问题的通知》，要求部分粮食品种退出保护价收购范围。虽然这一段时期粮食产量不高，但是国家也没有实施过度的刺激措施，主要是因为粮食产品结构相对不合理。在这一段时期内国家采用各种手段调整粮食种植结构。"减粮增效"成为这一段时期农业结构调整的核心内容。

② 其中，"放开销区"，是指放开主销区粮食收购、粮食市场和粮食价格；"保护产区"，强调的是保护主产区粮食生产能力和经济利益，特别是农民的种植积极性；"省长负责"，即要求落实和完善粮食省长负责制；"加强调控"，重点在增强国家对粮食调控的能力。该意见开始强调发挥市场机制对粮食购销和价格形成的作用，逐步形成适合社会主义市场经济发展要求的粮食流通体制。

1990—2003 年粮食流通政策的调整措施见表 5-7。

表 5-7　1990—2003 年粮食流通政策的调整措施

时间	政策措施
1990 年	1. 取消省际"议转平"大米调拨计划,所需大米通过省际议价渠道调剂,在省市县建立粮食储备制度。 2. 改善企业经营机制,平价粮食企业的政策性亏损和盈利企业的利润要逐渐形成收支两条线,将国家粮食补贴和企业经营亏损分开计算。 3. 根据《国务院关于建立国家专项粮食储备制度的决定》,建立国家专有储备粮食制度,确定筹备国家粮食储备局,建立储备基金和风险基金,当年专储粮食 1750 万吨至 2250 万吨。 4. 继续压缩平价粮销售数量。 5. 建立郑州中央粮食批发市场,并陆续建立其他粮食批发市场
1991 年	1. 调整统销价格,三种主粮(面粉、大米、玉米)全国平均统销价格每斤提高 0.1 元,食用油购销同价。 2. 根据《国务院关于进一步搞活农产品流通的通知》,要求在保证完成国家定购任务的情况下,对粮食实行长年放开经营的政策,取消大米由粮食部门专项经营的规定。 3. 第一家从事远期合同交易的郑州商品交易所成立。至此,建立了以国家粮食批发市场为龙头、以区域性批发市场为骨干、以遍布全国城乡的初级市场为基础的三级粮食市场体系
1992 年	1. 各省份可根据自身情况进行粮食流通体制的改革,除保证国家定购的 500 亿斤粮食外,各省份可以自行确定余粮的调剂和流通。 2. 分品种提高粮食定购价格①,同时继续提高粮食统销价格,基本实现购销同价。对城镇职工进行粮价补贴
1993 年	1. 根据《国务院关于建立粮食收购保护价格制度的通知》,制定了收购保护价格标准。建立粮食收购保护价格制度,实施范围限于原国家定购和专项储备的粮食,改进粮棉"三挂钩"兑现办法,由按平价供应实物改为以货币方式付给。 2. 建立中央和省两级粮食风险基金。放开粮食市场,从计划调拨向转入市场调节目标迈出重要一步。各省市区首次签订粮油购销合同(产销区直接订货是粮食流通体制改革的一种新的尝试)。 3. 建立中央、地方和农村相配套的三级粮食储备体系

---

① 全国平均每 50 公斤中等质量标准提价:小麦 6 元、籼稻 3 元、玉米 3 元。

时间	政策措施
1994 年	1. "保量放价"（国家定购 5000 万吨），对于国家定购部分粮食继续实行"三挂钩"的价外加价，并实行保护价收购制度，保护价每年确定一次。于 5 月 13 日提高稻谷、小麦、玉米、大豆的国家定购价格，平均定购价比 1993 年提高 44.2%。 2. 6 月 2 日，调整粮食销售价格，对主要粮食品种实行国家定价，对低收入居民进行定向补贴额。 3. 根据《国务院关于深化粮食购销体制改革的通知》，要求省、自治区、直辖市政府领导，负责本地区粮食的总量平衡。建立中央和省两级粮食市场风险基金制度，形成粮食集贸市场、批发市场和期货市场三级市场体系。 4. 对非国有粮食经营主体严加规制，用行政手段加强国有粮食部门在流通领域主渠道的作用。国有粮食部门必须收购社会商品粮的 70%～80%，即 9000 万吨左右
1995 年	1. 坚持完善粮食省长（自治区主席、直辖市市长）负责制（"米袋子"省长负责制）。 2. 进行粮食部门体制改革，将政策性业务和经营性业务分开，建立两条线运行机制
1996 年	1. 上调粮食国家定购价格，四种主粮收购价格每 50 公斤提高 15 元，降低化肥等生产资料价格。 2. 调整粮食销售价格制定办法，中央负责制定粮食销售价格的基本政策以及作价原则和办法，地方政府根据中央政策和当地情况制定具体价格管理办法与价格水平。 3. 在保证国家定购粮收购的同时，要求敞开收购议价粮。 4. 确定粮食流通体制改革的基本思路是"四分开，一并轨"，即政企分开、储备和经营分开、中央和地方权责分开、新老财务账目分开，粮食定购价格与市场价格并轨
1997 年	1. 确定按保护价敞开收购议价粮，保护价水平按照定购基准价执行。 2. 确定粮食系统扭亏增盈工作要求，比 1996 年末减亏 20%
1998 年	1. 按照"四分开，一完善"要求进行流通体制改革。 2. 确定粮食工作的重点是"三项政策，一项改革"，粮食定购价格制定权力下放（原则上参照市场价格），并赋予国有粮食企业以垄断地位①。 3. 对中央储备粮进行垂直管理
1999 年	1. 部分粮食品种退出保护价收购范围，如对东北的春小麦、南方的早籼稻、江南长江沿岸的小麦，调低保护价，并于第二年退出保护价收购范围。 2. 允许粮食加工、饲料、饲养、酿造、医药等用粮大中型企业直接到农村收购，但仅限于自用，严禁倒卖

---

① 1998 年《国务院关于进一步深化粮食流通体制改革的决定》要求："定购粮收购价格，由省级政府按以下原则确定：当市场粮价高于保护价时，参照市场粮价确定；当市场粮价低于保护价时，按不低于保护价的原则确定。在一个时期内，定购粮收购价格原则上保持稳定。"

时间	政策措施
2000 年	1.再一次调整保护价收购品种范围,黑龙江、吉林、辽宁和内蒙古东部、河北北部、山西北部的春小麦以及南方早籼稻、江南小麦、长江及其以南的玉米,退出保护价收购范围。 2.允许农业产业化龙头企业跨地区直接到粮食产区收购,或者委托当地国有粮食购销企业收购自用粮,收购范围为退出保护价收购范围的粮食。 3.组建中储粮总公司,对中央储备粮实行垂直管理
2001 年	1.提出深化改革"放开销区、保护产区、省长负责、加强调控"的总体思路。核心在于充分发挥市场机制对粮食购销和价格形成的作用,逐步形成适合我国社会主义市场经济发展要求的粮食流通体制。继续调整保护价收购范围,包括长江中游地区的中、晚稻谷,东北地区的优等稻谷,黄淮海地区的小麦,东北地区和内蒙古东部的玉米。由省级政府确定保护价收购的品种、范围和办法。 2.粮食主销区完全放开粮食购销

资料来源:整理自 Sicular(1988)和商业部当代中国粮食工作编辑部编的《当代中国粮食工作史料》。

(二)政策体制中缓冲机制的缺失

从 20 世纪 90 年代粮食流通政策的调整过程可以看到,国家因面临现实的政策压力所做出的政策调整呈现出一种波动式调整的特征。这些政策的调整体现了上文所描述的粮食流通政策在体制内吸纳政策消极反馈的缓冲机制缺失而出现的政策振荡。

确立建立社会主义市场经济的目标之后,国家再一次将对粮食流通政策的调整推向市场化政策目标与工具的方向,于是出现了一系列快速的政策调整,包括 1991 年和 1992 年在"统一政策,分散决策"的原则下粮食销售价格上调以及 1993 年在"保量放价"的原则下全部放开粮食经营。这一时期的制度问题,在快速的市场化背景下迅速地暴露出来,主要体现为国家面对快速的市场化过程造成的出乎意料的粮食价格的"暴涨",导致宏观调控措施一时难以应付[1]。

国家市场化的粮食流通渠道之中的制度能力被分离的粮食财权和粮

---

[1]　对于 1993 年的粮食价格暴涨的分析有很多,温厉、温铁军(1997)认为这一时期粮食供应不足的主要是低质的早籼稻,这一需求不足主要是由于农民工流动人口对粗粮的需求增加而出现的。

食事权所削弱。一方面体现在国有粮食企业的逆市场化操作，包括具有双重职能目标的国有粮食企业削弱了国家宏观调控能力，如当粮食市场供求偏紧时，本应发挥平抑物价、稳定市场职能的国有粮食企业，却在价格暴涨之时大量囤积粮食，甚至参与市场抢购，一时间更加推高市场上的粮食价格（赵德余，2017：199－218）。另一方面由于包干下放的粮食事权，削弱了中央的调控能力。在粮食市场化改革之前，国家可以通过计划调拨的方式完成宏观调控，随着粮食市场化改革的进行，由于地方保护主义，中央可以调拨的粮食就减少了。向地方赋权，导致每个地方都有强烈的动机通过保护本地粮源，并引进外地粮源的方式增加自己地方的粮食供应量，以稳定本地粮食价格以及促进经济发展（国务院研究室课题组，1992：12）。受地方掌控的国有粮食企业统一掌握国家政策性粮食与经营性粮食，国家的专储粮，被视为地方库存导致难以调拨（郑励志，1994）。

对于将要放开的粮食市场可能失去控制的担忧，粮食流通领域的政策工具再一次成为指令性政策工具，致使已经放开了的粮食价格迅速地在1994年再次回归到政府定价，即"保量放价"被调整为"提价定购"，同时推出保护价敞开收粮以应对潜在的由于粮食生产不足导致粮食供应不足。

（三）政策体制中缓冲机制的重新建立

随着建立社会主义市场经济体制目标的明确，围绕着建立粮食流通市场，并强化中央在粮食流通领域的宏观调控的努力开始逐步推进。这些调整措施包括以下方面。

首先，建设与完善中央储备粮与基础设施以增强国家宏观调控能力。

1990年颁布的《国务院关于建立国家专项粮食储备制度的决定》，提出以"收购余粮、稳定生产、丰歉调剂、稳定市场"为目标建立国家专项粮食储备制度。确定筹备国家粮食储备局，建立储备基金和风险基金，当年专储粮食350亿至450亿斤。这一时期的国家粮食储备从主要依靠地方储备，逐渐转变为中央的垂直管理结构。1998年到2001成功建立500亿斤仓容，2001年启动了200亿斤仓容，同时大量上收地方国有企业条件较好的粮库作为中央直属库，从储备粮的角度彻底与地方进行分离，降低了国家对于地方粮食流通的依赖。

2000年组建国家粮食局,成立中国储备粮管理总公司,明确了负责全国粮食流通宏观调控的部门。我国粮食储备开始形成垂直体系,储备权力收归中央政府,中央政府委托中国储备粮管理集团有限公司代为实施和监管,地方国有购销粮食企业①只能以代储的形式,参与国家托市收储②。2004年粮食全面市场化,随着以中央为中心的全国性市场的建立,伴随着中央储备粮食数量的稳步增长,国家开始有能力独立进行宏观调控(熊万胜,2013:137)。

国家继续补充建立粮食流通市场的基础设施。1990年10月12日全国第一个粮食批发市场在郑州建立,此后哈尔滨、芜湖、九江以及长沙等地粮食批发市场相继建立。1991年我国第一家从事粮食远期合同交易的郑州商品交易所成立。由此形成了以国家粮食批发市场为龙头、以区域性批发市场为骨干、以遍布全国城乡的初级市场为基础的三级粮食市场体系。同时,分离地方粮食购销企业的政策性业务与经营性业务,以及实行国有粮食企业政企分开的举措,弱化了地方政府对地方国有粮食企业的控制权(熊万胜,2013:136-137)。1994年分税制改革之后建立的中国农业发展银行、中央与地方粮食储备风险基金旨在为国有粮食购销企业的经营和负债进行财政兜底。这些补充措施在一定程度上为2004年粮食流通全面市场化提供了制度基础。

其次,建立"米袋子"省长负责制,统一中央与地方的粮食财权与事权。

统一中央与地方的粮食财权与事权的调整过程是通过"米袋子"省长负责制逐步建立起来的。1993年为配合粮食流通市场化,国家对于粮食流通体制的改革方针调整为"统一政策,分散决策,分类指导,逐步推进",并取消了粮食的计划调拨,中央开始不再掌握地方的粮食调拨计划,粮食事权随着

---

① 国有粮食购销企业是指承担国家及各级政府粮食收储任务,从事国家定购粮、保护价粮、议购粮、中央和地方储备粮、进出口粮的收购、调拨、储存、批发和销售业务的各级国有粮食企业(包括国有控股粮食企业)。

② 1998年深化国有粮食企业改制过程中,地方国有粮食购销企业中的优质资产,特别是粮库设施被划给了储备粮系统,将老人、老账、老粮都留给了地方国有粮食企业,削弱了地方国有粮食企业的经营能力,并且在2000年建立粮食储备垂直管理体制之后,地方国有粮食购销企业只能以委托的形势代替中国储备粮管理集团有限公司收购,这样,中央便将储备粮的所有权和使用权掌握在自己的手里,增加了对粮食市场的宏观调控能力。

财权一起下放①。1994 年中央进一步将定购粮的粮权转移到省级，并继续赋予省级政府保留在省内计划调拨的权力②。1995 年中央农村工作会议要求明确实行"粮食地区平衡和省长负责制"（即"米袋子"省长负责制），重新分配中央和地方针对粮食流通的责任③。其中，中央管理粮食的责任是：负责全国粮食总量平衡，实施对全国粮食生产、粮食市场和粮食价格的宏观调控，仅保留国家储备粮和进口粮食的粮食事权。地方管理粮食的责任是：负责本地区粮食总量平衡，稳定粮田面积，稳定粮食产量，稳定粮食库存，保证粮食供应和粮价稳定，掌握定购粮、市场收购粮和其他渠道补充的粮源的粮食事权④。

统一粮食财权则是从建立粮食风险基金开始的。1993 年随着城市粮食销售价格全部放开，国家利用结余下来的粮食加价、补贴款建立粮食风险基金，后续地方粮食风险基金主要来源于中央补助与地方财政预算，这一分成比例为 1∶1.5，主要用于对储备粮经营的补贴、对农民的补贴，并平抑粮食市场的价格波动⑤。随后，国家对于粮食风险基金的主要用途得到逐步明确，1998 年《国务院关于进一步深化粮食流通体制改革的决定》强调粮食风险基金是"政府调控粮食市场的专项资金"⑥。

从上述"米袋子"省长负责制以及粮食风险基金的建立来看，这一制度结构的调整明确了在粮食流通中中央与地方的责任划分。正如 1998 年《国务院关于进一步深化粮食流通体制改革的决定》中提到粮食省长负责制

① 要求地方分地区实行综合平衡，国家开始改造粮食的省际调拨（省际粮食的余缺调剂从国务院计划调拨逐渐转向省份之间进行议购议销）。

② 1994 年《国务院关于深化粮食购销体制改革的通知》要求"实行省、自治区、直辖市政府领导负责制，负责本地区粮食总量平衡"，并要求"稳定粮田面积，稳定粮食产量，稳定粮食库存，灵活运用地方粮食储备运行调节，保证粮食供应和粮价稳定"。

③ "米袋子"省长负责制赋予了地方政府更大的针对定购粮的定价权与使用权，即地方政府可以在定购价格 10% 的范围内确定本地的定购粮价格，同时可以自行决定对本地定购粮进行处理。

④ 决定建立地方粮食储备，要求粮食产区建立 3 个月以上的粮食销售量的地方储备，销区要建立 6 个月的粮食销售量的地方储备，以丰补歉，确保供应，同年的《政府工作报告》中，李鹏总理将这一省长负责制称为"米袋子"省长负责制。

⑤ 强调"在粮食市价低于保护价时，按保护价收购；在粮食市价上涨过多时，按较低价格出售。上述价差由风险基金补偿"。

⑥ 1998 年《国务院关于进一步深化粮食流通体制改革的决定》中明确了粮食风险基金的使用范围以及权限规定："中央财政和省级财政必须将粮食风险基金纳入年度预算，及时拨付。粮食风险基金专项用于：第一，省级储备粮油的利息和费用补贴；第二，粮食企业因按保护价收购粮食，致使经营周转粮库存增加，流转费用提高，而又不能顺价出售时应弥补的亏损补贴。粮食风险基金使用范围如作调整，须报经国务院批准。粮食风险基金在农业发展银行设立有存款专户，并通过专户拨补，滚动使用。"

是"地方政府对粮食生产和流通全面负责的体制"。这样在中央和地方之间,负责维护粮食流通市场稳定的职责与财权责任开始逐步厘清。但是从维持粮食市场均衡这一角度来看,对"米袋子"省长负责制的推行加大了地方的财政负担,强化了地方政府对于维持省内粮食市场均衡的政策,更加剧了地方市场的割裂程度,这一割裂考验着中央政府对于粮食市场的宏观调控能力。

最后,国有粮食企业改革确立了国有粮食企业的经营地位。

1995 年,国家开始对国有粮食企业的政策性业务和经营性业务进行两线分开,并对两种业务的财务收支分开,推行两条线运行的政策[1]。这一政策内容主要包括:划分中央和地方粮食事权,将粮食部门政策性业务和商业性经营分开[2],建立适应两条线运行的组织机构(中央粮食调节管理系统与地方粮食调节管理系统)。一方面,可以增强国家政策性粮食收购资金的使用效率与国家在粮食流通领域的宏观调控能力;另一方面,可以通过放开业务性经营,增强企业活力。

但是,两条线运行的调整,并没有实质性地改变国有粮食企业在利益结构和制度结构之中的位置。国有粮食企业依旧需要执行国家粮食政策,承担着 1995 年推出的保护价敞开收粮任务。国有粮食企业执行这一政策,导致了更大规模的亏损。1995 年到 1997 年粮食企业亏损挂账,从 1994 年的 19 亿元、1995 年的 44 亿元、1996 年的 197 亿元上升到 1997 年的 488 亿元,1998 年第一季度亏损 291 亿元(熊万胜,2013:76)。从这一时期国有粮食企业的财务指标来看,国有粮食企业还有毛利(但是毛利率显著下降),显著增长的是商品流通费用。这一费用主要是粮食的经营费用(包括运杂、保管、差旅、商品损耗、包装、人工等费用),国有粮食企业产生亏损大部分是保护价敞开收购政策带来的粮食超储产生的。

国有粮食企业主要财务指标如表 5-8 所示。

---

[1] 政策性业务主要是指掌握粮源、吞吐调节、稳定市场、救灾等,经营性业务主要是指粮食零售等。

[2] 根据《国务院关于粮食部门深化改革实行两条线运行的通知》规定,执行政策性业务的基层单位有:一是农村粮管所(站);二是粮库;三是军供站。经营性单位包括非定点的粮食零售企业、加工企业、运输企业。政策性业务单位纳入行政管理部门,实行"四代一包干"(粮管所代收、粮库代储、加工厂代加工、零售代售,费用实行定额包干)。商业性经营是指政策性业务范围以外的经营活动,包括粮油零售企业(单位)、加工企业、运输企业等,需要自主经营、自我发展、自负盈亏、照章纳税。

表 5 – 8　国有粮食企业主要财务指标

年份	商品销售收入/亿元	商品销售成本/亿元	销售毛利/亿元	毛利率/%	费用总额/亿元	其中的流通费用/亿元
1993	2705.87	2511.82	194.05	7.17	449.16	394.32
1994	2873.42	2571.49	301.93	10.51	576.74	488.48
1995	3692.27	3848.98	373.07	8.84	701.25	592.27
1996	4222.05	3437.74	254.53	6.89	777.69	660.38
1997	3036.24	2975.59	30.65	1.01	988.73	868.50
1998	2341.79	2260.81	80.98	3.46	939.93	810.72

资料来源：《改革开放以来粮食工作史料汇编》。

　　1993 年之后，国家致力于调整粮食经营双轨制之中存在的一些结构性问题，这些制度结构的建立和调整所产生的积极效应，需要一定时间才能显现。但是，国有粮食企业的大量亏损转化为大规模银行挂账，所造成的潜在金融风险成为迫在眉睫需要解决的问题。这给了国家很大的动力，将国有粮食企业全面推向市场，使其成为独立的运行主体（邓一鸣，1993：38 – 142）。于是 1998 年五六月期间，国务院相继颁布了《国务院关于进一步深化粮食流通体制改革的决定》等 6 个配套文件，全面调整粮食流通体制，实现了中央和地方的责任分开、储备与经营的分开。虽然这一时期粮食流通领域的市场化改革过程并不顺利，并饱受争议[①]，但是这些旨在调整粮食流通中利益结构以及制度结构的政策遗产，为 2000 年之后全面放开粮食市场提供了制度基础和物质条件。

三、总结

　　从 1978 年到 2003 年的粮食流通政策变迁中，国家面临的最大问题是如何在受到限制的制度能力下，兼顾两组方向不同的政策目标与政策工具，即一方面国家需要承担保障粮食供应的重要任务，另一方面又要推动粮食流通的市场化运行（Du et al.，2018）。粮食商品化与经营市场化的理念是粮食流通政策演进的方向，而保障粮食供应造成的国家财政压力，以及因政府宏观调控能力有限产生的粮食价格波动，成为引发这一时期粮食流通政

---

　　①　对于 1998 年粮食流通体制的改革引发了学者的大量讨论，这些讨论参见邓大才（2008）、杨宪平（2003）、卢峰（1999）等的论述。

策调整的两个重要客观压力。这两个客观压力引发的政策调整主要表现为两个过程。首先,为了应对政府财政压力,国家在选择放开粮食价格与市场时,国有粮食企业以及相应的粮食流通管理体制承担了这一任务,而引发了市场化政策措施的消极反馈(流通体制的逆市场化操作),即造成粮食产量不足或粮食价格暴涨,进而损害了农民的生产积极性,或是降低了城市居民的购买力。其次,在应对市场化政策调整所造成的消极反馈时,因为缺乏必要的缓冲机制,致使国家调控能力有限,只能回归指令性政策工具,即在1986 年和 1994 年将已经放开的粮食价格再一次收回而由国家控制。两种政策工具组合所产生的消极反馈,难以被受到限制的制度结构所吸纳,进而产生了政策的振荡,国家只能在计划收购渠道和市场渠道之间做出对振荡的过度反馈的回应。

　　然而在政策振荡过程中,国家对粮食流通体制的调整并非停滞不前。随着 1998 年的粮食流通体制改革的进行,影响粮食商品化与经营市场化方向的一些制度结构与利益结构被进一步调整,国家将部分粮食事权与财权调整到国有粮食企业与地方政府身上,粮食流通市场具备了放开的条件。经过调整后的粮食流通制度结构与利益结构,为 2004 年全面放开粮食流通市场创造了制度基础与物质条件。但是粮食流通市场上尚未解决的一个问题是,面对分散的小农生产,粮食生产的分散化供应致使国内粮食生产成本升高。面对国际市场上低粮价的冲击,如何解决粮食生产成本价开始高于国际粮食价格的问题,从而保障国家粮食安全成为下一个解决粮食流通政策调整的核心环节。

第六章

**保障粮食安全双重调节的转换性
稳定模式(2004—2020 年)**

　　2004 年粮食市场全面开放之后,开始发展出包括补贴政策、最低保护价收购政策等针对粮食市场调控的政策工具。总结来说,这一时期粮食流通政策变迁呈现出转换性稳定模式。在本部分,笔者将总结进入 21 世纪之后的粮食流通政策体制的特征,并分析产生这一变迁过程的动力机制。本章的主要内容包括:总结进入 21 世纪之后对粮食流通政策的调整,以及其后续形成的政策理念、利益主体及制度结构特征;总结这一时期产生政策稳定模式的动力机制,并采用这一机制说明 2014 年之后粮食流通政策的调整过程。

第一节　政策体制三要素结构

　　通过在第三章的分析,笔者认为这一时期粮食流通政策的变迁呈现出转换性稳定模式。在本节,笔者将描述进入 21 世纪后粮食流通政策的调整内容,并总结这一时期粮食流通政策体制的主要框架。

一、粮食流通市场的全面放开

　　2004 年粮食流通市场开放的客观契机是世界贸易组织对于成员国的农产品市场的非歧视、透明度、公平竞争、开放市场的原则要求,这推动了国家推进包括政府与市场关系的调整、社会主义市场经济的完善以及政府职能的改革在内的经济体制调整的进程(包炜杰 等,2020)。在经历了 1998 年的粮食流通政策调整之后,粮食流通政策形成了包括保护价敞开收购余粮、粮食风险基金以及储备粮制度三个较为完整的国家粮食调控政策。随着一些高标准粮库等基础设施的完善,一些限制粮食流通全面市场化制度约束得到了逐步解决①。2003 年,随着下半年粮食价格开始大幅回升,以及多数粮食主产区国有粮食企业扭亏为盈,经营性收购和销售完全放开,国家在粮食流通环节财政压力逐渐减轻(熊万胜,2013:75)。随之而来的是,粮

---

　　①　2004 年中央储备粮库仓容达到 750 亿公斤,加上各个省份储备粮系统的启动,国家在储备粮方面具有足够的能力进行粮食的宏观调控,2000—2004 年,国家累计稻谷缺口为 7400 万吨,这些粮食基本是通过国家库存补充的,可见国家库存能力显著增强(唐正芒,2009:435)。

食安全与农民增收问题的重要性迅速凸显。

党的十六大明确了统筹城乡的基本方略，并强调"以工促农、以城带乡"，解决好"三农"问题成为全党工作的重中之重。在农业领域，随着"多予、少取、放活"和"工业反哺农业、城市支持农村"基本方针的确立，"支农惠农"成为粮食流通政策调整的政策方向。《中共中央 国务院关于促进农民增加收入若干政策的意见》《粮食流通管理条例》与《国务院关于进一步深化粮食流通体制改革的意见》等文件，从市场改革的角度决定在粮食收购端全面放开粮食市场，并建立了包括农业生产、流通以及农产品贸易的农业支持与保护制度（胡冰川，2019）。

这些粮食流通政策调整内容可以概括如下。

①开始全面放开粮食市场，实现粮食购销市场化与市场主体多元化。

②在粮食收购方面，启动最低收购价格的托市收购政策，即当粮食市场价格低于政府制定的最低收购价格时，国家将按最低价格在粮食主产区对重点粮食品种进行收购。

③加强和改善粮食宏观调控，确保国家粮食安全，建立粮食产销区之间长期稳定的产销协作关系。

④对种粮农民进行直接补贴，补贴资金从粮食风险基金中支出。

2004年的粮食改革实现了粮食购销市场与价格的全面放开，粮食生产与销售都由农民自主决定。

2004年之后的粮食流通政策中开始出现了更多的政策工具。

首先，粮食政策性购销政策工具的主要内容包括保护性收购与政策性粮食竞价销售。为应对粮价波动、保护种粮农民利益、稳定粮食生产，政府分别在2005年和2006年出台了水稻和小麦的最低收购价政策，以及在2008年对东北地区的玉米和大豆、湖北的油菜实行临时收储政策①。

---

① 这两类收购价格运行的基本机制是当市场上的粮食价格低于国家公布的最低收购价格或临时收储价格时（临时收储价格与最低收购价格稍有不同，临时收储价格是在农产品收获时才公布的收购价格，因此对于市场价格的扭曲作用较小），受到委托的粮食收购主体（主要是中国储备粮管理集团有限公司及其委托的粮食收储企业），启动干预性收储措施，对市场上的粮食进行收储，减少市场上的粮食流通量，保证市场粮食价格在一定位置上运行，当市场上的粮食价格高于政府公布的价格时，则不启动或及时退出收购，这一收储模式被称为"托市收购"。

其次,在粮食流通领域完善基础设施并建立相关政策工具,包括建立仓储设施、流通基础设施,建立与完善中央储备粮制度等。

再次,开始发展市场规制性政策工具,即关于粮食质量、市场流通以及仓储管理的监督与监管政策的出台,诸如《粮食流通管理条例》等对于粮食流通领域制度的规定。

总结进入21世纪之初的粮食流通政策的调整措施,其特征是对市场性调节政策工具的全面使用。这些具体政策细节的调整见表6-1。

表6-1　2004—2013年粮食流通政策细节

年份	政策措施
2004年	1.放开粮食出产区的粮食收购市场和收购价格,在粮食主产区实行最低收购价格。 2.建立统一、开放、竞争、有序的粮食市场体系。《粮食流通管理条例》《中央储备粮管理条例》规范了粮食流通市场主体行为,建立了粮食流通监督检查、粮食质量安全监督检查、库存检查制度。 3.建立种粮直接补贴、农机具购置补贴,以及良种补贴,粮食主产省、自治区实行的补贴数量原则上不能低于前三年平均商品量的70%。补贴主要从粮食风险基金中划拨
2005年	在吉林、黑龙江、安徽、江西、湖北、湖南、四川执行中晚籼稻(1.44元/公斤)粳稻(1.5元/公斤)最低收购价,其他产区省份是否执行由省级人民政府决定
2006年	1.在河北、江苏、安徽、山东、河南、湖北执行小麦最低收购价预案,其他产区省份自行决定是否执行。在安徽、江西、湖北、湖南启动稻谷最低收购价预案(早籼稻和中晚籼稻)。对产粮大县进行奖励。 2.限制玉米深加工产业产能。 3.取消农业税,在对种粮农民进行粮食直接补贴的同时,对农民种粮柴油、化肥等农业生产资料增支进行综合直补。 4.推进国有粮食企业改制〔解除三老包袱(即挂账、人员、库存粮食),加强国有粮食企业市场主体地位,优化粮食企业布局,发挥市场主渠道作用)〕
2007年	1.在河北、江苏、安徽、山东、河南、湖北执行小麦最低收购价预案(白小麦1.44元/公斤、红小麦1.38元/公斤),其他产区省份自行决定是否执行。在黑龙江、吉林启动粳稻最低收购价执行预案(1.54元/公斤)。 2.印发《粮食质量档案样本(试行)》等文件推动粮食质量安全监管制度建设。 3.制定《全国粮食市场体系建设"十一五"规划》《粮食现代物流发展规划》。 4.颁布《关于促进玉米深加工业健康发展的指导意见》,引导限制玉米深加工工业产能

年份	政策措施
2008 年	1.在河北、江苏、安徽、山东、河南、湖北执行小麦最低收购价预案(白小麦 1.54 元/公斤、红小麦 1.44 元/公斤)，其他产区省份自行决定是否执行。 2.分三批下达粮食临时收储和中央储备计划(大豆、玉米、棉花)。 3.对关内销区到东北产区收购粳稻的企业予以运费补贴。 4.出台《国家粮食安全中长期发展规划纲要(2008—2020 年)》。 5.发布新的小麦国家标准
2009 年	1.在河北、江苏、安徽、山东、河南、湖北执行小麦最低收购价预案(白小麦 1.74 元/公斤、红小麦 1.66 元/公斤)，其他产区省份自行决定是否执行。在安徽、江西、河南、湖北、湖南、四川执行中晚籼稻最低收购价预案(中晚籼稻 1.84 元/公斤)，其他产区省份自行决定是否执行。 2.在辽宁、吉林、黑龙江、内蒙古执行玉米、大豆国家临时收储政策，补贴规模以上大豆压榨企业收购。对新疆小麦启动临时收储政策，收购 105 万吨。 3.国家粮食交易中心增加到 22 个，全国统一竞价交易平台联网市场达到 23 家。 4.随着海南省粮食局监督检查机构的设立，全国省级粮食行政管理部门全部设立了监督检查机构，82%的地级和 70%的县级粮食部门设立了监督检查机构。 5.下发《国家粮食局关于实施新稻谷、玉米和大豆国家标准有关工作的通知》，部署了新的稻谷、玉米与大豆国家收购标准
2010 年	1.在江苏、安徽、山东、河南、湖北执行小麦最低收购价预案(白小麦 1.9 元/公斤、红小麦 1.86 元/公斤)。对大豆启动托市收购，对新疆的小麦再一次启动临储政策(收购 85 万吨)。 2.修订《中央储备粮代储资格认定办法实施细则》，修订《中央储备粮油质量检查扦样检验管理办法》，发布《国家粮食质量检验监测机构管理暂行办法》，建立健全粮食质量监督检查制度
2011 年	1.对东北三省和内蒙古秋粮玉米和大豆实行托市敞开收购，对新疆小麦实行临时收储。 2.对政策性粮油品种实行定价定向销售，定点加工后投向市场，调控市场粮价。 3.《粮食行业"十二五"发展规划纲要》强调深化粮食流通体制改革，健全粮食宏观调控体系、仓储物流体系、粮油加工体系、粮食市场体系、粮食科技创新体系、粮食监督检查体系、粮食检验监测体系。 4.增加粮食风险基金规模 80 亿，取消粮食主产区粮食风险基金地方配套，提高政策性粮食保管补贴，完善粮油储备企业免税政策

续表

年份	政策措施
2012 年	1. 在河北、江苏、安徽、山东、河南、湖北 6 省执行小麦最低收购价预案(混合小麦 2.04 元/公斤),对东北三省和内蒙古的大豆和玉米执行临时收储政策,对新疆小麦执行"价格补贴,敞开收购"。 2. 出台《粮食流通基础设施"十二五"建设规划》
2013 年	在河北、江苏、安徽、山东、河南、湖北 6 省执行小麦最低收购价预案(混合小麦 2.24 元/公斤),在辽宁、吉林、黑龙江、江苏、安徽、江西、河南、湖北、广西、四川 10 个省份执行中晚籼稻和粳稻最低收购价预案(中晚籼稻 2.7 元/公斤、粳稻 3 元/公斤),并在东北三省和内蒙古启动大豆、玉米临时收储
2014 年	1. 在河南等 5 省份、江西等 5 省份和湖南等 10 省份,分别启动小麦、早籼稻、中晚籼稻最低收购价,在黑龙江等 4 省份启动玉米国家临时收储,取消大豆临时收储,启动东北和内蒙古大豆目标价格补贴试点。 2. 建立国家粮食局粮食交易协调中心,负责搭建政策性粮食交易网络平台。 3. 国务院印发《关于建立健全粮食安全省长责任制的若干意见》,明确地方政府在粮食安全方面的事权和责任
2015 年	1. 在河南等 6 省份、江西等 4 省份、湖南等 9 省份启动小麦、早籼稻和中晚籼稻最低收购价,启动新疆、东北三省和内蒙古小麦、玉米临储。 2. 出台粮食安全省长责任制配套考核办法,全面落实地方政府粮食安全责任制,包含生产、流通、消费等各个环节。 3. 行政审批改革,国家粮食局仅保留中央储备粮油轮换计划批准、中央储备粮代储资格认定、粮食收购资格认定等权力;地方粮食部门保留粮食收购资格认定、地方储备粮管理、军粮供应、仓储设施处置审批等权力。 4. 实施藏粮于地、藏粮于技战略,推动粮经饲统筹、农林牧渔结合、种养加一体、一二三产业融合发展,让农业成为充满希望的朝阳产业
2016 年	1. 良种补贴、种粮直接补贴和 80% 农资补贴合并成农业支持保护补贴。用 20% 的农资综合补贴存量资金、种粮大户补贴与"三项补贴"增量资金建立农业信贷担保体系。 2. 在东北三省和内蒙古按照"市场定价,价补分离"的原则,调整为"市场化收购＋补贴"机制。在河北等 6 省份、安徽等 4 省份、湖北等 9 省份分别启动小麦、早籼稻和中晚籼稻最低收购价预案,在新疆启动小麦临储。推动政策性粮食去库存。 3. 编制《粮食行业"十三五"发展规划纲要》

年份	政策措施
2017 年	1.下调小麦、早籼稻、中晚籼稻和粳稻的最低收购价格,在安徽等 5 省份启动小麦最低价收购,在江西、湖南启动早籼稻最低价收购,在安徽等 9 省份启动中晚籼稻最低收购价,对东北三省和内蒙古玉米、大豆实施市场化收购加补贴机制。 2.粮食作物中要稳定水稻、小麦生产,确保口粮绝对安全,重点发展优质稻米和强筋弱筋小麦,继续调减非优势区籽粒玉米,增加优质食用大豆、薯类、杂粮杂豆等
2018 年	1.强调坚守粮食安全底线,并力争将稻谷、小麦等口粮品种的面积稳定在 8 亿亩。 2.下调稻谷、小麦最低收购价,深化农产品收储制度和价格形成机制改革,积极推动由政策性收储为主向政府引导下市场化收购为主转变,建立优粮优价的市场运行机制。 3.改革完善中央储备粮管理体制
2019 年	1.出台《关于坚持以高质量发展为目标加快建设现代化粮食产业体系的指导意见》。 2.将稻谷、小麦作为必保品种,稳定玉米生产,确保谷物基本自给、口粮绝对安全
2020 年	限定 2020 年最低收购价稻谷收购总量为 5000 万吨(籼稻 2000 万吨、粳稻 3000 万吨),限定 2020 年最低收购价小麦收购总量为 3700 万吨,促进"优粮优价"

二、粮食安全公共属性认知凸显

(一)对宏观调控与市场配置之间关系认识的深化

党的十四大提出经济体制改革的目标是"建立社会主义市场经济",一方面"要使市场在社会主义国家宏观调控下对资源配置起基础性作用",宏观调控主要是"运用好经济政策、经济法规、计划指导和必要的行政管理,引导市场健康发展",宏观调控要在尊重价值规律的要求下进行(中共中央文献研究室,1994:19)。在"建立社会主义市场经济"的目标之下,对国家宏观调控(政府)与市场基础作用(市场)的关系的思考成为这一段时期理念的发展线索(刘国光,2003,2005)。

2003 年党的十六届三中全会通过《中共中央关于完善社会主义市场经济体制若干问题的决定》,市场配置的作用继续扩大,强调更大程度地发挥市场在资源配置中的基础性作用,并强调健全国家宏观调控,把政府经济管理职能转到主要为市场主体服务和创造良好发展环境上来。2007 年党的十七大报告则继续深化完善对社会主义市场经济的认识，强调要深化对社会主义市场经济规律的认识，从制度上更好发挥市场在资源配置中的基础性作用，形成有利于科学发展的宏观调控体系，对于宏观调控则强调发挥国家发展规划、计划、产业政策在宏观调控中的导向作用，综合运用财政、货币政策，提高宏观调控水平。

2013 年党的十八届三中全会通过《中共中央关于全面深化改革若干重大问题的决定》，强调在经济体制改革之中需要处理好政府与市场的关系，并进一步强调市场配置的重要性，提出"使市场在资源配置中起决定性作用和更好发挥政府作用"。在尊重市场经济的价值规律的基础上，政府的作用被进一步调整为保持宏观经济稳定，加强和优化公共服务，保障公平竞争，加强市场监管，维护市场秩序，推动可持续发展，促进共同富裕，弥补市场失灵。这一时期的关于政府和市场关系的理念被调整为着力构建有效的市场机制、有活力的市场微观主体以及宏观调控有度的经济体制（赵晓雷，2019：299）。

总结这一段时期的政策理念，国民经济有计划按比例发展规律在政策文本以及学术研究之中已经不多见，实际上国民经济有计划按比例发展规律的实现方式，逐渐转变为国家（政府）调节，即当前的政府宏观调控机制（拓志超，2019）。国家对于国民经济有计划按比例发展规律和价值规律之间的关系的认识，转化为对政府和市场之间的关系的认识。这一认识在2004 年以来得以逐步深化，从强调"市场在社会主义国家宏观调控下对资源配置起基础性作用"到"更加尊重市场规律，更好发挥政府作用"。国家对政府与市场关系的认识，开始转化为发挥市场作用和发挥政府作用的"双重调节"的理念，即一方面用市场调节去应对"政府失灵"，另一方面用国家调节来纠正"市场失灵"，政府和市场在调节资源配置之中呈现"分工"的关系（刘国光 等，2014）[1]。

---

[1]　对此，刘国光认为市场和政府将在资源配置的不同层面上发挥各自的作用。在资源配置的微观层面，市场价值规律可以通过供求变动和竞争机制提高效率，发挥"决定性"的作用。在资源配置的宏观层面，如供需总量的综合平衡、部门和地区的比例结构、自然资源和环境的保护、社会分配公平等方面，以及涉及国家社会安全、民生福利等方面则需要政府发挥重要作用。

（二）粮食的商品属性与粮食安全战略

国家关于政府与市场关系的认识延伸到粮食流通部门之中，这一时期对于粮食流通的认识便形成两个层面，即一方面需要充分发挥市场的作用，另一方面则是强化政府对于维护粮食安全的重要责任。

首先，国家针对粮食始终是商品的认识始终没有改变，粮食是经济发展的重要战略基础，其在经济治理体系中始终被视为具有"商品"属性。对此2009年《全国新增1000亿斤粮食生产能力规划（2009—2020年）》中提道："粮食是关系国计民生的重要商品，是关系经济发展、社会稳定和国家自立的基础，保障国家粮食安全始终是治国安邦的头等大事。"

粮食经济成为社会主义市场经济的一部分，国家对于这一时期粮食的供求认识开始变得更为明确，强调市场调节粮食配置的基础性作用，对于粮食流通的调节开始转以宏观调控的手段进行①。进入21世纪，粮食经济的主要矛盾，从粮食产量不足、基础不牢转向供给侧的结构性矛盾。针对农业发展出现的结构性矛盾，自2012年以来，中央一号文件屡屡对此进行说明。在2017年中央一号文件《中共中央 国务院关于深入推进农业供给侧结构性改革 加快培育农业农村发展新动能的若干意见》中，这一表述正式被描述为"农业的主要矛盾由总量不足转变为结构性矛盾，突出表现为阶段性供过于求和供给不足并存，矛盾的主要方面在供给侧"。对于这一问题的应对方案，则是进一步提高粮食经营的市场化，中国粮油信息中心主任王晓辉（2019）认为这一时期国家的粮食"市场化"应该具有价格由供求决定、价格涨落自由，以及市场交易自由三个特征，政府不应该直接干涉粮食市场中的供求关系、价格涨落以及市场交易主体的交易行为，需要做的是提供市场交易主体透明的信息，预防"卖粮难"情况的出现。

其次，粮食流通中政府的责任被明确为保证国家粮食安全。伴随着2004年粮食流通市场的全面开放以及国家针对市场经济发展理念的转变，粮食的商品属性更加凸显。伴随着粮食全国统一市场的形成，农业产

---

　　① 2004年颁布的《粮食流通管理条例》强调："国家采取储备粮吞吐、委托收购、粮食进出口等多种经济手段和价格干预等必要的行政手段，加强对粮食市场的调控，保持全国粮食供求总量基本平衡和价格基本稳定。"

业变成了一种类似于教育、国防的公共产业,带有一定的公共产品性质,粮食安全作为粮食流通领域的公共产品被明确地提出来。中共十七大报告强调:"增强农业综合生产能力,确保国家粮食安全。"2008年《国家粮食安全中长期规划纲要(2008—2020年)》颁布,并提出"粮食安全始终是关系我国国民经济发展、社会稳定和国家自立的全局性重大战略问题"。

党的十八大报告强调"增强农业综合生产能力,确保国家粮食安全和重要农产品有效供给"。2013年的中央一号文件《中共中央 国务院关于加快发展现代农业 进一步增强农村发展活力的若干意见》提出,确保国家粮食安全是发展现代农业的首要任务。国家粮食安全战略进一步明确,并从强调粮食产量转变为强调粮食产能。尤其2014年中央的一号文件《中共中央 国务院关于全面深化农村改革 加快推进农业现代化的若干意见》明确了"完善国家粮食安全保障体系"的目标。对此,习近平同志提出"确保谷物基本自给、口粮绝对安全"的新粮食安全观,以及"实施以我为主、立足国内、确保产能、适度进口、科技支撑的国家粮食安全战略"。随后,粮食安全战略进一步清晰,在《中华人民共和国国民经济和社会发展第十四个五年规划和2035年远景目标纲要》当中,粮食安全的底线理念被进一步明确为农业支持保护制度的重要底线,强调"适应确保国计民生要求,以保障国家粮食安全为底线,健全农业支持保护制度"。

图6-1呈现了1993—2020年粮食流通政策文本中"粮食安全"的词频统计,可见在进入2004年之后粮食安全经历了2008年和2015年两个峰值,而在2016年之后粮食安全在政策文本中出现频率越来越高。与国家对于政府与市场"双重调节"的理念类似,国家在粮食流通领域之中也进一步明确了政府和市场"双重调节"的作用。习近平总书记在2022年形象地说明了这个问题,强调:"粮食多一点少一点是战术问题,粮食安全则是战略问题。"(杜尚泽,2022)一方面突出了粮食安全的重要战略属性,是国家的重要职责,也是在粮食流通领域国家进行宏观调控的重要目标;另一方面也强调了市场配置在微观粮食流通领域中起到"决定性"作用。

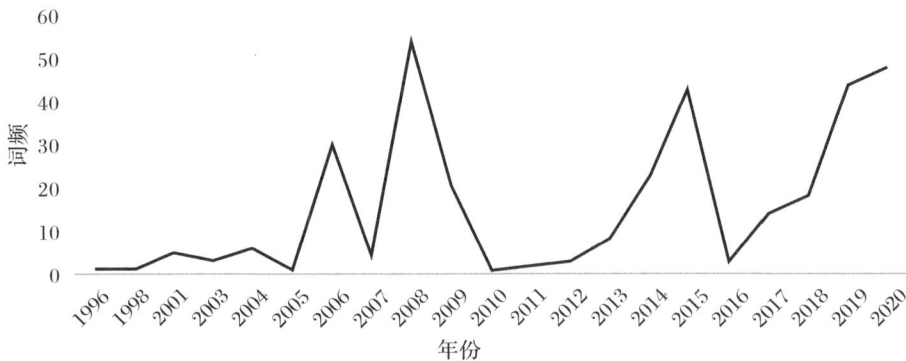

图 6-1 1993—2020 年政策文本中粮食安全词频

三、以政策性收储为核心的层级利益结构

2004 年粮食流通全面推动了全国统一的粮食市场的形成,Zhou (2010)通过对地方粮食市场的调运数据测算,认为 2000 年初国家已经初步形成统一的粮食市场,经过企业改制的国有粮食企业逐渐成为独立的市场主体。"市场在资源配置中的基础性作用"的理念促使市场成为配置资源的微观粮食流通的主要机制。这一时期的粮食流通利益主体已经成为多元化的市场主体,包括储备粮食系统(中央储备和地方储备)、国有粮食购销企业、非国有粮食企业、粮食经纪人、种粮农户等(熊万胜,2011)。从粮食交易的市场发展来看,至 2017 年国家建立了超过 600 个国家粮食批发市场,其中交易规模上亿元的批发市场超过 100 家。

这一时期粮食流通市场上的利益结构呈现出层级的利益结构格局。熊万胜(2011)对于这一时期粮食购销市场秩序进行了详细的分析,认为这种全国性粮食市场的建立呈现出以国家行政部门为核心的差序格局,围绕在国家行政部门周边的是中央储备粮部门、地方储备粮部门、地方国有或控股粮食购销企业、非国有购销企业和粮食经纪人队伍,这些粮食收购主体依照其在国民经济发展中的重要性、企业所有制结构以及企业的经济规模的差异形成了不同的身份等级。

这一段时期形成的粮食市场流通结构见图 6-2。

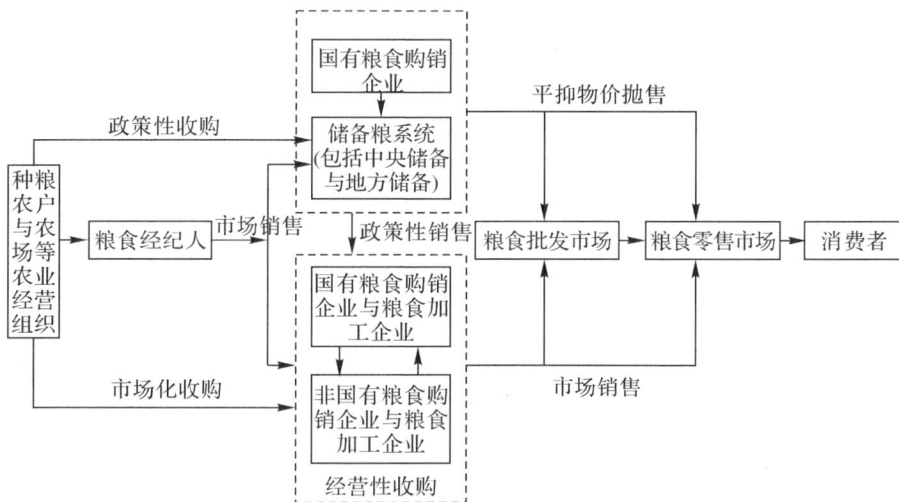

图 6-2　粮食市场流通结构

第一,政策性粮食收购以中央直属企业和储备粮系统为核心。

储备粮系统包括中央储备粮系统和地方储备粮系统,其中中央储备粮系统由中央垂直管理,地方储备粮系统则由地方粮食行政部门领导(见图6-2)。中央储备粮的收购与管理由中国储备粮管理集团有限公司负责,地方储备粮食系统是由地方国有粮食企业管理,承担核心的政策性收储业务。2004年《国务院关于进一步深化粮食流通体制改革的意见》强调:"承担中央、地方储备粮经营管理和军粮供应任务的粮食企业,原则上实行国有独资、国有控股为主的产权制度。"[①]

执行政策性收储的企业在这一市场结构中具有两个优势:其一,这类企业执行国家政策性粮食收购业务,享有垄断最低收购价政策的执行权;其二,由于承担政策性粮食储备任务能够获得国家针对储备粮系统的经营费用补贴以及超储补贴,因此地方政府有很大动力对这类企业加强管理和控制。

---

① 由于粮食储备直接关系国家粮食安全,在1998年国有粮食企业改制过程中,大量优质资产,特别是粮库设施基本都划给了各级储备粮系统。

第二，国有粮食企业参与粮食市场性经营与竞争。

除了经营政策性粮食业务的国有粮食企业，一些国有粮食企业被改制成彻底的市场主体参与粮食流通的市场竞争，这些国有粮食企业主要以粮食收储企业为主[①]。既包含中央管理企业，如中粮集团有限公司[②]，中粮集团旗下的中谷粮油集团有限公司拥有的巨量的仓储设施，成为市场性粮食收购的主体。这类中央管理企业凭借自身的超大规模对于粮食流通市场可能具有超出一般的影响力。也包含地方国有粮食企业，即在各省市地方国有企业改制过程出现了一批具有影响力的国有粮食企业，诸如良友集团、首农集团、浙粮集团等。

这类参与市场竞争的国有粮食企业在市场结构中的主要特征包括以下方面。首先，在政策地位上依旧享有主渠道的地位。2004年颁布的《粮食流通管理条例》强调国有粮食购销企业要在粮食流通中发挥主渠道作用，带头执行国家粮食政策。其次，这类企业相比非国有粮食企业更加有机会获得政策性储备粮的承储资格（包括地方储备和中央储备），能够获得国家针对储备粮系统的经营费用补贴以及超储补贴。最后，这些国有企业保留了大量的包括粮库等基础设施等优质国有资产，因而在粮食流通部门这种强调粮食物流、仓储重要性的产业之中具有较强的竞争能力。

第三，非国有粮食企业面临市场竞争限制。

在国有粮食企业改制过程中，大量国家并不看重的附营业务被分离出来，非国有粮食企业发展迅速，这些非国有粮食企业主要以经营粮油加工的附营业务为主。国家对于粮食收购市场依旧要求保护国有企业的主渠道地位，因此虽然非国有粮食企业发展较为迅速，但是其在粮食流通经营之中则受到一些限制。这些限制主要集中在粮食收购领域，主要包括以下方面。

---

① 就国家而言，粮食的收储比加工重要。在2004年颁布的《国务院关于进一步深化粮食流通体制改革的意见》中涉及国有粮食企业产权改革方案，认为对具备收储功能的小型国有粮食购销企业可以采取改造、兼并、租赁、出售、转制等措施。2006年颁布的《国务院关于完善粮食流通体制改革政策措施的意见》强调规范国有粮食购销企业产权制度改革，防止国有资产流失，要求对小型国有粮食购销企业采取改组联合、股份合作、资产重组、授权经营等形式放开搞活。

② 前身为1949年成立主要负责进出口业务的中粮集团有限公司，1998年改制为国有独资企业，并于2006年合并负责粮油流通。中谷粮油集团有限公司掌握了大量的粮油储备设施，2013年与华粮物流公司合并，拥有了北粮南运的物流运输能力，形成了覆盖贸易、流通、生产、销售到食品的全价值链。

　　首先,非国有粮食经营主体要进入粮食收购领域面临着较为严格的行政审批限制。准备经营粮食收购业务的非国有企业,不仅需要满足工商部门对于经营企业的要求,还要得到相应级别粮食行政管理部门的批准[①]。这类企业要想获得中央或地方储备粮的代储资格,要需要按照不同地方制定的"储备粮承储资格审核办法"获得相应级别行政部门的批准。2020 年国家进一步收紧中央储备粮的承储资格认定,禁止中国储备粮管理集团有限公司直属企业以外的市场主体承储中央储备粮。

　　其次,在粮食收购领域面临一定的竞争劣势。参与市场经营的非国有粮食企业无法进入政策性收购渠道,并且难以获得国家针对储备粮系统的经营费用补贴以及超储补贴,这在一定程度上削弱了其参与粮食购销的经营能力。在市场化收购渠道方面,由于缺乏粮食收购议价能力,非国有粮食企业只能被动适应国内的粮食价格。较高的原粮价格结合较低的成品粮价格,压低了非国有粮食企业的利润空间,不利于本土非国有粮食企业后续参与市场竞争(武舜臣 等,2015)。

四、中央和地方的多部门分工负责的制度结构

　　1998 年粮食流通体制改革之后,国家大力增加中央储备、建设批发市场和政策性银行,全力建设全国粮食流通市场。同时,随着分离地方粮食购销企业的政策性业务与经营性业务以及实行国有粮食企业政企分开举措的逐步推行,政府开始仅保留关于粮食流通的行政管理职责,地方国有粮食企业则开始成为独立经营的主体(熊万胜,2013:136 - 137)。2004 年,粮食流通市场全面放开之后的制度结构,其基础来自 1995 年建立的"米袋子"省长负责制。"米袋子"省长负责制强调发挥"中央和地方两个积极性",并且逐渐走向粮食事权和财权相统一的发展方向。《国家粮食安全中长期规划纲要(2008—2020 年)》明确将中央和地方政府的责任转移到粮食安全这一目标上。2014 年《国务院关于建立健全粮食安全省长责任制的若干意见》出台,这一责任划分被总结为粮食安全省长责任制。粮食

---

　　① 在 2021 年修订的《粮食流通管理条例》中粮食收购资格认定已经由"许可"改为"备案"。

安全的保障工作,被确定为中央和地方共同分工负责的工作,形成了以《中华人民共和国农业法》和《粮食流通管理条例》等法律法规为基础的,以保障粮食安全为目标的,中央和地方的多部门分工负责的制度结构(张晓涛,2015)。

图6-3呈现了这一时期粮食流通的制度结构。

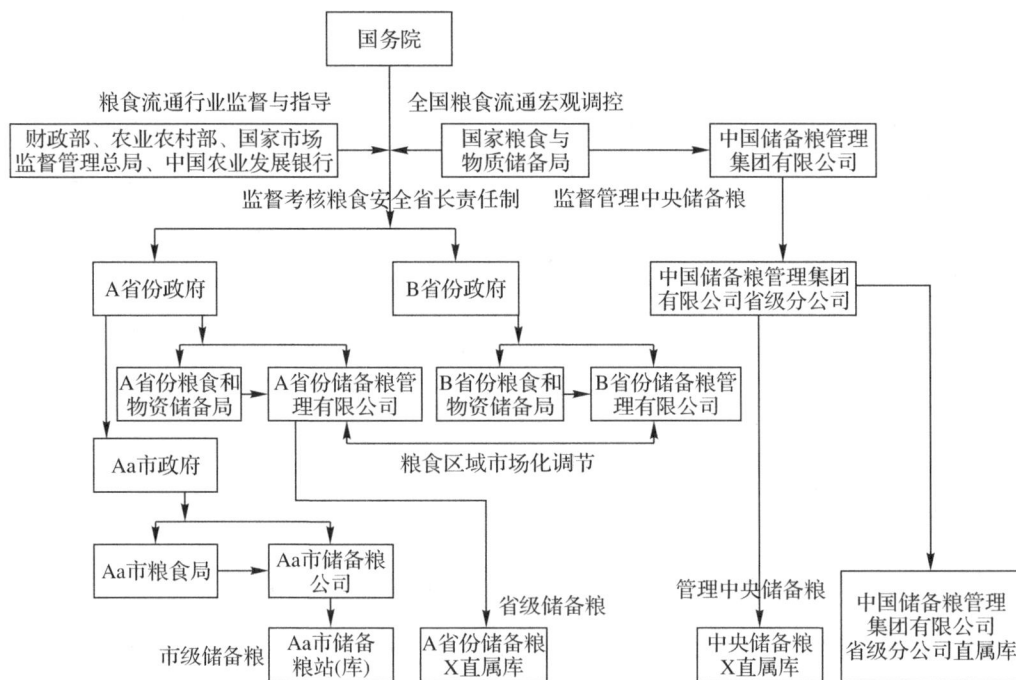

图6-3 粮食流通制度结构

中央和地方的多部门分工负责的制度结构主要包含两个部分:其一是中央政府保障粮食安全的粮食流通职责部分,其二是地方政府保障粮食安全的粮食流通职责部分。

中央主要负责粮食流通的宏观调控,以保障全国粮食总量平衡,这一职责主要由国务院以及相关部委负责①。《粮食流通管理条例》要求,国家发

---

① 根据1998年颁布的《国务院关于进一步深化粮食流通体制改革的决定》,国务院负责粮食的宏观调控,主要责任是:制定中长期粮食发展规划;搞好全国粮食总量平衡,对粮食进出口实行统一管理;确定全国粮食购销政策和价格政策;负责中央储备粮的管理并承担利息与费用补贴,以及中央直属粮食储备库建设;在发生特大自然灾害或特大丰收,导致全国性的粮价大幅度波动时,及时采取必要的措施,主要通过中央储备粮的抛售或增储等经济手段稳定市场粮价。

展和改革委员会与国家粮食与物资储备局①负责全国性粮食总量平衡与宏观调控,国家粮食与物资储备局与国家市场监督管理总局、农业农村部、商务部等部门各自负责职责范围内的粮食流通工作。中央储备粮业务被剥离出来,由国务院领导的独立的并且垂直管理的中央储备粮管理集团有限公司负责,地方各级人民政府及有关部门应当对中央储备粮的垂直管理给予支持和协助②。随着 2004 年小麦、稻谷最低收购价政策以及 2008 年玉米、油菜籽临储政策的推出,中央储备粮管理集团有限公司又承接了这一部分政策性粮食业务。

地方发展粮食生产、负责本地的粮食供求平衡与维护流通秩序,以及进行地方储备粮管理等职能主要由地方各级人民政府及其相关部门承担。地方政府保障粮食安全的主要职责在《国务院关于建立健全粮食安全省长责任制的若干意见》中以强调"粮食区域平衡"为核心逐渐明晰。粮食安全省长责任制的主要内容可以总结为三个方面:其一,着力发展本地粮食生产,确保本地粮食播种面积和粮食产量;其二,协助做好全国粮食总量平衡,完善区域购销合作机制;其三,确保本地区粮食的供销平衡,管理好地方储备,管理好本地市场,维护市场秩序③。随着粮食安全省长责任制的履行,这一责任制被进一步压实为市、县长责任制和部门分工负责制(李国庆,2016)。

这一制度结构依旧是以中央政府为核心的粮食安全责任结构,主要包含两部分。

首先,形成以粮食储备制度为核心的中央和地方两级责任制,形成了粮

---

①　2018 年以前为国家粮食局,属于国家发展和改革委员会下属局。

②　《中央储备粮管理条例》规定:"国务院发展改革部门及国家粮食行政管理部门会同国务院财政部门负责拟订中央储备粮规模总量、总体布局和动用的宏观调控意见,对中央储备粮管理进行指导和协调;国家粮食行政管理部门负责中央储备粮的行政管理,对中央储备粮的数量、质量和储存安全实施监督检查。"

③　《国务院关于建立健全粮食安全省长责任制的若干意见》规定的省长(主席、市长)在维护国家粮食安全方面承担的责任主要包括:稳定发展粮食生产,巩固和提高粮食生产能力;落实和完善粮食扶持政策,抓好粮食收购,保护农民种粮积极性;管好地方粮食储备,确保储备数量充足、结构合理、质量良好、调用高效;实施粮食收储供应安全保障工程,加强粮食流通能力建设;深化国有粮食企业改革,促进粮食产业健康发展;完善区域粮食市场调控机制,维护粮食市场稳定;健全粮食质量安全保障体系,落实监管责任;大力推进节粮减损,引导城乡居民健康消费。

食财权与粮食事权分别独立的中央粮食储备和地方粮食储备。中央粮食储备由国务院垂直管理，发展和改革委员会及国家粮食行政管理部门负责中央储备粮布局、轮换与监督工作，国务院财政部门负责中央储备粮的财政管理工作，建立中央粮食风险基金"用于支持粮食储备、稳定粮食市场和保护农民利益"①。地方粮食储备则由地方负责建立，地方的粮食储备由地方粮食管理部门负责对本行政区域内的储备粮的数量、结构、轮换进行统一管理和监督，地方粮食储备的财政由地方粮食风险基金承担，经营地方粮食储备的企业由地方粮食行政部门进行资格认定。

其次，建立承担粮食安全行政责任的中央和地方两级责任制，地方粮食行政部门的建设未得到足够的重视。2016 年《国务院关于推进中央与地方财政事权和支出责任划分改革的指导意见》中提到"要逐步将义务教育、高等教育、科技研发、公共文化、基本养老保险、基本医疗和公共卫生、城乡居民基本医疗保险、就业、粮食安全、跨省（区、市）重大基础设施项目建设和环境保护与治理等体现中央战略意图、跨省（区、市）且具有地域管理信息优势的基本公共服务确定为中央与地方共同财政事权，并明确各承担主体的职责"。2021 年的中央一号文件《中共中央 国务院关于全面推进乡村振兴 加快农业农村现代化的意见》首次提出了"地方各级党委和政府要切实扛起粮食安全政治责任，实行粮食安全党政同责"。由此可见，作为中央战略意图的保障粮食安全的目标，开始强调地方党政同责。然而，地方党政对于这一责任难以落实，就这一点，在《山西粮食和物资储备改革发展调查报告》中有："基层行政管理机构需要加强。各市在机构改革核定人员编制时，个别市原粮食部门人员在转隶时全部划转到商务部门，部分市发展与改革部门核定内部科室设置时，粮食和物资储备业务科室偏少，工作人员大幅度减少，粮食和物资储备工作难以有效衔接，难以适应正常工作的要求。"（王云龙，2019）。

这一时期的粮食流通政策体制特征如表 6－2 所示。

---

① 内容来自 2012 年新修订的《中华人民共和国农业法》。

表 6 - 2　转向粮食安全时期粮食流通政策体制特征

政策体制	内容	说明
政策理念	粮食产业化与保障粮食安全	1. 粮食从关系国计民生的重要物资,转向商品,国家着重发展粮食经济。 2. 粮食成为公共产品
利益主体	以政策性收储为核心的层级利益结构	1. 从粮食购销政策来看,中央对于粮食的储备补贴具有"扶大扶强"的趋向,侧重于农业产业龙头企业以及承担储备粮库存的储备库。 2. 注重粮食安全基础设施建设,但是在粮食流通市场结构之上的建设,依旧具有"扶大扶强"特征
制度安排	中央和地方的多部门分工负责的制度结构	1. 在保障粮食安全上开始强调发挥中央和地方两个积极性,形成中央和地方两级储备粮体系。 2. 建立粮食安全行政责任的中央和地方两级责任制,然而地方粮食行政部门的建设未得到足够的重视

第二节　转换性稳定模式的动力机制

2004 年以来,粮食流通政策变迁呈现出转换性稳定的变迁模式。政策目标层面开始出现新一轮的政策目标替代过程,即保证粮食供应的政策目标逐渐被粮食安全的政策目标所替代。在政策工具层面开始出现深化市场性政策工具的累积渐进式变迁过程。在政策设置层面开始转为波动式渐进变迁过程。这种转换性稳定的政策变迁模式的出现,意味着粮食流通的政策体制再一次回归到较为稳定的状态,下文将分析产生这一变迁模式的动力机制,包含下述内容:首先,分析粮食流通全面市场化以来所呈现出的转换性稳定模式的动力机制;其次,结合本书对这一动力机制的分析,解释2014 年左右粮食流通政策的调整;最后,对这一时期的粮食流通政策变迁及其动力机制进行总结。

一、政策转换性稳定模式的动力机制的基本情况

（一）粮食安全目标下市场化政策工具的使用

国家对于市场与政府关系的认识进一步深化，形成了政府与市场的"双重调节"理念，即政府负责保障粮食安全，市场在粮食流通方面决定粮食资源配置的"双重调节"的认知模式。这一模式解决了粮食私人物品和安全公共物品不同性质之间的冲突。在市场上流通的粮食被看作商品，其运行机制需要以市场工具来调节，粮食背后的公共物品属性，则逐渐被粮食安全这一公共物品观念来替代，并成为政府的主要职责。

首先，保障粮食安全成为政府进行粮食流通市场调控的主要目标。粮食流通中的政府责任被进一步明确，即将保障国家粮食安全作为核心内容。2002 年修订的《中华人民共和国农业法》首次在法律层面明确提出粮食安全，标志着国家开始以法律形式确立保障粮食安全的主体责任与相关职责。

其次，市场性政策工具逐步得到认可。这一趋势受政策理念与国际规则的双重影响。一方面，国家提出"市场在资源配置中起决定性作用"的政策理念，强调通过市场机制优化微观层面的资源配置。另一方面，加入世界贸易组织（World Trade Organization，WTO）后，中国需遵守对成员国农业保护政策的相关限制，这对国家干预市场行为提出了更严格的要求。

WTO 对我国粮食流通领域的行为限制主要涉及市场准入、农业国内支持、出口补贴和卫生检疫四个方面。其中，与粮食流通市场化政策工具使用直接相关的是市场准入、农业国内支持和出口补贴。

在市场准入方面，WTO 要求农产品贸易中关税应是唯一的贸易限制手段，禁止使用配额、差价税、许可证等非关税措施。我国需将农产品进口关税从 19% 降至 14.5%。此外，WTO 要求我国逐步取消粮食进出口中的国营垄断，《中美农业合作协定》则规定农产品进口需要实行配额制，并要求在国营与私营企业间合理分配配额（程漱兰 等，2001）。

在农业国内支持以及出口补贴方面，WTO 要求取消出口补贴并限制成员国对本国农业的支持与补贴措施，其中包括直接的价格干预、农产品价内

补贴等可能会引发农产品价格扭曲的补贴措施,规定我国农产品的黄箱补贴不得超过 8%①。

这些规则成为粮食流通政策调整的硬性外部约束条件。近年来,国家对粮食的补贴逐渐接近 WTO 规定的 8.5% 上限,并因此遭遇成员国的补贴诉讼。

为应对这些挑战,粮食流通领域逐步发展出多种市场化政策工具(见表 6-3)。不论是收储政策,还是价格政策工具,扭曲价格分配资源的政策工具皆逐渐减少,政策重心转向基于市场的非价格工具,更加注重维护市场秩序。

这一时期,粮食流通政策目标从保持供求总量基本平衡和价格稳定,转向以确保国家粮食安全为核心。政策工具也更加注重市场调控,这些政策工具在市场结构层面以及国家粮食流通管理的制度结构层面都获得了支持。

表 6-3　粮食流通政策领域政策工具类型

政策工具类型	内容
分配性政策工具	农业生产支持补贴(种粮直接补贴、农资综合直补、良种推广补贴、农机具购置补贴、种粮大县奖励)
	粮食流通基础设施建设
	粮食流通市场体系建设(市场信息服务、批发市场建设等)
	粮食仓储设施建设
	(中央、地方)粮食储备
再分配性政策工具	政策性收储(最低收购价、临时收储)
	粮食竞价销售
	粮食进出口调控
规制性政策工具	粮食流通监督检查
	粮食库存监督检查
	粮食质量安全监管

---

① 黄箱补贴主要是指可能对农产品贸易产生扭曲的价内补贴,如种子、肥料、灌溉等农业投入品补贴,农产品营销贷款补贴,休耕补贴等。

（二）以政策性粮食收储为核心的政策缓冲机制的再次形成

包括战略储备和托市收储在内的政策性粮食储备体系成为这一时期稳定粮食市场波动的缓冲机制，政策性的粮食储备体系发挥了应对国际粮食冲击以及调节国内粮食市场稳定的重要作用（郑风田 等，2019）。这一收储体系主要体现为两个主要特征。

首先，政策性粮食收储制度显著增强了国家对粮食的调控能力。2004 年《稻谷最低收购价执行预案》的出台，标志着最低收购价托市收储政策的建立。此后，最低收购价与临储等市场化政策工具稳定了粮食市场的波动，同时增加了农民收入，因而得到持续执行。从 2004 年到 2014 年，国家在 7 年间启动了稻谷最低收购价政策；在 2006 年到 2014 年，启动了小麦最低收购价收购政策。2007 年起，这一政策工具拓展至东北的玉米、大豆及湖北的油菜籽临时收储，2007 年至 2014 年，玉米临储政策共启动 7 次。从 2006 年到 2010 年，收购市场上 34.1% 的小麦被政府以托市收购的形式收购，2008 年后 80% 以上的玉米则被临储收购（郑风田 等，2016）。

其次，政策性粮食收储偏重依靠中国储备粮管理集团有限公司等国有粮食企业的作用。政策性粮食收储体系依托中国储备粮管理集团有限公司等国有粮食企业。作为中央储备粮和最低收购价政策的执行主体，中国储备粮管理集团有限公司需通过委托其他企业完成全国范围的庞大收储任务。由于政策性收储企业能够获得国家层面的收购和保管补贴，这使地方国有粮食企业具有很大动力参与政策性粮食的承储，便形成了以中央储备粮管理集团有限公司为核心的层级利益格局，这一格局侧重于粮食的购销经营而忽视了粮食加工产业（郑风田 等，2019）。表 6-4 呈现了 2005 年到 2016 年国有粮食企业的收购与销售数量，由表中"政策收购占国有企业收购比重"一栏可见国有粮食企业经营的粮食有相当一部分是政策性收购的粮食。

表6-4　国家粮食收购与销售量

年份	全国总收购/万吨	国有企业收购/万吨	国有企业政策性收购/万吨	国有粮食销售/万吨	最低收购价粮食出库/万吨	国有粮食收购占比/%	政策收购占国有企业收购比重/%	粮食商品化率/%
2005	—	11493.8	—	12024.1	—	—	—	
2006	20159	12256.5	4751	11898	—	60.80	38.76	40.48
2007	20133	10167.4	2927	12783.1	3037	50.50	28.79	39.94
2008	26576	15470.8	7010	15214.15	4690	58.21	45.31	49.74
2009	26639	15223	8117	16555	5750	57.15	53.32	49.39
2010	27975	12406	2816	18735	7374	44.35	22.70	50.03
2011	28243	11442.7	377	18782	3831	40.52	3.29	47.99
2012	29015	12363.5	3063	16637	1232	42.61	24.77	47.39
2013	34445	16887.4	7409	19286	3277	49.03	43.87	54.63
2014	36490	18985.2	12355	22555	5050	52.03	65.08	57.05
2015	42536	24386.8	—	19677	1995	57.33	—	64.39
2016	45990	20679.8	—	26300	3480	44.97	—	69.64

资料来源:《中国粮食统计年鉴》。

　　政策性收储制度在稳定国内粮食流通市场中发挥了重要作用,特别是在2008年国际粮食危机中成功抵御了外部冲击(彭珂珊,2008)。2007年底,全球粮食减产导致投机性增强,2008年国际粮食市场动荡,大米价格被投机炒作暴涨200%,小麦价格涨幅达171%。食品价格飙升引发了亚洲、拉丁美洲和非洲多国的社会动乱,大量民众走上街头抗议。在此期间,以政策性收储为核心的庞大粮食储备,有效稳定了国内粮食价格,并抵御了国际投机资本对中国主粮的炒作。

二、以粮食安全为目标的粮食流通全面市场化政策调整

(一)缓冲机制产生的消极反馈效应开始出现

以强调政策性收储为核心的粮食收储制度结构,虽然稳定了粮食市

场的短期波动，但是一些长期性的负面效应开始出现，诸如粮食市场中的结构性失衡、逐渐降低的国内粮食竞争力等，这些负面效应成为新一阶段的粮食流通政策调整的客观原因。这些政策长期的负面反馈包括以下方面。

首先，粮食市场逐步显现结构性失衡问题。最低保护价的持续提高刺激了粮食连年增产，但 2008 年起，基于利益和制度结构的消极反馈开始显现。国家通过加强粮食收购企业管理和强化储备部门，试图以政策性收购缓解长期存在的"卖粮难"问题。然而，频繁启动托市收购并逐步提高最低收购价，导致粮食流通面临"高产量、高库存、高进口、高补贴、低市价"的局面（见表 6-3），粮食的结构性供需矛盾开始变得突出（郑凤田 等，2019）①。

由于粮食产量逐年增高，国家粮食仓容不足问题更加突出，从表 6-4 的数据看，以 2012 年为例，全国收购粮食 2.9 亿吨，加上上年累计粮食与进口粮食数量，虽然总仓容有约 4.4 亿吨，但是有效仓容仅为约 3.9 亿吨。不仅如此，大量"危仓老库"进一步限制了储粮能力，全国仓容长期处于紧平衡状态。从地区来看，粮食主产区的库存压力尤为明显。例如，吉林省 2013 年粮食总产量约 650 亿斤，其中商品粮 570 亿斤，但粮食库存仅 375 亿斤，仓容严重不足。大量粮食因露天存放导致品质下降，进一步加剧了粮食流通的浪费问题。2010—2012 国家粮食仓容与粮食产量如表 6-5 所示。

表 6-5　2010—2012 国家粮食仓容与粮食产量

年份	总仓容/万吨	有效仓容/万吨	待报废/万吨	需大修/万吨	粮食产量/万吨
2010	39256	34909	626	3720	55911.31
2011	41799	37451	612	3736	58849.33
2012	44145	38590	853	4720	61222.62

资料来源：原国家粮食局官方网站。

---

① 这种结构性需求突出表现在大豆饲料作物上，2013 年大豆进口量超过 6000 万吨，大致是大米进口数量的 20 倍，玉米进口数量的 10 倍。结构性矛盾还表现在主粮的不同品种之中，国家的粮食库存大量积压的是品种不良的粮食品种。

其次,逐渐削弱的国内粮食产业竞争力。2004年后,基层粮库和相关加工企业失去国家补贴支持,农村粮库(粮管所)转向承包或租赁经营,导致国有粮食企业与民营企业对一线粮源的争夺加剧。市场竞争的无序性上升,不受重视的粮食附营业务逐渐丧失竞争力。根据《山西粮食和物资储备改革发展调查报告》,民营粮食企业收购量占山西省总量的90%,但因长期缺乏金融政策支持,面临资金筹集困难(王云龙,2019)。

相对薄弱的粮食市场结构逐渐受到外资冲击。2008年,WTO关于外资进入中国粮食流通领域的过渡期结束,以四大国际粮商为代表的外资企业,迅速渗透国内较为薄弱的粮油加工领域,并逐步扩展至粮食流通领域。益海嘉里集团[1]在2008年至2010年间占据中国食用植物油市场份额的60%以上。外资企业的进入不仅挤压了国内粮食加工企业的收益,还通过低价进口农产品抢占国内粮食市场份额。

以大豆加工企业为例,从表6-6来看,2010年民营企业数量占加工企业总数的85.13%,国有企业和外资企业占比类似。但是从企业的生产能力来看,国有企业和民营企业的生产能力与外资企业存在差距,从表6-6所示的单个企业食用植物油产量来看,外商企业加工能力为11.62万吨,民营企业加工能力为1.20万吨,国有企业加工能力为2.45万吨。

表6-6　2010年食用植物油加工企业情况

企业类型	油料加工能力/万吨	精炼能力/万吨	食用植物油产量/万吨	企业数量/个
外商及港澳台商企业	3579.1	1428.6	1371.4	118
民营企业	8371	2187	1530.4	1265
国有及国有控股企业	1161	356.8	252.6	103

资料来源:原国家粮食局官方网站。

由于国内粮食产业链的不健全,外商开始从最薄弱的加工领域切入,对国家粮食安全构成冲击(顾列铭,2010)。自2008年起,中国政府不再限制

---

[1]　美国ADM公司和新加坡WILMAR集团在中国共同投资组建的粮食加工集团。

外资进入粮食流通领域。当具备国际竞争力的外资企业进入市场开展收购时，国内缺乏规模的粮食加工企业几乎失去了在原粮市场上的定价权。例如，2010年益海嘉里集团仅在山东济宁就投入了6亿元用于粮食收购，相当于收购30万吨粮食的经费，并且其在山东的收购行动主要是为了开拓市场，几乎不考虑盈利。

在以中央企业和各级储备粮系统为核心、注重上游原粮收购的粮食市场中，长期以来，粮食定价权掌握在中央企业和地方国有企业手中。这种市场体系一方面压缩了粮食加工企业的利润空间，削弱了以商品粮生产为核心的加工流通企业的市场竞争力；另一方面，对基层粮食市场的忽视也使地方粮库生存困难，导致农民再次成为市场中的弱势群体。这些制度结构的缺陷可能导致政策层面的波动和调整。

从上述的消极反馈现象来看，虽然短期的市场性波动开始被已经以政策性收储为核心的制度结构所吸纳，如何调整长期累积的负面效应，将是这一阶段为实现粮食安全政策目标的重要方面。

（二）保障粮食安全的粮食收购市场化与价格市场化

鉴于上述问题，粮食流通政策调整再次进入新阶段。结合党的十八届三中全会提出的"使市场在资源配置中起决定性作用"的精神，从2014年起，国家沿着"促进市场公平交易和提高流通效率"的市场化方向推进流通政策改革。通过启动"价补分离"的市场化改革，着力缓解粮食库存压力。这些政策调整措施主要包括以下方面。

（1）调整最低收购价政策，2016年早籼稻最低收购价开始首次下调，2017年稻谷品类最低收购价全面下调①。最低收购价政策的定价机制正在从"成本加成定价"向"保本定价"转变，在价格形成上，强调市场形成机制。

（2）调整玉米和大豆的临储政策，2016年将玉米收购调整为"市场化收购＋生产者补贴"，2017年大豆在结束目标价格补贴试点之后，调整为"市

---

① 2020年引入最低收购价定量收入的收购政策。

场化收购＋生产者补贴"。

（3）在收购方式方面,则从政策性收购转向政府引导下以市场化收购为主,旨在建立优粮优价的市场运行机制。经过连续几年的政策调整,农产品价格的市场形成机制初见成效,在粮食流通领域市场化的过程中,粮食的商品属性逐渐凸显,行政引导的价格政策开始转向形成市场调节的粮食价格形成机制。

（4）进一步缩小粮食流通领域的行政审批范围,国家粮食局仅保留中央储备粮油轮换计划批准、中央储备粮代储资格认定、粮食收购资格认定等方面权力,地方粮食部门保留粮食收购资格认定、地方储备粮管理、军粮供应、仓储设施处置审批等方面权力。

粮食收购方式逐步由政策性收储为主转向政府引导下的市场化收购,并通过下调最低粮食收购价格,使价格逐步回归由市场决定。到2020年,粮食市场化收购比重已达98%,国家开始放开粮源,粮食库存结构由"藏粮于库"向"藏粮于市"转变。与此相应,粮食收购政策工具不断丰富,发展出综合轮换吞吐、库存拍卖和增加进口等体系。国家粮食和物资储备局要求坚持市场化改革方向,发挥市场配置粮食资源的决定性作用,充分调动多元主体积极性,多措并举组织好市场化收购(李可,2019)。2014—2020年详细的粮食流通政策调整见表6-7。

表6-7 2014—2020年粮食流通政策措施细节

年份	政策措施
2014年	1.在河南等5省份、江西等5省份和湖南等10省份,分别启动小麦、早籼稻、中晚籼稻最低收购价,在黑龙江等4省份启动玉米国家临时收储,取消大豆临时收储政策,启动东北和内蒙古大豆目标价格补贴试点。 2.建立国家粮食局粮食交易协调中心,负责搭建政策性粮食交易网络平台。 3.国务院印发《关于建立健全粮食安全省长责任制的若干意见》,明确地方政府在粮食安全方面的事权和责任

续表

年份	政策措施
2015 年	1. 在河南等 6 省份、江西等 4 省份、湖南等 9 省份启动小麦、早籼稻和中晚籼稻最低收购价，启动新疆、东北三省、内蒙古小麦、玉米临储。 2. 出台粮食安全省长责任制配套考核办法，全面落实地方政府粮食安全责任制，包含生产、流通、消费等各个环节。 3. 进行行政审批改革，国家粮食局仅保留中央储备粮油轮换计划批准、中央储备粮代储资格认定、粮食收购资格认定等方面权力，地方粮食部门保留粮食收购资格认定、地方储备粮管理、军粮供应、仓储设施处置审批等方面权力。 4. 实施藏粮于地、藏粮于技战略，推动粮经饲统筹、农林牧渔结合、种养加一体、一二三产业融合发展，让农业成为充满希望的朝阳产业
2016 年	1. 将良种补贴、种粮直接补贴和 80% 农资补贴合并成农业支持保护补贴。利用 20% 农资综合补贴存量资金、种粮大户补贴与"三项补贴"增量资金建立农业信贷担保体系。 2. 在东北三省和内蒙古按照"市场定价，价补分离"的原则，调整为"市场化收购＋补贴"机制。在河北等 6 省份、安徽等 4 省份、湖北等 9 省份分别启动小麦、早籼稻和中晚籼稻最低收购价预案；在新疆启动小麦临储。推动政策性粮食去库存。 3. 编制《粮食行业"十三五"发展规划纲要》
2017 年	1. 下调小麦、早籼稻、中晚籼稻和粳稻的最低收购价，在安徽等 5 省份启动小麦最低价收购，在江西、湖南启动早籼稻最低价收购，在安徽等 9 省份启动中晚籼稻最低收购价预案，对东北三省和内蒙古自治区玉米、大豆实施市场化收购加补贴机制。 2. 粮食作物要稳定水稻、小麦生产，确保口粮绝对安全，重点发展优质稻米和强筋弱筋小麦，继续调减非优势区籽粒玉米，增加优质食用大豆、薯类、杂粮杂豆等
2018 年	1. 强调坚守粮食安全底线，并力争稻谷、小麦等口粮品种的面积稳定在 8 亿亩。 2. 下调稻谷、小麦最低收购价，深化农产品收储制度和价格形成机制改革。积极推动由政策性收储为主向政府引导下市场化收购为主转变，建立优粮优价的市场运行机制。 3. 改革完善中央储备粮管理体制
2019 年	1. 出台《关于坚持以高质量发展为目标加快建设现代化粮食产业体系的指导意见》。 2. 将稻谷、小麦作为必保品种，稳定玉米生产，确保谷物基本自给、口粮绝对安全
2020 年	限定 2020 年最低收购价稻谷收购总量为 5000 万吨（籼稻 2000 万吨、粳稻 3000 万吨），限定 2020 年最低收购价小麦收购总量为 3700 万吨，促进"优粮优价"

在全面放开的粮食流通市场中,国家继续以国有粮食企业为中心,以深化市场化政策工具的方式,确保国家粮食安全。在2016年《中共中央 国务院关于落实发展新理念加快农业现代化 实现全面小康目标的若干意见》中强调"加强农产品加工、储运、贸易等环节合作,培育具有国际竞争力的粮商和农业企业集团",并在2017年的《国务院办公厅关于加快推进农业供给侧结构性改革大力发展粮食产业经济的意见》中强调"以资本为纽带,构建跨区域、跨行业'产购储加销'协作机制,提高国有资本运行效率,延长产业链条,主动适应和引领粮食产业转型升级,做强做优做大一批具有竞争力、影响力、控制力的骨干国有粮食企业"。

这一时期的粮食流通政策发展呈现出转换性稳定的变迁模式。政策以保障粮食安全为核心目标,逐步深化市场化政策工具的使用,并明确国有粮食企业在转型升级中的骨干作用。图6-4介绍了这一时期粮食流通政策的变迁方向。

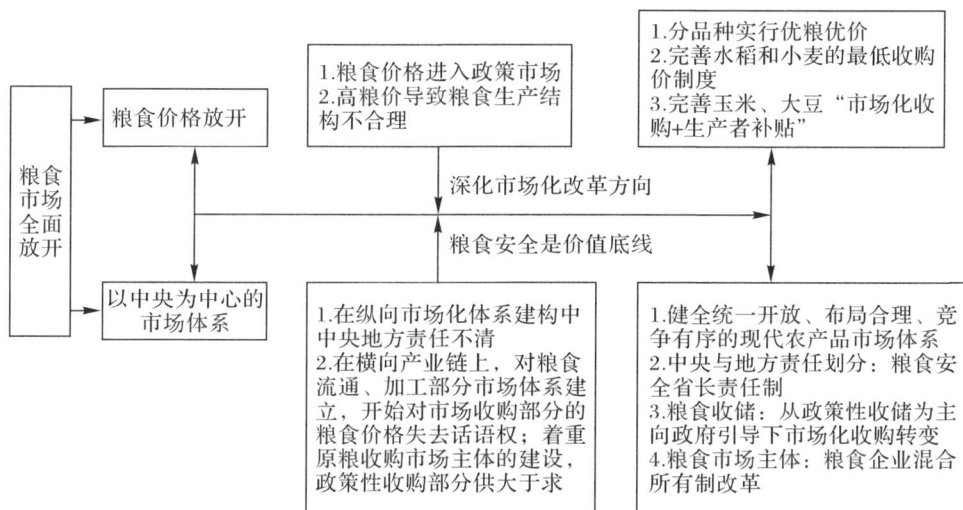

图6-4　转向粮食安全时期粮食流通政策变迁方向

三、结论

总结这一时期粮食流通政策呈现转换性稳定的重要机制,可以从以下方面分析。

首先，在理念层面，保障粮食安全成为政府调控粮食流通市场的主要目标。国家对粮食商品属性的认识不断深化，粮食流通领域的市场政策工具不仅获得理念上的认可，同时也受到 WTO 规则的限制。

其次，在制度层面，以政策性收储为核心的制度设计，结合以中央管理企业和国有粮食企业为主体，形成了差序层级的市场结构。该结构有效吸纳了自由贸易背景下粮食供求和价格波动的消极反馈，使粮食价格与供求关系能够在市场机制中形成。然而，这一制度也带来了新的问题：当国家重点发展以国有粮食企业为主体的市场结构时，农村中小生产经营者及基层粮库逐渐被边缘化。政策性收购的高额补贴主要被中层组织吸收，挤压了粮食加工领域和其他边缘主体的市场空间，从而在结构上增加了粮食安全的风险，引发了国家针对保障国家粮食安全为政策目标的新一轮的粮食流通政策的调整。

当前国家虽然强调粮食流通政策中保障粮食安全的底线战略，当前仍需回答的问题包括以下方面。在保障粮食安全的政策框架下，农民、消费者、粮食流通企业和政府应如何分担各自的责任？国家、企业与消费者之间的关系如何协调？这些问题尚未形成完整的理论框架。随着粮食安全战略的逐步清晰，粮食流通政策也将进入新一轮调整阶段。

第七章

讨　论

通过对第三至第六章粮食流通政策变迁模式及其动力机制的分析，可以得出结论：新中国成立以来，粮食流通政策经历了三个主要阶段——计划经济时期的自稳定变迁模式阶段、市场化时期的目标振荡模式阶段，以及转向粮食安全时期的转换性稳定模式阶段。这些政策动态模式的特征和影响机制带来了哪些理论启示？如何改进和优化当前国家粮食安全治理能力？这些问题将成为本章讨论的主要内容。

第一节　政策变迁及其社会动力机制

在进行截面性政策过程研究时往往难以识别政策系统内部的结构性因素，因此，在进行政策变迁研究时应将视角拓展至长时期的动态过程。基于新中国成立以来粮食流通政策变迁的分析，笔者对相关理论问题展开以下讨论。

一、政策变迁动态模式的多样性及理论贡献

制度和政策均是由诸多相互联系的子系统组成的复杂系统，其内部因素如同有机体内的互动，处于均衡-非均衡的动态演化状态（斯坦默 等，2014）。政策及其变迁研究的核心目的在于打开这一复杂系统的"黑箱"，通过掌握更多信息，揭示背后政治系统的运作机制。与传统间断式或渐进式政策变迁不同，政策变迁模式需要根据具体研究需求分解为不同维度，以观察不同模块下的变迁形态。基于彼得·霍尔（2007）对政策的分解，Howlett & Cashore（2009）提出了将政策分为政策工具、政策目标和政策设置三层结构，并据此总结了自稳定模式、恒温器模式、准自稳定模式和新自稳定模式，扩展了霍尔对政策变迁动态模式的研究视角①。

依据上述分析框架，表7-1汇总了1949年以来粮食流通政策变迁在不同时期的总体特征。具体而言，粮食流通政策的动态模式可分为三个阶段：计划经济时期的自稳定模式、市场化时期的目的振荡模式，以及转向粮食安全时期的转换性稳定模式。笔者总结的目的振荡模式和转换性稳定模

_____

① 就这四种政策变迁模式的具体描述见本书第二章第二节。

式,区别于霍尔(2007)和 Howlett & Cashore(2009)的传统分析,为政策变迁动态模式的研究提供了新的视角。

表 7 - 1 新中国成立以来粮食流通政策变迁动态模式

所处时期	政策目标	政策工具	政策设置
计划经济时期 (1953—1978 年)	稳定 保证物资供应与粮食安全	稳定 计划收购与计划销售政策工具稳定发展	波动式渐进变迁 粮食计划征购以及计划销售数量根据生产情况波动
市场化时期 (1979—2004 年)	波动式范式变迁 保障粮食供应功能与商品功能之间波动	波动式范式变迁 在市场工具和指令性工具之间摇摆选择	累积式渐进变迁 针对粮食定购数量降低,粮食定购价格逐年上调并接近市场价格
转向粮食安全时期 (2004 年至今)	累积式渐进变迁 逐步转向保障国家粮食安全	累积式渐进变迁 以维持市场调节粮食分配为目的的非价格政策工具逐渐增多	波动式渐进变迁 最低收购价格有增有减,开始逐渐与市场价格调整一致

市场化时期的粮食流通政策变迁呈现出两种粮食分配系统间的振荡模式。中共十四大确立了社会主义市场经济的发展目标,国家随即着力推进粮食流通市场主体和市场结构的建设。从政策理念来看,这标志着粮食流通政策经历了一次显著的范式性转换。然而,这一时期的政策变迁并未呈现霍尔(2007)所描述的自稳定模式,而是在双重政策目标和政策工具的交替调整中反复振荡。

直到 1998 年国有粮食企业改革全面启动,并完成强调中央宏观调控能力的粮食市场体系建设后,粮食流通政策才在 2004 年进入全面市场化的范式性转型阶段。这一研究结果,正呼应了 Oliver & Pemberton(2004)对英国货币政策变迁的观察,他们发现政策范式中的替代现象并非是如霍尔(2007)对英国货币政策变迁的观察。他们发现,政策范式的转换并非总是如霍尔(2007)所分析的那样表现为自稳定模式,政策范式的变化也可能是部分替代的渐进过程。在这一过程中,政策制定者并未完全接受新政策范式，而是选择性地吸纳其部分内容，形成替代性变迁。当政策体制场域尚不具备支持范式性变迁的条件时，即使政策理念发生重大变化，霍尔式的自稳定范式变迁也难以出现。这一发现为重新审视政策理念转型后的政策动态模式提供了重要的理论启示。

转向粮食安全时期，粮食流通政策变迁呈现出转换性稳定模式。政策目标已转变为保障国家粮食安全，但政策工具和政策设置仍保持在市场化方向上的随机调整。这一动态模式与 Cashore & Howlett(2007)对美国西北太平洋国家森林政策变迁的"恒温器模式"分析高度相似。根据他们的研究，恒温器模式是指政策目标的转变可以通过政策工具和政策设置的渐进调整实现，其核心在于政策工具与政策设置的逻辑与政策目标的逻辑不发生内在冲突。换言之，对政策工具和政策设置的调整推动了政策目标的内生性转变。类似地，转向粮食安全时期的政策调整过程体现了国家对宏观调控与市场配置关系认识的深化。政府与市场在资源配置中的角色被视为"分工"关系，强调市场化政策工具能够服务于有计划按比例发展的要求。因此，即便政策目标发生了范式性转变，无须大规模调整政策工具与政策设置即可适应新的政策目标。

上述两种政策变迁形态在一定程度上拓展了霍尔(2007)关于政策范式性变迁的分析。相比单纯关注政策是否发生范式性变迁，更有效的研究方法是从政策目标、政策工具和政策设置三个层面入手，分析其各自的变迁形态及相互关系，并考察背后的政策体制是否发生结构性转换。

基于此，将政策变迁划分为政策目标、政策工具和政策设置三个层面，并按照累积与波动、渐进与间断四种类型划分变迁形态，可以揭示更多的政策动态模式和范式性变迁类型。笔者归纳出的政策变迁动态模式包括自稳定模式、恒温器模式、准自稳定模式、新自稳定模式、目标振荡模式和转换性稳定模式(见表 7 - 2)。

表7-2 政策变迁动态模式总结

变迁形态	政策目标	政策工具	政策设置
自稳定模式 霍尔(2007)	——	——	∿∿
恒温器模式 Cashore & Howlett (2007)	╱	——	╱
准自稳定模式 Ramesh & Howlett (2006)	——	╱	——
新自稳定模式 Capano(2003)	——	╱	╱
目标振荡模式 (来自本研究)	∿∿	∿∿	╱
转换性稳定模式 (来自本研究)	╱	╱	∿∿
说明	—— 稳定 ╱ 累积性变迁 ∿∿ 波动性变迁		

这些动态模式的分析提醒我们,政策并非单一维度的变量,而是由不同层面、秩序和组成部分有机构成的演化系统。这些部分随时间变化相互作用,形成多样的动态模式(Mortensen,2005)。若仅对政策内部不同层次和组成部分进行并列分析,可能混淆政策演化的形态,进而误判其影响机制(Cashore & Howlett,2007)。

对政策变迁动态模式的细致分析，不仅拓展了政策变迁的研究方法，还有助于识别影响政策变迁的内生与外生结构性因素。作为政治系统的输出，政策受到系统内结构性要素的制约，呈现出多种动态变化状态（斯特曼，2008:77-94）。动态模式分析的一个优势在于可以区分政策变迁的内生和外生影响因素，进而建立相关分析框架。例如，在具有稳态特征的系统中，通常由政策的积极反馈（系统论中的负反馈）机制维持稳定（维纳，1978:1-9）。通过分析长期保持稳定的政策要素，研究者可以发现影响政策变迁的稳态机制。

Cashore & Howlett（2007）为美国西北太平洋森林政策的研究提供了典型案例。他们发现，尽管私人森林系统和公立森林系统一样，面临着环保组织制造的保护森林的环保压力，但是私立森林系统并没有像公立森林系统那样明显减少每年的森林采伐指标。这是因为私立森林政策由行业利益主导的森林实践委员会制定，其目标是林业经济利益，而非响应环保诉求。通过吸纳扩大采伐需求产生的消极反馈，这一政策设置始终保持稳定。类似地，转向粮食安全时期的粮食流通政策中，由中央主导的储备粮和政策粮收购制度吸纳了国内外粮食市场波动产生的消极反馈，从而实现了国家的粮食安全目标。

范式性政策变迁究竟是受到内生性因素的影响，还是外生性因素的影响，一直存在诸多争论，通过对政策进行组成维度的拆分，并观察整体的动态模式，有助于分析影响范式性政策变迁背后可能存在的结构性机制。McAdam 对美国黑人法崩溃的研究表明，长期稳定的制度结构对政策剧烈崩溃起到了重要作用。他分析了民权积极分子长时期稳定掌握社会资源的变化情况，当这些积极分子发现其拥有的资源对于挑战现有的制度获得成功的可能性较大时，其才会采取行动。他发现，民权积极分子只有在资源积累足够强大、能够挑战现有制度时才采取行动。因此，如果缺乏对政策变迁动态性的关注，研究者在面对短期剧烈的政策变化时，可能会过度聚焦于催化因素，而忽视深层制度转变对间断性变迁的影响。

二、政策变迁动力机制的理论发现

通过上述政策变迁模式以及相关因素总结,在本书中形成了如图 7-1 所示的修正模型,即初始时期的政策设计受到外部冲击以及政策体制的联合影响,而随后产生的政策演进模式将是初始阶段的政策设计与政策体制交互作用产生的。

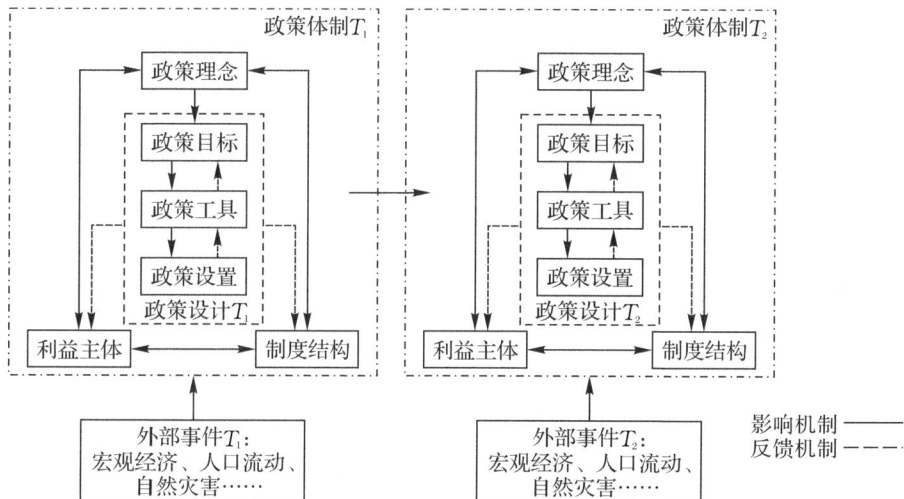

图 7-1 政策变迁社会动力机制修正模型

新中国成立以来,粮食流通政策的变迁过程体现出国家结合外部事件与政策体制结构进行调整和反馈的特征。这些针对特定政策压力设计的临时性政策,产生了相应的政策结果。当政策结果能够满足政策体制各结构要素的期待时,政策进入积极反馈状态,进而形成累积性变迁,展现出政策的学习性与适应性特征。

然而,当政策调整无法满足政策体制各结构要素的期待时,便会引发消极反馈,例如粮食供应减少、市场价格迅速上升或粮食储备过快增长。当这些消极反馈超出现有政策体制的吸纳能力时,国家需要通过调整政策目标、政策工具或政策设置来应对,从而形成波动性变迁。

影响不同类型政策变迁模式的关键在于政策体制中的政策理念、制度结构以及利益主体结构等要素。下文将对这些结构性要素的影响进行总结与分析。

（一）政策调整的现实原因具有多样性

通过对粮食流通政策变迁模式的结构性分析可以发现，政策的初始调整往往是为了解决粮食流通领域面临的现实问题，例如粮食供应过剩或财政压力等。这些问题由外部冲击、政策理念、制度结构以及利益主体的变化所引发。

例如，1953年统购统销政策的确立是为应对商品粮供应短缺，1979年提高粮食征购价格并开放议购议销渠道旨在激励粮食生产，1990年中央专储粮制度的推出则是为解决当年粮食产量过剩问题。1994年建立中央粮食风险基金，通过粮食销售体制改革节省的补贴资金，为中央政府的调控行为提供财政支持，包括补贴储备费用及粮食进口（叶兴庆，1996）。

可见，不论是处在振荡状态的政策，还是处在稳定状态的政策，当其所处的政策体制受到外部冲击而致使其结构性要素发生变化，这些变化会成为政策调整的现实性原因，包括如1982年家庭联产承包责任制的确立、2001年中国加入WTO都成为政策调整的现实外部冲击，但是这些政策调整能否在后续发展中成为稳定的政策，取决于调整后政策所处的政策体制。这些结构性影响包括政策体制中政策理念的稳定性、制度结构的制度能力以及利益主体结构内的利益分配等。

（二）政策理念决定政策变迁的方向

政策理念的重要性在于为治理提供方向（May，2015）。制度主义学者广泛认同理念在政策变迁中的关键作用，因为理念既能约束政策变化，又能推动政策变化。正如Blyth（2002：25）指出理念首先被视为"可以帮助定义行动者利益的规范性语境"[①]，因此理念变成了可以在多个均衡条件下实现收敛的焦点。在这一视角下，理念被看作可以促进行动者开展合作行为的一种功能装置（functional devices）。

从这一视角出发，理念几乎贯穿整个政策决策过程，包括议程制定（如政策问题的确定），政策方案选择、实施与合法化，以及政策评估与终止

---

　① 原文为：normative context that helps define the interest of actors.

(Béland,2005)。因此,理念的影响是弥散性的,不仅可以引发霍尔所述的第三序列范式性变迁,还能通过政策工具或政策设置的调整,内生性地推动政策目标的转变。这一结果也呼应了戴维·伊斯顿对于政治体系的研究,其认为政治体系的"适应性"是一项"创造性和建设性的任务,有目标和方向"(Easton,1965:100)。

在改革开放之前,国家发展理念的核心强调国民经济有计划按比例发展规律的重要性,价值规律需服从这一规律。这一理论基础指导下的主流观念可概括为"公有化、平等主义和产量目标至上主义"(赵德余,2017:4)。这一时期粮食市场的原则是,中央统一管理、指挥和调度,通过国家对粮食市场的严格控制,粮食市场成为国家的财政工具(熊万胜,2013:71)。

改革开放至 21 世纪初,国家不断探索政府与市场的关系,试图建立既能提高流通效率,又能保障粮食生产的粮食市场。这一阶段的粮食市场理念在"市场化"与"计划"间跳跃,但最终"粮食商品化与经营市场化"理念逐渐确立。定购粮指标逐渐减少,减轻了国家对于通过国有粮食企业获得定购粮的依赖,并借此改革了国有粮食流通系统,推进了粮食流通政策的市场化转型。

进入 21 世纪,随着经济体制改革深化,政府与市场的"双重调节"认知逐渐形成。粮食流通市场全面市场化,粮食价格全面放开,国家在保障粮食安全的底线战略下,一方面强化政府宏观调控,另一方面突出市场对价格的决定性作用。

(三)利益主体结构限定政策调整的范围与程度

利益结构是制约粮食流通政策演化的重要约束条件,主要体现为国家与农民、国家与市场之间的关系。国家追求整体利益最大化的分配方式,需在不同利益主体间进行平衡,尤其是如何保障种粮农民的利益。这种平衡通过积极反馈与消极反馈机制影响政策调整,体现出政治系统作为高度适应性系统的动态特征。

1953 年到 1979 年统购统销时期,在以工业积累为核心的政策理念下,国家建立了"四统一"模式的粮食流通制度,包括计划收购、计划购销和财政统收统支。这一制度形成了种粮农民向城市工业以及城市居民的利益分配格局。当粮食可以在工业与农业、城市与农村之间合理分配时，政策目标、政策工具和政策设置能够保持积极反馈。然而，过度提取粮食剩余导致农民生产积极性下降，便形成消极反馈，迫使国家调整粮食征收比例。20世纪60年代后，粮食征收比重稳定在25%左右，体现了稳定利益结构对政策目标实现的重要作用。

市场化时期的粮食流通政策因为引入市场渠道，利益结构开始变得更加复杂。粮食作为"商品"和"战略物资"双重属性并存，为平衡农民与消费者之间的利益，国家保留了计划内渠道，通过调整计划收购数量和价格来稳定粮食供应和保护农民利益。在2004年全面市场化后，国家逐步将对农民的保护，从流通阶段的补贴转向生产阶段的补贴，同时通过市场机制实现粮食价格调控。尽管政策不断向市场化方向发展，但分散的小农户经营与现代化粮食流通结构之间的不匹配，仍对政策调整构成制约。粮食流通政策若要实现长期稳定，并朝国家政策理念方向演化，必须建立与地方农业生态结构相适应的粮食流通市场体系。对这种利益主体结构的调整，将是未来粮食安全治理的重要课题。

（四）制度结构有助于维持政策的稳定性

正如赵静等（2020）所分析的，中国的政策过程具有"决策删减、执行协商"的特征，因此需要将政策过程的各个环节纳入分析，以全面考察政策变迁。从本书分析可见，政策变迁并非国家单方面控制的结果，还是政策执行主体和粮食流通市场经营主体共同建构议价能力的产物。当制度结构能够吸纳政策各层面的消极反馈时，便能形成稳态的政策体制，从而呈现较为稳定的政策变迁动态模式。

在计划经济时期，国家通过高度统一的"四统一"制度（统一征购、统一销售、统一调拨、统一管理库存），实现了粮食事权和财权的集中。这一制度结构增强了国家对粮食的动员能力，只要其汲取能力不破坏农村的粮食供应，政策便能保持稳定。转向粮食安全时期，政策性粮食收储制度以中央为核心，强化了对粮食市场和价格的调控能力，有效吸纳了市场波动产生的消极反馈，确保了政策的稳态运行。

市场化时期的粮食流通政策则呈现出更高的振荡性，源于其以国有粮食企业为单一执行主体,同时追求双重政策目标的制度设计。这一结构以粮食财权与粮食事权的分离为特征:财权下放至地方国有粮食企业,增强了地方自主行动的动机;而事权则由中央掌握,用于实现宏观调控。然而,这种设计导致 20 世纪 90 年代的粮食流通政策被地方性市场结构"绑架",中央难以建立有效的宏观调控能力。同时,市场化对粮食分配的消极反馈也难以被吸纳,致使政策在应对市场波动时不得不放弃市场化调整(熊万胜,2013:107)。

第二节 政策启示

拉斯韦尔强调有关政策的知识需要"提升民主的实践"(Lasswell,1951:15)。同样,对于中国政策变迁的研究也应服务于提升国家治理的实践。笔者结合政策体制与政策反馈理论,分析了政策变迁的社会动力机制,呼应了戴维·伊斯顿(2012:557-580)关于政治系统生存能力的分析。他指出,政治系统在复杂环境中维持稳定生存的关键在于其持续建立、调适和重组内外部环境以达到动态平衡的能力。

笔者研究的一个政策启示是国家治理动态能力建设的重要性。党的十九届四中全会通过《中共中央关于坚持和完善中国特色社会主义制度 推进国家治理体系和治理能力现代化若干重大问题的决定》,提出推进国家治理体系和治理能力现代化,并强调"推进全面深化改革,既要保持中国特色社会主义制度和国家治理体系的稳定性和延续性,又要抓紧制定国家治理体系和治理能力现代化急需的制度、满足人民对美好生活新期待必备的制度,推动中国特色社会主义制度不断自我完善和发展、永葆生机活力"。

由此可见,保持国家治理体系在应对外部环境与改革过程中保持稳定十分重要,国家治理的动态能力建设也是实现国家治理能力现代化的一个重要方面。卡尔·W. 多伊奇等(1986)将该讨论称为"适应性学习",提到当本国遇到新的生存环境,如粮食产量与人口的矛盾、能源耗尽的情况下应发展出相应的适应能力。笔者基于政策体制与政策反馈的政策变迁研究,在建设国家治理的动态能力方面的政策启示包括下述几个方面。

一、政策设计要考虑政策的动态性与时间性

从行动角度看来，公共政策是政府为实现某种目的的社会行动，其本质是包含政策目标、政策工具和政策设置的复杂系统。政策设计应体现系统性思想，避免内部冲突。笔者对不同政策层面的反馈分析表明，政策设计中若政策目标、政策工具与政策设置协调一致，可通过政策设置吸纳消极反馈，维持政策工具的稳定性；若政策工具有效吸纳消极反馈，则有助于政策目标的稳定。

在统购统销时期，粮食流通政策在设置层面上的波动性变迁，维持了政策工具与政策目标的稳定性。在市场化时期，粮食流通政策因为缺乏合适的维持政策目标的政策工具设计，不论是市场化还是指令性的政策工具所产生的政策消极反馈，都没有相应的政策设置来进行吸纳，从而使得政策目标也在保持粮食供应和发展粮食市场两个目标中振荡发展。转向粮食安全时期的粮食流通政策发展出足够的市场性政策工具，使得粮食市场性供求和价格波动的消极反馈都得以被合适的政策工具所吸纳，而维持了政策目标层面的稳定。这些反馈模式揭示了设计细腻的政策工具与政策设置对实现长期治理目标的重要性。

更加细腻的政策工具与政策设置层面的设计，还有助于解决彭新万（2009），赵德余（2010），周洲、石奇（2017）等提到的多重政策目标造成的政策反复的问题。事实上，每个政策领域都涉及多重目标的实现。在考虑这些多重目标时，需要合理设计相应的政策工具及其执行架构。

在市场化时期的粮食流通政策中，虽然有多个政策目标（如保障粮食安全、推进粮食商品化和市场化），但政策执行的核心问题在于这些目标的执行主体主要是地方国有粮食企业，所有政策工具都依赖这一单一主体来实现，导致多重政策目标在执行中产生冲突。因此，实现政策目标的重要前提是建立能够有效分工协作的政策治理结构，即相互协调的政策目标、政策工具和政策设置。

在政策调整过程中，明确制度调整、产业政策和宏观调控政策之间的区别非常重要。正如唐世平（2016）所提出产业政策、宏观经济政策以及制度

变革是三个不同的问题,而在粮食流通政策的调整过程中,往往混淆了这些政策问题,尤其是混淆了长期效应和短期效应。

政策设计中另一个重要的问题是时间延迟,即从政策输入到输出(即从政策执行到效果显现)需要时间。在存在时间延迟的反馈系统中,过度反应往往会适得其反,甚至可能使系统走向错误的方向。决策者忽视时间延迟的原因有很多,比如政策反馈信息的滞后、政策执行的延误以及不同利益主体的激励机制等。混淆政策的长期效应和短期效应也是重要原因。在市场化时期,政府未能分清市场经济中的长期效应和短期效应,导致了政策的频繁波动。卢锋(1999)认为,国家粮食流通政策未能正确缓解粮食产量与价格的周期性波动,使用长期性政策工具调整短期市场波动,反而加剧了粮食产量和价格的波动,增加了粮食供应过剩的现象。这种忽视时间延迟的偏差最终导致更多的政策阻力、寻租现象以及更高的政策与制度成本。因此,设计政策时需要充分考虑从政策执行到产生预期效果所需的时间。

忽视时间延迟效应的现象也出现在其他政策领域。赵静等(2020)在分析金融领域改革中的政策反复时发现,当政府无法控制多元政策行为主体时,倾向于使用强制性政策工具来试图主导改革进程,让资本市场按照预想的方向与速度变化,但是由于政策执行过程完全脱离政府掌控,政策改革产生了不可预期的股灾风险。当政策结果与目标发生偏差时,政府往往选择成本最低、见效最快的手段进行干预。在粮食流通政策的历史发展中,1992年至1997年期间,由于国家拥有强大的行政控制能力,当粮食供应紧张并挑战国家对粮源的控制时,决策者自然倾向于采用行政手段(邓大才,2004)。然而,迅速的政策调整背后是决策者未能充分考虑政策调整和其效果之间的时间差。忽视复杂系统中的时间滞后效应,会加剧系统的不稳定性,导致行为者采取投机性的短期行为,从而进一步增加系统输出的振荡。

二、政策体制构建应着力于结构的功能耦合

政策变迁稳态模式的核心是设计具有稳态结构的政策体制,从系统论和控制论的角度,一个保持稳态的系统需要存在一个能够保持系统目

标稳定并对偏离目标的反馈进行校正的调节回路①。金观涛、刘青峰(1987：1－73)结合系统分析方法对社会结构的稳态分析，为政策体制稳态结构的设计提供了参考思路。他们认为，演进中的社会可以被看作一个结构，只要这个结构内部有互相调节的机制，就能保持整体系统的稳定。这种稳定性依赖于结构内部各个子系统相互调节，并及时调整那些偏离社会目标的负面反馈。因此，一个稳态的政策体系应具备这样的结构设计，即政策理念、制度结构和利益分配之间能够相互协调与强化。这种功能耦合不仅要求系统内部的输入与输出相匹配，还需要设计调节回路来吸纳负面的政策反馈。这体现在以下两个方面。

首先，实现稳态的政策体制之中需要具备吸纳政策负面反馈的制度结构。在本书的分析中，粮食流通政策体系在计划经济时期和粮食安全时期都表现出较为明显的稳态特征。

在计划经济时期，统购统销政策体系是核心。过渡时期的总路线提出了国家工业化的战略目标，为实现这一目标，粮食作为农业剩余的重要战略物资，承担了国家工业化的关键角色。粮食涉及福利再分配问题，以中央政府和国有粮食企业为核心的统一征购、统一销售、统一调拨和统一库存管理的制度，确保了在资本有限的背景下也能最低限度地保证粮食的公平供应。这一高效的粮食征集制度也带来了潜在的负面反馈，即对农村的过度征粮，但通过结合农村集体化制度，这些负面影响被吸纳，国家强大的粮食动员能力对农民利益的损害被限制在极小范围内。

在转向粮食安全时期，粮食流通体系的利益分配方式再次发生变化，国家对流通系统内各利益主体的分配方式从直接控制转向间接调控。市场逐渐成为粮食分配的基础机制。同时，为了吸纳市场分配机制带来的负面反馈，以中央为核心的政策性粮食收购制度应运而生，从而吸收市场波动带来的影响，形成了新的稳态政策体系。

其次，转型时期的政策体系设计需要重视实现功能耦合。当政策体系

---

① 调节回路具有自动性的特征，即不管系统存量初始状态如何，也不管它高于或低于目标状态，调节回路都会将其引导至目标状态。

缺乏功能耦合的制度设计时,很容易引发政策的过度反馈。在笔者对市场化时期粮食流通政策体系的分析中可以看到,市场化时期的粮食流通政策具有转型的特征。由于粮食流通制度难以与分散的小农户经营模式实现功能耦合,因此形成了计划内渠道与市场化渠道并存的"双轨制",以确保对农村小农经济的粮食供应。

一方面,计划内渠道旨在实现全社会的粮食供应,但却难以有效吸纳农村剩余的粮食;另一方面,市场化渠道在减少国家制度成本的同时,却难以确保粮食供应的稳定性。由于难以实现功能耦合,两种渠道在粮食分配中都存在一定的负面反馈,但这些负面反馈却无法被现有政策体系所吸纳。当粮食价格暴涨或产量下降等负面效应出现时,政策制定者往往会做出过度反应,在两种渠道之间频繁切换,导致政策的波动和不稳定性。

再次,政策体系中存在许多微小且不易察觉的偏差,这些偏差随着时间的积累可能会产生重大影响,难以保持政策的长期稳定。政策很难保持长期稳定,任何政策意义上的"成功"都是相对的,当下政策问题的解决方法可能会给后续带来"麻烦"(赵鼎新,2020)。即便是一直保持稳态的政策体制也有可能因为存在长期没关注到的累积性的消极反馈而崩溃。金观涛、刘青峰(1987:39-42)认为,系统中的每个输出功能并非单一,当子系统耦合成大系统时,每个子系统只有其主要(但部分的)功能参与耦合,那些未参与耦合的功能对整体系统的影响小到可以忽略不计。然而,这些看似微不足道的功能随着时间的积累可能会影响整个系统,最终破坏系统的适应性,导致结构失去稳定性。

以计划经济时期的粮食流通政策体系为例,农业合作社(生产队)的集体化保障了统购统销政策作为基本工具的稳定执行,但其中的问题在于农村集体经济的分配机制缺乏激励,导致粮食产量长期增长缓慢,持续扩大的粮食缺口直接挑战了现有粮食流通治理结构。在转向粮食安全的治理结构中,虽然以政策性收购为核心的制度设计在一定程度上稳定了粮食市场的波动,但其过于依赖粮食储备,产生了长期的粮食供求结构性矛盾,这种矛盾将对国家的粮食安全构成潜在的威胁。

三、政策动力机制与国家粮食安全治理能力

通过对粮食流通变迁过程的分析可以看出,粮食流通政策的目标已经转向保障国家粮食安全。然而,依靠当前的利益主体结构和制度安排,能在多大程度上确保国家粮食安全,仍值得进一步思考。20世纪90年代的粮食流通制度改革虽然受到许多市场经济学者的批评,但政府在这一领域的谨慎态度是可以理解的,因为粮食具有公共物品的属性,不能为了追求流通效率而完全市场化。对于国家而言,粮食生产不仅是一个经济活动,更是关系国计民生的大事。

尤其在面对新的挑战时,如面对粮食产量与人口的矛盾、能源枯竭等情况时,如何体现相应的政策适应能力,并进行合理的政策设计和调整,对于实现国家粮食安全治理至关重要。接下来,笔者将从国家粮食安全治理的结构性限制以及政策设计与调整建议两个方面,说明本研究的政策现实意义。

(一)国家粮食安全治理的结构性限制

对粮食流通政策变迁的结构性分析表明,未来影响粮食流通政策变迁的主要结构性因素仍将集中在政策理念、利益主体和制度结构这三个关键方面。

首先,粮食安全将成为粮食流通政策调整的政策理念前提。从国际压力和国内政策理念的发展来看,中国的发展范式正在融入全球化进程之中。面对第二轮全球化浪潮的收缩,基于民族国家为主体的保护主义政策将成为一种趋势。过去20多年的对外发展模式建立在古典经济学理论假设的基础上,鼓励国家采取粮食贸易自由化、扩大粮食进口,并逐渐放弃自给自足的目标。从短期来看,这可能更具经济效益,但从长期来看,这种做法可能会危及国家安全(克利福德·柯布 等,2014)。这也是近年来国家在粮食发展战略上进行转型的重要原因之一。2013年中央经济工作会议指出,要坚持"以我为主、立足国内、确保产能、适度进口、科技支撑"的国家粮食安全战略。在党的十九届五中全会上确定的"构建以国内大循环为主体、国内国际双循环相互促进的新发展格局"发展方向,成为中国经济发展的新的战略

布局。在这一"新粮食安全观"战略之下，立足国内发展粮食生产和流通产业，将始终是粮食流通政策调整的重要前提。

其次，粮食流通政策将面临供需结构失衡带来的利益主体的限制。最基本的粮食流通政策涉及三类主要利益主体：粮食生产者、粮食流通者和粮食消费者。未来，粮食流通政策在这三个主体之间面临的限制可以总结如下。

粮食消费者对粮食的需求将持续增加，这不仅涉及粮食供应总量的问题，还涉及供应结构的问题。克利福德·柯布和成文杰（2014）估计，随着饮食习惯的改善，中国60%的肉类消费增长将需要增加900%的粮食进口，特别是高蛋白的大豆和玉米。此外，工业生产对粮食的需求也将不断增长，随着粮食新能源成为国家科技发展战略的重要组成部分，玉米等作为新能源基础的粮食品种将成为未来工业发展的重要限制因素。

粮食生产者面临供应不足的可能性。随着农业收入在农民总体收入中的比重下降，如何通过政策措施激励农民种粮成为未来粮食政策的关键挑战。此外，国内农业生产也面临耕地和生态环境的上限问题，尤其是水土资源短缺，这将成为未来粮食生产的重要制约因素。从空间布局上看，北方地区（如东北、河北、河南）是重要的粮食生产基地，但这些地区面临水资源短缺问题。以黄河、淮河流域为例，这些地区占全国40%的耕地，仅拥有全国8%的水资源，却生产了全中国60%的小麦和40%的玉米。因此，如何合理配置水土资源是未来粮食生产面临的重要挑战（克利福德·柯布 等，2014）。

作为连接粮食生产者和消费者的粮食流通者，将面临新型农业发展的挑战。从全球农业发展的趋势来看，多功能农业将成为未来的主要发展方向，但目前粮食生产仍以农业产业化为主要政策目标。当粮食生产方式向多功能农业转型时，粮食生产者和消费者的空间距离将缩短，这可能使粮食流通结构趋于扁平化，对当前国家费尽心力建立的中层市场结构带来挑战。

最后，粮食流通政策的制度结构可能面临与利益结构之间的摩擦风险。2021年新修订的《粮食流通管理条例》开始施行，意味着中国的粮食流通开始进入法治治理的新阶段。总结新修订的《粮食流通管理条例》的特点，包括以下方面。首先，粮食流通管理体制调整为保障粮食安全的党政同责，即党政共同承担确保本行政区域粮食安全的责任。管理方式强调事中事后的监管，同时取消了粮食收购资格的行政许可。其次，该条例对粮食流通监管的内容进行了调整。一方面，完善了粮食流通主体的行为规范，包括政策性粮食的管理、粮食质量安全、粮食经营行为的规范以及节约粮食和减少损失等。另一方面，明确了粮食流通主体的禁止性行为，如不得擅自动用政策性粮食，不得改变政策性粮食的经营用途等。

由此可见，新修订的《粮食流通管理条例》在明确粮食流通行政部门的监管职责和维护市场秩序方面进行了重要调整，构建了新的监管制度结构。该条例强调党政同责，并对政府监管责任进行制度调整，可能与现有的粮食流通利益主体结构产生摩擦，从而成为当前粮食流通政策调整的限制因素。

（二）国家粮食安全治理的政策建议

无论是政策设计，还是政策体系的构建，如何确保制度具有弹性将成为提高国家治理实现动态平衡的重要因素（保罗·皮尔逊，2014：157－183）。粮食流通政策体系能否在面对外部冲击时保持稳定的反应，很大程度上取决于治理结构是否具备动态平衡的能力，即治理体系的设计不仅要确保功能耦合，还需能够吸纳体系内的负面反馈，并防止因政策制定者对时间延迟效应的认知不足而导致过度反应。

基于对粮食流通政策体系结构性限制的分析可见，未来粮食流通政策的设计与调整将在确保国内粮食安全这一重要理念下，持续强调市场化监管工具的使用。一方面维护粮食市场秩序，另一方面确保政策性粮食在保障粮食安全中的重要作用。因此，针对国家粮食安全治理的政策设计与调整建议，可以总结如下。

1. 粮食流通政策设计要考虑动态平衡

正如上文所提到的，政策目标、政策工具与政策设置在不同层面的反馈组合及其结果，有助于实现国家治理。因此，在政策设计中需要制定更加精细的政策工具和政策设置，以保持政策目标的稳定性。作为连接粮食生产和消费的重要经济部门,粮食流通部门的主要作用是协调供需平衡。利用市场化监管的粮食流通政策,应致力于打造一个透明的粮食流通体系,充分反映流通的动态和变化。

当政策调整过程中出现目标与实际情况有偏差的情况时,政策调整需要注意短期和长期时间效应的影响,以避免政策波动。20世纪90年代的粮食流通体制改革中,国家一方面出台宏观调控政策来调整粮食产量和价格,另一方面推进粮食流通体制改革,甚至希望通过一揽子政策同时实现宏观调控和制度改革的目标。其核心问题在于,当时国家将粮食流通体制的改革与粮食生产周期结合进行,这种做法不但未能达到预期目标,反而加剧了粮食周期的波动(卢锋,1999)。粮食流通体制改革与市场价格波动经常交织在一起,容易导致人们将平抑粮食波动的政策与制度改革混淆。应注意,平抑粮食价格波动的政策是短期性的,需根据供求变化不断调整,而粮食体制改革的政策是长期性、根本性的,是国民经济体制变革的重要组成部分,不能随着供求关系变化而频繁调整。

如果无法理解政策体系中的时间效应,将加剧政策系统的不稳定,容易引发投机性的短期行为,从而增加系统的波动性。精细的政策工具和政策设置包括快速有效的应急手段,如在粮食市场供需剧烈波动时实施的紧急收储或抛储措施,以及应对特殊情况下区域性粮食短缺的粮食调运应急预案等。

2.粮食流通政策体制的设计与要实现功能耦合

基于上文的分析可见,当前的粮食流通政策体系再次处于过渡阶段,粮食流通政策体系的设计需要实现政策的功能耦合,这既包括生产端与需求端的功能耦合,也包括体系内部的功能耦合。

在国家供给侧结构性改革的背景下,为确保粮食流通政策与粮食生产端相耦合,需要强化粮食产销一体化的产业建设。结合"优质粮食工程",一方面要注重建设优质粮食品牌和支持粮食企业。粮食企业作为小农户生产与现代消费需求之间的纽带,可调整集中的流通与分散的生产之间的矛盾。另一方面,需要打通并延长粮食产业链,即着力建设"产购储加销"紧密衔接的产业链,提升粮食部门在全生产链和价值链中的作用。

在国家需求侧改革的框架下,促进粮食流通政策与消费端的耦合,需要构建完整的粮食安全消费和需求体系。健康的粮食需求结构应从流通环节开始引导,建立健全粮食供需平衡的动态监测机制和预警系统,不仅要满足国内不断增长的粮食需求和食品消费升级的需求,还要关注粮食需求的差异化,提升中等收入群体的消费能力。同时,也应引导城乡居民形成科学合理的饮食结构,坚持节约用粮和减少浪费。

作为政策执行主体的政府,需要将粮食部门监管行为置于公众和相关机构的法治监督之下。尤其是在新修订的《粮食流通管理条例》下,政府的监管职能得到加强,但在一些地方粮食部门仍存在政企不分的现象,容易导致监管困境。因此,需要将地方政府的监督与执法行为置于透明的框架中,才能为市场主体创造稳定的环境。

第八章

结　语

一、主要发现

(一)粮食流通政策体制演进呈现稳定与调整相结合的特征

粮食流通政策的发展经历了三个阶段：计划经济时期的政策阶段、市场化时期的政策阶段，以及转向粮食安全时期的政策阶段。结合 Wilson(2000)总结政策体制的四种变迁类型①，新中国成立以来粮食流通政策体制经历了两个稳态阶段和一个转换阶段。计划经济时期和转向粮食安全时期是互相强化的稳态政策体制阶段，而改革开放后的市场化时期则是政策体制的转换阶段。虽然不同阶段的粮食流通政策的动态模式有所不同，但整体演进呈现出一种渐进性和演化性。在这一过程中，一些被证明较为成功的政策措施被保留并稳定为制度基础，基于此逐渐演化出特定形态的政策体制，显示出粮食流通政策的自我演进特征，每一阶段的演进都建立在上一阶段的制度遗产基础之上。

首先，改革开放初期逐步放开的粮食流通市场，是在 1953 年国家统购统销治理结构的基础上进行调整并自我发展的。这一基础体现在两个方面：一是在农村形成了生产队、生产大队和人民公社等基层体系，在城市则形成以户籍制度为核心的管理体系，这些基层制度结构为后续粮食基层市场的形成提供了基本的利益主体结构；二是由于对城乡人员流动的控制，国家形成了地方性的粮食运行机制，这种在地方上形成的分割地方市场成为后续粮食流通市场开放的市场基础。

其次，改革开放之后，确立了发展社会主义市场经济体制的目标，推动了粮食流通政策向市场化方向发展。尽管这一时期粮食流通政策经历了多次调整与反复，但市场化的方向始终未变，通过建立粮食仓储、国家储备粮等手段，逐渐将以地方为中心的粮食市场结构调整为中央主导的市场体系。这一演进过程正如郑永年、黄彦杰(2020：76－118)所提出的"制内市场"概

---

① 笔者在本书第二章提及，Wilson(2000)总结政策体制的四种变迁类型，即政策体制转换(包括旧体制的瓦解和新体制的建立，在这一过程中旧政策体制目标完全翻转)、政策体制合并(这是指将两个以上的政策体制进行合并重组)、政策体制内部再重组、新创造一个政策体制。

念,中国的市场经济体制是通过逐步解决经济体制中的选择性市场化、有针对性的国家控制以及适应全球化的方式等现实问题建立起来的。对粮食流通政策的调整也呈现出这一特征,即通过逐步将国有粮食企业转变为市场主体,使其在购销中发挥"主渠道"作用。

最后,随着国有粮食企业改制的完成以及国家配套宏观调控机制的建立,2004年粮食流通市场正式全面开放。这一开放的市场体系与国家政策理念再度耦合,形成了以国有粮食企业为核心的市场结构。因此,当2014年面临新一轮的结构性供应过剩时,国家几乎完全采用市场手段应对,执行主体依然是国有粮食企业,体现了新的路径依赖特征。

(二)计划经济时期粮食流通政策自稳定变迁模式及其动力机制

在计划经济时期粮食流通政策的变迁呈现出彼得·霍尔(2007)对于英国宏观经济政策分析的自稳定变迁模式。这种自稳定变迁模式主要表现为:政策目标始终保持稳定,即强调农业发展是工业发展的重要支撑,而粮食是重要的战略物资。在政策工具方面,计划经济下稳定采用了粮食计划收购和计划供应的方式。尽管在计划收购和计划销售的数量上经历了波动,但从粮食征购占产量的比例来看,政策设置保持了相对的稳定性,呈现出波动式的渐进变迁过程。

这种政策变迁的动力机制可以总结为:一方面,"四统一"的粮食管理体制结合农村集体化经济制度,最大化了国家对粮食的掌握和分配能力,从而确保了政策目标的稳定性;另一方面,虽然过度征粮对农民利益产生了负面影响,但这种负面反馈通过农业合作社等农村集体化制度被吸纳。因此,在平衡国家、农民与消费者利益的过程中,政策设置尽管有波动,但总体上保证了政策目标和政策工具的稳定性。

(三)市场化时期粮食流通政策目标振荡变迁模式及其动力机制

市场化时期的粮食流通政策变迁呈现出目标振荡模式,主要表现在以下方面。在政策目标层面,粮食流通政策在建立市场体系和确保粮食供应这两个目标之间产生波动性变化。在政策工具层面,使用的工具在放开经营、放开价格与控制经营、控制价格之间不断波动。在政策设置层面,粮食价格逐步与市场价格接轨，国家定购粮食的数量逐渐减少，表现为累积和渐进的变迁过程。总体来看，这一时期的粮食政策在目标和工具使用方面明显呈现出波动性振荡，但在政策设置上，逐步减少定购粮食数量，朝着市场化的方向演进。

这种政策变迁的动力机制可以总结为：国家需要同时兼顾两组方向相反的政策目标和工具。一方面，国家需要承担保障粮食供应的重要任务；另一方面，又必须推动粮食流通的市场化（Du ＆ King，2018）。正因为需要平衡不同的政策目标，导致这一时期政策出现了经济转轨与反复的过程。这两个目标带来的粮食流通分配渠道间的消极反馈作用，难以被以国有粮食企业为核心的制度结构吸纳，因此国家只能在计划收购和市场化渠道之间反复调整，呈现出振荡式的过度反馈。

（四）转向粮食安全时期粮食流通政策转换性稳定变迁模式及其动力机制

自2004年以来，粮食流通政策的变迁呈现出保障粮食安全的转换性稳定模式，主要表现在以下方面。在政策目标层面，新一轮的政策目标替代开始，逐步向保障粮食安全转型。在政策工具层面，受到国家深化市场经济理念和WTO自由贸易要求的影响，开始逐步引入以市场决定粮食价格的政策工具，呈现累积和渐进的演变过程。在政策设置方面，变迁呈现出波动式渐进的特征，即最低收购价格逐渐与粮食市场价格的波动性相适应。

这种变迁的动力机制可以总结为：一方面，强化了国家粮食安全战略，建立了中央和地方的粮食储备机制；另一方面，深化了粮食商品化的认知，形成了以国有粮食企业为核心的利益格局。在全面市场化的粮食流通市场中，价格波动等负面反馈通过政策性收购和粮食储备制度得到了吸纳。因此，通过储备体系的建设，确保粮食安全的底线目标得以实现，同时通过控制国有粮食企业，保障了市场性政策工具在粮食流通中的有效使用。

二、研究贡献与启示

(一)政策变迁动态模式的分析拓展了政策动态分析

单一维度的渐进式或间断式政策变迁分析,可能会忽略政策内部的许多细节,进而不恰当地将不同类型的政策变迁等同起来,可能对后续的分析产生误导。例如,20世纪90年代粮食流通政策在放开价格、经营的市场化调整和政府制定价格、国家垄断经营的非市场化调整之间不断反复,但从政策设置层面来看,国家粮食定购数量逐年下降,粮食价格逐渐向市场价格靠拢。因此,很难简单地认为这一时期的粮食流通政策是渐进式的变迁过程,还是间断式的变迁过程。对此,笔者通过细分政策维度,拓宽了对政策变迁模式的分析视角。

笔者对政策变迁模式的分析也拓展了霍尔(2007)关于政策范式变迁的研究。霍尔的主要贡献在于提出了围绕理念范式转换的第三序列变迁,而后通过第二序列和第一序列的政策调整来适应政策目标的变迁。然而,笔者对粮食流通政策变迁的分析发现,理念的范式转换并没有引发政策目标的变化,进而带动第二序列和第一序列的变迁。例如,1979年粮食流通政策引入市场性购销工具,是因为对双轨制政策工具的引入开启了粮食流通市场化的进程,而这一转变,即从计划经济体制到全面市场化体制用了将近20年,并未呈现霍尔所说的自稳定变迁模式,而更体现了目标振荡的变迁模式。

因此,研究政策变迁需要从政策本身的特征出发,分析不同层次的变迁特征,以确定其变迁模式是呈现霍尔(2007)提出的自稳定模式、Cashore & Howlett(2007)提出的恒温器模式,还是其他类型的模式。

(二)构建了政策变迁动力机制的总体分析框架

粮食流通治理体系深嵌于国家治理的整体框架中,单纯从市场化的角度分析粮食流通体制或政策,难以从全面的视角进行有效解读。政策目标、政策工具及政策设置等层面直接影响着制度结构和利益主体的配置,进而影响未来政策设计的走向。

笔者通过对不同的行动者所采用的特定信息和知识方式对政策含义进行解读，进而影响政策体制中的各个要素。因此，在任何政策设计过程中，如果未充分考虑制度结构和利益主体的影响，可能会带来意想不到的政策成本。例如，Béland 和 Schlager（2019）在分析美国平价医疗法案时指出，医疗改革涉及监管与财政权力相互依存的制度网络。为了减轻监管扩张带来的消极反馈，对财政压力的改革也需要进行相应调整。这一现象在政策设计中尤为重要，因为产生消极反馈的政策组成部分，往往因其与其他积极反馈政策的紧密关系，难以被轻易取缔或调整。

在粮食流通政策领域，同样存在类似问题。在 20 世纪 80 年代初期的政策调整中，为了确保城乡居民能够获得充足的粮食供应，国家一方面提高了政策收购价格，另一方面却压低了粮食统销价格，导致了购销价格倒挂等消极反馈效应。尽管这种政策在国家财政尚能承受的范围内得以维持，但随着财政压力的加剧，这一问题成为后续粮食政策调整的主要推动力。1998 年的粮食改革旨在通过顺价销售减少国有粮食企业的亏损，但这一设计不可避免地导致了国有粮食企业占据垄断地位，然而这一垄断产生的负面影响不可避免。正如 Bali 等（2019）所提出的政策反馈可以被称为预期性政策设计，因为基于政策反馈对各种政策结果进行整体性分析，有助于提高政策的持久性和有效性。

三、研究不足

（一）粮食外贸未成为本书粮食流通政策的核心影响因素

笔者对于粮食流通的分析尚未涉及粮食进出口的部分，粮食进出口在中国粮食短缺之时稳定了国内供应，并在中国加入 WTO 之后，国际市场开始呈现重要性。笔者从两个方面考虑，没有将粮食外贸放到政策变迁的分析当中。

首先，从定义来看，本国的粮食流通本来不包括粮食对外贸易，与粮食进出口相关的政策与国家的国际关系以及外贸政策相关。另外，中国的粮食出口也并非是支柱性出口产业，正如笔者一直提到的中国产量过剩粮食，如玉米等，曾长期处于生产成本较高的状况，在国际市场没有竞争力不足，近年来的出口量也较少,世界粮食市场对中国粮食的有效需求并不大(杨晓东,2018)。

其次,新中国自成立以来奉行的是独立自主的发展方向,进口外国粮食历来是补充部分。立足国内才能掌握粮食问题的主动权,是新时代国家粮食安全战略的核心要义。

综合上述两点,粮食外贸不属于国内粮食流通的一部分,国家对粮食问题历来是立足国内的,对于粮食进出口的分析仅作为背景出现,并不影响笔者对粮食流通政策演变模式的分析。

(二)笔者未着重分析微观行为主体的行动策略

笔者对政策变迁动力机制的分析,聚焦于影响特定政策变迁模式背后的结构性机制。基于这些结构性机制,笔者提出了一种方法,用以判断政策变迁的模式。具体而言,笔者主要关注理念之间、利益主体之间以及政策执行主体之间的关系,探讨政策体制内不同位置之间的关系特征如何影响政策变迁形态。这一视角仍然为后续研究提供了丰富的研究空间,尤其是对行为者微观行为机制的观察和分析。例如,政策中的倡议联盟、国有粮食企业对政策的理解与市场投机行为动力、地方政府在粮食购销合作中的决策选择,以及农民作为生产者在面对流通政策时是否会作出生产选择上的差异,这些都值得进一步深入研究。

(三)政策变迁动态模式及其社会动力机制的拓展性

本研究形成的分析框架与解释逻辑仅是从粮食流通政策领域的变迁过程的分析得来的,如何能够进一步增强笔者提出的分析框架的解释力,还需在未来的研究中进行多案例的比较,以进一步检验该框架的解释力。

附　录

附录 I　政策文件来源说明

表 1　中央农村工作会议说明

来源类别	政策文件与说明
中央工作会议	1951 年,第一次农业互助合作会议:《中共中央关于农业生产互助的决议(草案)》
	1953 年,第一次全国农村工作会议
	1958 年,中央政治局扩大会议:《中共中央关于在农村建立人民公社问题的决议》
	1961 年,中央工作会议:《农村人民公社工作条例(草案)》
	1963 年,杭州小型会议:《中共中央关于农村工作中若干问题的决定(草案)》
	1964 年,中央工作会议:《中华人民共和国贫农下中农协会组织条例(草案)》
	1964 年,全国工作会议:《农村社会主义教育运动中目前提出的一些问题》
	1970 年,北方地区农业工作会议
	1975 年,全国农业学大寨会议
	全国农村会议(各年,共 5 次)
	中央农村工作会议(各年,共 27 次)
	十三个五年规划(计划)文本
中共中央、国务院发布文件	其中包括 1982—1986 年,2004—2018 年发布的中央一号文件,共 20 份,以及其他的以中共中央、国务院联合发布的农业领域文件、粮食流通领域的专门文件

表 2　粮食流通政策目录

年份	政策文件
1953 年	为动员一切力量把我国建设成为一个伟大的社会主义国家而斗争:关于党在过渡时期总路线的学习和宣传提纲
1953 年	政务院关于实行粮食的计划收购和计划供应的命令
1953 年	粮食市场管理暂行办法
1953 年	政务院关于加强增产粮食和救灾工作的指示
1955 年	国务院关于市镇粮食定量供应暂行办法的命令
1955 年	农村粮食统购统销暂行办法
1956 年	国务院关于农业生产合作社粮食统购统销的规定
1956 年	中国共产党中央委员会、国务院关于当前粮食工作的指示
1956 年	中国共产党中央委员会、国务院关于目前粮食销售和秋后粮食统购统销工作的指示
1956 年	国务院、中国共产党中央委员会关于加紧整顿粮食统销工作的指示
1957 年	国务院关于粮食统购统销的补充规定
1962 年	国务院批转粮食部关于当前占用国家粮食仓库的情况和处理意见的报告的通知
1962 年	国务院关于军队自己生产的粮食各地均应允许调运出境的通知
1964 年	国务院批转全国物价委员会、粮食部关于提高食用植物油统销价格的报告的通知
1964 年	中共中央、国务院批转国家计委、粮食部党组关于解决农民义务运粮负担过重问题的意见
1978 年	国务院批转商业部关于控制粮食销售的意见的通知
1981 年	国务院批转粮食部关于当前粮油问题的一些意见的通知
1981 年	国务院批转粮食部关于夏季粮油征购的报告的通知
1981 年	国务院批转农业部、商业部、粮食部关于当前生猪生产情况的紧急报告的通知
1982 年	国务院关于认真做好粮食工作的通知
1982 年	国务院办公厅转发农牧渔业部关于农村社队分配粮食改按统购牌价结算的请示的通知
1982 年	国务院关于实行"粮食征购、销售、调拨包干一定三年"的粮食管理办法
1983 年	中国共产党中央委员会办公厅、国务院办公厅转发中央书记处农村政策研究室等四部门《关于坚决纠正在征购粮食结算中借机扣款的报告》的通知
1985 年	国务院关于切实抓紧抓好粮食工作的通知
1985 年	国务院关于在收成好的地区多购些粮食的通知
1985 年	国务院批转财政部关于农业税改为按粮食"倒三七"比例价折征代金问题的请示的通知
1986 年	国务院关于完善粮食合同定购制度的通知
1986 年	国务院办公厅关于加强发展粮食生产专项资金管理的若干规定

续表

年份	政策文件
1986 年	国务院办公厅转发财政部、农牧渔业部、水利电力部关于加强发展粮食生产专项资金管理报告的通知
1986 年	国务院关于一九八六年度粮食合同定购任务的通知
1987 年	国务院关于做好当前粮食工作的通知
1987 年	国务院关于坚决落实粮食合同定购"三挂钩"政策的紧急通知
1987 年	国务院批转商业部关于当前粮食工作中几个问题请示的通知
1987 年	国务院办公厅转发商业部等单位关于粮食合同定购与供应化肥、柴油挂钩实施办法
1988 年	国务院关于增加粮食合同订购挂钩化肥数量的通知
1988 年	国务院关于加强粮食管理稳定粮食市场的决定
1988 年	国务院关于河南省建立新乡市粮食购销体制改革试验区报告的批复
1988 年	国务院关于完善粮食合同定购"三挂钩"政策的通知
1989 年	国务院办公厅关于议价粮食收购和地区之间粮食调剂有关问题的通知
1990 年	国务院关于建立国家专项粮食储备制度的决定
1990 年	国务院批转商业部等八部门关于试办郑州粮食批发市场报告的通知
1990 年	国务院关于加强粮食购销工作的决定
1991 年	国务院批转国家计委关于"八五"期间用粮食和工业品以工代赈安排意见报告的通知
1991 年	国务院关于开展爱惜粮食节约粮食宣传周活动的通知
1992 年	国务院办公厅转发清理三角债领导小组等单位关于一九九二年上半年粮食财务挂账和固定资产投资新拖欠情况通报的通知
1992 年	国务院办公厅关于撤销国家专项粮食储备领导小组的通知
1992 年	国务院关于提高粮食统销价格的决定
1992 年	国务院办公厅、中共中央宣传部关于印发提高粮食统销价格宣传提纲的通知
1993 年	国务院批转财政部等部门《粮食风险基金管理暂行办法》的通知
1993 年	国务院办公厅关于在粮食购销体制改革中解决好灾民口粮问题的通知
1993 年	国务院办公厅关于抓紧落实今年粮食预购定金和棉花生产贴息贷款发放工作的紧急通知
1993 年	国务院关于调整粮食销售价格的通知
1993 年	国务院关于建立粮食收购保护价格制度的通知
1993 年	国务院关于天津市放开粮食价格有关问题的批复
1993 年	国务院关于加快粮食流通体制改革的通知

年份	政策文件
1994 年	国务院批转财政部等部门关于粮食政策性财务挂账停息报告的通知
1994 年	国务院办公厅关于加强粮食市场管理保持市场稳定的通知
1994 年	国务院关于印发《粮食风险基金实施意见》的通知
1994 年	国务院关于深化粮食购销体制改革的通知
1994 年	国务院办公厅关于印发国内贸易部和国家粮食储备局职能配置、内设机构和人员编制方案的通知
1996 年	国务院关于做好当前粮食收购和储存工作的补充通知
1996 年	国务院关于做好当前粮食收购和储存工作的通知
1997 年	国务院办公厅关于吉林、湖北两省粮食企业亏损情况的通报
1998 年	国务院关于印发当前推进粮食流通体制改革意见的通知
1998 年	粮食购销违法行为处罚办法
1998 年	国务院办公厅关于一些地区和单位严重违反国家粮食政策情况的通报
1998 年	国务院办公厅关于印发国家粮食储备局职能配置内设机构和人员编制规定的通知
1998 年	粮食收购条例
1998 年	国务院办公厅关于进一步做好粮食购销和价格管理工作的补充通知
1998 年	国务院办公厅转发财政部、中国农业发展银行关于完善粮食风险基金管理办法的通知
1998 年	国务院办公厅转发国家发展计划委员会等部门关于实施粮食企业附营业务与收储业务分离方案的通知
1998 年	国务院办公厅转发国家发展计划委员会等部门关于划转中央直属粮食储备库(站)有关规定的通知
1998 年	国务院办公厅转发财政部等部门关于清理消化国有粮食企业新增财务挂账和其他不合理占有贷款办法的通知
1998 年	国务院办公厅转发国家发展计划委员会关于完善粮食价格形成机制意见的通知
1998 年	国务院办公厅转发国家发展计划委员会关于做好国有粮食企业减员分流工作意见的通知
1998 年	国务院关于进一步深化粮食流通体制改革的决定
1998 年	国务院关于坚决制止扩大粮食亏损挂账紧急通知
1999 年	国务院办公厅关于印发国家粮食局职能配置内设机构和人员编制规定的通知
1999 年	国务院办公厅转发国家计委等部门关于当前认真做好粮食收购工作的紧急通知的通知
1999 年	国务院关于进一步完善粮食流通体制改革政策措施的补充通知

年份	政策文件
1999 年	国务院办公厅转发国家计委等部门关于进一步做好国有粮食企业扭亏增盈工作意见的通知
1999 年	国务院关于进一步完善粮食流通体制改革政策措施的通知
2000 年	国务院关于进一步完善粮食生产和流通有关政策措施的通知
2000 年	国务院办公厅关于部分粮食品种退出保护价收购范围有关问题的通知
2001 年	国务院关于进一步深化粮食流通体制改革的意见
2001 年	国务院办公厅关于开展全国粮食清仓查库工作的通知
2004 年	粮食流通管理条例
2004 年	国务院关于进一步深化粮食流通体制改革的意见
2004 年	国务院办公厅关于完善退耕还林粮食补助办法的通知
2004 年	国务院办公厅关于做好当前粮食和农业生产资料市场供应工作的紧急通知
2006 年	国务院关于完善粮食流通体制改革政策措施的意见
2008 年	国务院办公厅关于开展全国粮食清仓查库工作的通知
2008 年	国家粮食安全中长期规划纲要(2008—2020 年)
2009 年	全国新增 1000 亿斤粮食生产能力规划(2009—2020 年)
2009 年	国务院办公厅关于印发国家粮食局主要职责内设机构和人员编制规定的通知
2010 年	国务院关于国家粮食安全工作情况的报告
2010 年	国务院办公厅关于进一步加强节约粮食反对浪费工作的通知
2011 年	国务院办公厅关于开展 2011 年全国粮食稳定增产行动的意见
2013 年	粮食流通管理条例(2013 修订)
2014 年	国务院关于建立健全粮食安全省长责任制的若干意见
2015 年	国务院办公厅关于印发粮食安全省长责任制考核办法的通知
2015 年	中共中央、国务院关于深化国有企业改革的指导意见
2015 年	中共中央 国务院关于推进价格机制改革的若干意见
2016 年	粮食流通管理条例(2016 修订)
2017 年	国务院办公厅关于加快推进农业供给侧结构性改革大力发展粮食产业经济的意见
2017 年	国务院关于建立粮食生产功能区和重要农产品生产保护区的指导意见
2017 年	国家发展改革委关于全面深化价格机制改革的意见
2018 年	国务院办公厅关于开展全国政策性粮食库存数量和质量大清查的通知
2020 年	发展改革委 粮食和储备局 农业农村部 财政部 市场监管总局 农业发展银行关于做好政策性粮食销售出库监管工作的通知

附录Ⅱ 1949—2020年粮食流通政策关键词词频统计

关键词	词频				关键词	词频			
	总计	1949—1979	1979—2004	2004—2020		总计	1949—1979	1979—2004	2004—2020
粮食	108	18	55	35	减员分流	1	0	1	0
收购	23	0	10	13	出境	1	1	0	0
粮食收购	19	0	9	10	出库	1	0	0	1
合同定购	12	0	12	0	分配	1	0	1	0
粮食购销	11	0	9	2	划转	1	0	1	0
检查	10	0	0	10	单干户	1	1	0	0
粮油	10	0	9	1	发展	1	0	0	1
粮食流通	10	0	2	8	口粮	1	1	0	0
征购	8	5	3	0	商品	1	1	0	0
秋粮	8	0	1	7	多渠道	1	0	1	0
中央储备粮	7	0	3	4	大米	1	0	1	0
农民	7	2	2	3	大豆	1	0	0	1
管理	7	0	4	3	奖售	1	0	1	0
粮食储备	7	0	7	0	定购	1	0	1	0
粮食市场	7	1	3	3	审核	1	0	0	1
价格	6	0	5	1	市镇	1	1	0	0
企业	6	0	4	2	平价	1	0	1	0
收储企业	5	0	5	0	库站	1	0	1	0
收购资金	5	0	5	0	应当	1	1	0	0
监督	5	0	0	5	应急	1	0	0	1
粮食企业	5	0	5	0	扭亏增盈	1	0	1	0
统销	5	2	3	0	折征代金	1	0	1	0
包干	4	0	4	0	提高	1	1	0	0
夏粮	4	0	2	2	收储业务	1	0	1	0
挂钩	4	0	4	0	收购价格	1	0	1	0

续表

关键词	词频				关键词	词频			
	总计	1949—1979	1979—2004	2004—2020		总计	1949—1979	1979—2004	2004—2020
粮食安全	4	0	0	4	收购市场	1	0	0	1
储备粮	3	0	1	2	收购计划	1	1	0	0
农业社	3	3	0	0	放开	1	0	1	0
化肥	3	0	3	0	政策	1	0	1	0
库存	3	0	0	3	政策性	1	0	1	0
建设	3	0	0	3	敞开收购	1	0	1	0
批发市场	3	0	1	2	数字	1	1	0	0
政策性粮食	3	0	0	3	早籼稻	1	0	0	1
最低收购价	3	0	0	3	柴油	1	0	1	0
统购	3	2	1	0	棉花	1	0	1	0
任务	2	0	2	0	派购	1	1	0	0
保护价	2	0	2	0	清查	1	0	0	1
保护价收购	2	0	2	0	牌价	1	0	1	0
储粮	2	0	0	2	生产	1	0	0	1
农业	2	0	0	2	监管	1	0	0	1
国有	2	0	2	0	省级	1	0	1	0
国有粮食企业	2	0	2	0	省长责任制	1	0	0	1
挂账	2	0	2	0	秋季	1	0	1	0
清仓查库	2	0	1	1	种粮	1	0	1	0
用粮	2	1	1	0	粮价	1	0	1	0
粮票	2	2	0	0	粮棉油	1	0	1	0
粮食销售	2	1	1	0	粮款	1	0	0	1
粮食风险基金	2	0	2	0	粮食价格	1	0	1	0
缺粮	2	2	0	0	统购统销	1	1	0	0
计划	2	1	1	0	补助	1	0	1	0
调运	2	1	1	0	补贴	1	0	0	1
顺价	2	0	2	0	计划供应	1	1	0	0
专项	1	0	1	0	议价粮	1	0	1	0
中央	1	1	0	0	议购	1	0	1	0

续表

关键词	词频				关键词	词频			
	总计	1949—1979	1979—2004	2004—2020		总计	1949—1979	1979—2004	2004—2020
主产区	1	0	1	0	议购粮	1	0	1	0
举办	1	1	0	0	试办	1	0	1	0
义务	1	1	0	0	调剂	1	0	1	0
亏损	1	0	1	0	调拨	1	0	1	0
五反运动	1	1	0	0	负责	1	0	1	0
产业	1	0	0	1	购销	1	0	1	0
仓容	1	0	0	1	贷款	1	0	1	0
保护	1	0	1	0	资格	1	0	0	1
修改	1	0	0	1	资金	1	0	1	0
倒三七	1	0	1	0	运粮	1	1	0	0
停息	1	0	1	0	退出	1	0	1	0
军队	1	1	0	0	部门	1	0	0	1
农业税	1	0	1	0	附营业务	1	0	1	0
农村	1	1	0	0	陈化粮	1	0	0	1
领导小组	1	0	1	0	露天	1	0	0	1

参考文献

一、中文文献

(一)专著与报告

安东尼·吉登斯.社会的构成[M].李康,译.北京:生活·读书·新知三联书店,1998.

白美清.白美清粮食论集(上)[M].北京:经济科学出版社,2014.

保罗·皮尔逊.时间中的政治:历史、制度与社会分析[M].黎汉基,黄佩旋,译.南京:江苏人民出版社,2014.

保罗·A.萨巴蒂尔.政策过程理论[M].彭宗超,译.北京:生活·读书·新知三联书店,2004.

布哈林.布哈林文选(中)[M].北京:东方出版社,1988.

陈吉元,陈家骥,杨勋.中国农村社会经济变迁(1949—1989)[M].太原:山西经济出版社,1993.

陈锡文,罗丹,张征.中国农村改革40年[M].北京:人民出版社,2018.

程国强.中国粮食调控:目标、机制与政策[M].北京:中国发展出版社,2012.

戴维·伊斯顿.政治生活的系统分析[M].王浦劬,译.北京:人民出版社,2012.

邓一鸣.粮食流通:市场主体运行国家宏观调控[M].北京:经济管理出版社,1993.

杜润生.杜润生自述:中国农村体制变革重大决策纪实[M].北京:人民出版

社,2005.

高小蒙,向宁.中国农业价格政策分析[M].杭州:浙江人民出版社,1992.

弗图摩.生物进化[M].葛颂,顾红雅,饶广远,等译.北京:高等教育出版社,2016.

国家粮食局.粮食流通基本知识读本[M].北京:中国物价出版社,2002.

国家粮食局.中国粮食年鉴(2011)[M].北京:中国社会出版社,2011.

国务院研究室课题组.农产品流通体制改革与政策保障[M].北京:红旗出版社,1992.

韩志荣,冯亚凡.新中国农产品价格四十年[M].北京:水利电力出版社,1992.

贺涛.中国市场化粮食流通体制系统研究[M].北京:科学出版社,2001.

冀名峰.信息、市场与国有粮食企业改革[M].北京:中国农业出版社,2003.

加布里埃尔·A.阿尔蒙德,宾厄姆·鲍威尔.比较政治学:体系、过程和政策[M].曹沛霖,郑世平,公婷,等译.北京:东方出版社,2007.

姜受堪,崔延森.农产品流通论[M].北京:中国商业出版社,1992.

金观涛,刘青峰.开放中的变迁:再论中国社会超稳定结构[M].北京:法律出版社,2011.

刘青峰.论历史研究中的整体方法:发展的哲学[M].西安:陕西科学技术出版社,1987.

景怀斌.政府决策的制度:心理机制[M].北京:中国社会科学出版社,2016.

马克思恩格斯全集(第四十六卷 上)[M].中共中央马克思恩格斯列宁斯大林著作编译局,译.北京:人民出版社,1979.

马克思.资本论(第一卷)[M].中共中央马克思恩格斯列宁斯大林著作编译局,译.北京:人民出版社,2004.

柯炳生.中国粮食市场与政策[M].北京:中国农业出版社,1995.

库恩.科学革命的结构[M].金吾伦,胡新和,译.北京:北京大学出版社,2003.

李成贵.中国农业政策:理论框架与应用分析[M].北京:社会科学文献出版社,2007.

李俊玲.我国粮食财务管理体制改革情况及设想[M]//余新平.粮食财务管理体制改革的回顾与思考.南京：东南大学出版社，1991.

林毅夫.中国经济专题[M].北京：北京大学出版社，2012.

刘奇.大国三农 清华八讲[M].北京：中国发展出版社，2016.

隆国强.大国开放中的粮食流通：1953—1996 年中国粮食价格分析[M].北京：中国发展出版社，1999.

卢锋.半周期改革现象：我国粮棉流通改革和食物安全研究[M].北京：北京大学出版社，2004.

马九杰，孔祥智.粮食流通体制改革：解决中国粮食难题的一剂良方[M].广州：广东经济出版社，1999.

马齐彬，陈文斌.中国共产党执政四十年（1949—1989）[M].北京：中共党史资料出版社，1989.

迈克尔·曼.社会权力的来源（第二卷）（上）[M].陈海宏，等译.上海：上海人民出版社，2015.

聂振邦.中国粮食流通体制改革 30 年（1978—2008）[M].北京：经济管理出版社，2009.

普列奥布拉任斯基.新经济学[M].纪涛，蔡恺民，译.北京：生活·读书·新知三联书店，1984.

斯大林选集[M].中共中央马克思恩格斯列宁斯大林著作编译局，译.北京：人民出版社，1979.

斯特曼.商务动态分析方法[M].朱岩，译.北京：清华大学出版社，2008.

宋文仲，齐兴启.改革开放以来粮食工作史料汇编[M].北京：中国商业出版社，2001.

孙业礼，熊亮华.共和国经济风云中的陈云[M].北京：中央文献出版社，1996.

唐正芒.新中国粮食工作六十年[M].湘潭：湘潭大学出版社，2009.

田纪云.改革开放的伟大实践[M].北京：新华出版社，2009.

田锡全.演进与运行：粮食统购统销制度研究（1953—1985）[M].上海：上海人民出版社，2014.

王薇薇.中国粮食流通市场主体利益协调研究[M].北京:中国社会科学出版社,2015.

维纳.人有人的用处:控制论和社会[M].陈步,译.北京:商务印书馆,1978.

温铁军.中国农村基本经济制度研究:"三农"问题的世纪反思[M].北京:中国经济出版社,2000.

西达·斯考切波.国家与社会革命[M].何俊志,王学东,译.上海:上海人民出版社,2007.

萧冬连.国步维艰:中国社会主义路径的五次选择[M].北京:社会科学文献出版社,2013.

熊万胜.体系:对我国粮食市场秩序的结构性解释[M].北京:中国政法大学出版社,2013.

许传红.中国共产党农业发展思想研究[M].武汉:武汉理工大学出版社,2013.

薛暮桥.改革与理论上的突破[M].北京:人民出版社,1988.

余新平.粮食财务管理体制及其改革概述[M]//余新平.粮食财务管理体制改革的回顾与思考.南京:东南大学出版社,1991.

约翰·L.坎贝尔,J.罗杰斯·霍林斯沃思,利昂·N.林德伯格.美国经济治理[M].董运生,王岩,译.上海:上海人民出版社,2009.

张晓涛,王扬.大国粮食问题:中国粮食政策演变与食品安全监管[M].北京:经济管理出版社,2009.

张卓元.中国经济学 60 年[M].北京:中国社会科学出版社,2009.

赵德余.中国粮食政策史:1949—2008[M].上海:上海人民出版社,2017.

赵德余.主流观念与政策变迁的政治经济学[M].上海:复旦大学出版社,2008.

赵发生.当代中国的粮食工作[M].北京:中国社会科学出版社,1988.

赵晓雷.中华人民共和国经济思想史纲:经济思想发展与转型(1949—2019)[M].北京:首都经济贸易大学出版社,2019.

郑效畏.中国粮食研究与管理实务全书[M].北京:中国农业科技出版社,1999.

郑永年,黄彦杰.制内市场:中国国家主导型政治经济学[M].杭州:浙江人民出版社,2020.

中共中央文献编辑委员会.陈云文选(第2卷)[M].北京:人民出版社,1995.

中共中央文献编辑委员会.陈云文选(第3卷)[M].北京:人民出版社,1995.

中共中央文献编辑委员会.邓小平文选(第1卷)[M].北京:人民出版社,1994.

中共中央文献编辑委员会.邓小平文选(第3卷)[M].北京:人民出版社,1994.

中共中央文献编辑委员会.江泽民文选(第1卷)[M].北京:人民出版社,2006.

中共中央文献研究室.建国以来毛泽东文稿(第4卷)[M].北京:中央文献出版社,1998.

中共中央文献研究室.建国以来重要文献选编(第九册)[M].北京:中央文献出版社,1994.

中共中央文献研究室.毛泽东传(1949—1976)(上)[M].北京:中央文献出版社,2003.

中共中央文献研究室.毛泽东年谱(1949—1976)(第5卷)[M].北京:中央文献出版社,2013.

中共中央文献研究室.毛泽东文集(第7卷)[M].北京:中央文献出版社,1999.

中共中央文献研究室.十二大以来重要文献选编(中)[M].北京:人民出版社,2011.

中共中央文献研究室.十六大以来重要文献选编(上)[M].北京:中央文献出版社,2011.

中国粮食经济学会.新中国粮食流通发展70年[M].北京:经济管理出版社,2020.

中国财政年鉴编辑委员会.中国财政年鉴[M].北京:中国财政杂志

社,2008.

朱镕基.朱镕基讲话实录(第三卷)[M].北京:人民出版社,2011.

朱镕基.朱镕基讲话实录(第四卷)[M].北京:人民出版社,2011.

(二)论文

奥菲欧·菲奥雷托斯,图利亚·费勒提,亚当·谢因盖特.政治学中的历史制度主义[J].国外理论动态,2020(2):112-126.

柏必成.改革开放以来我国住房政策变迁的动力分析:以多源流理论为视角[J].公共管理学报,2010,7(4):76-85.

包炜杰,周文.政府与市场关系的演变和突破:兼论中国特色社会主义政治经济学的国家主体性[J].学术研究,2020(11):96-102.

彼得·霍尔.政策范式、社会学习和国家:以英国经济政策的制定为例[J].中国公共政策评论,2007(1):1-28.

蔡恺民.普列奥布拉任斯基和布哈林关于过渡时期经济规律的争论[J].国际共运史研究资料,1981(2):26-43.

陈逢文,付龙望,张露,等.创业者个体学习、组织学习如何交互影响企业创新行为?——基于整合视角的纵向单案例研究[J].管理世界,2020,36(3):142-164.

程漱兰,徐德徽.从《中美农业合作协议》谈加入WTO对中国粮食经济的短期影响及长期对策[J].粮食与油脂,2001(1):14.

崔晓黎.统购统销与工业积累[J].中国经济史研究,1988(4):120-135.

邓大才.谁是粮改的最大赢家[J].粮食问题研究,2003(3):7-8.

邓大才.粮食流通体制:探求市场力量与政府力量的均衡[J].经济评论,2004(4):79-84.

丁声俊.对大变局下构建粮食"双循环"新格局的思考[J].中州学刊,2021(1):39-45.

丁声俊.关于粮食安全战略的八大认知误区及其矫正[J].中州学刊,2015(11):42-48.

丁声俊.开辟新型的粮食流通主渠道[J].求是,2005(3):33-34.

董筱丹,温铁军.宏观经济波动与农村"治理危机"：关于改革以来"三农"与"三治"问题相关性的实证分析[J].管理世界,2008(9):67-75,89.

董志凯.土地改革与我国的社会生产[J].中国经济史研究,1987(3):151-160.

杜军.有效监管粮食财政补贴资金的对策[J].金融理论与实践,2001(4):18-19.

方福前.30年来我国宏观经济调控思想的演变[J].教学与研究,2008(9):11-18.

傅林明.对粮食企业财政性占款的思考[J].广东金融,1991(2):34-35.

顾列铭.外资"冷暴力"抢滩中国粮库[J].大经贸,2010(8):72-74.

胡冰川.改革开放四十年农业支持保护制度：脉络与发展[J].江淮论坛,2019(2):29-36.

胡小平,范传棋,高洪洋.改革开放40年中国粮食价格调控的回顾与展望[J].四川师范大学学报(社会科学版),2018,45(6):23-29.

华生,张宇,汲铮.中国独特的价格双轨制改革道路的成因：中华人民共和国成立70年回看历史的透视[J].中国经济史研究,2020(4):14-29.

蒋永清.20世纪50年代末60年代初陈云、邓小平生平思想对比研究[J].上海陈云研究,2010(00):231-246.

卡尔·W.多伊奇,冯炳昆.作为比较研究基础的系统论方法[J].国际社会科学杂志,1986(1):5-18.

柯炳生.粮食流通体制改革与市场体系建设[J].中国农村经济,1998(12):25-30.

克利福德·柯布,成文杰.建设性后现代视阈下的中国生态农业[J].江苏社会科学,2014(1):27-35.

孔祥智.农业供给侧结构性改革的基本内涵与政策建议[J].改革,2016(2):104-115.

李福钟.中国共产党为什么放弃新民主主义[J].中央研究院近代史研究所集刊,2003(40):189-240.

李国庆.论我国粮食安全问责制的建构[J].农业经济,2016(3):6-8.

李俊高,李俊松,任华.农业补贴对粮食安全与农民增收的影响:基于马克思再生产理论的分析测度[J].经济与管理,2019,33(5):20－26.

李可.坚持市场化方向　保护种粮农民利益:粮食和物资储备部门多措并举抓好夏粮收购[J].中国粮食经济,2019(6):41－43.

李伟毅,赵佳.中国农业直接补贴:演变历程、阶段特征与变迁方向[J].经济研究参考,2012(60):5－12,20.

李毅.社会建构类型转换与公共政策变迁:以中国网约车监管政策演变为例[J].公共管理与政策评论,2019,8(5):58－69.

刘国光,程恩富.全面准确理解市场与政府的关系[J].毛泽东邓小平理论研究,2014(2):11－16,91.

刘国光.关于宏观调控若干问题的思考[J].北京行政学院学报,2005(1):24－28.

刘国光.谈谈政府职能与财政功能的转变[J].宏观经济研究,2003(10):3－5,7.

刘婷,王凌.价格支持政策如何影响国内粮食市场期现价格关系:基于玉米和大豆市场的检验[J].农业经济问题,2020(12):133－144.

卢锋.应当实事求是地认识粮食过剩问题:对"粮食无过剩"观点的质疑[J].管理世界,1999(3):3－5.

鲁书月.胡乔木在1978年国务院务虚会上的发言及其影响[J].当代中国史研究,2009,16(4):33－41,125－126.

罗必良.中国农产品流通体制改革的目标模式[J].经济理论与经济管理,2003(4):58－63.

罗万纯.中国粮食安全治理:发展趋势、挑战及改进[J].中国农村经济,2020(12):56－66.

潘盛洲.粮食流通的宏观调控研究[J].经济研究参考,1992(Z2):1362－1373.

彭珂珊.2008年全球粮食危机和中国粮食问题观察[J].粮食问题研究,2008(4):12－19.

彭新万.粮改30年:新制度经济学视域中的制度演进与农民收入变动[J].江西财经大学学报,2009(1):54－60.

钱加荣,赵芝俊.价格支持政策对粮食价格的影响机制及效应分析[J].农业技术经济,2019(8):89-98.

钱煜昊,曹宝明,武舜臣.中国粮食购销体制演变历程分析(1949—2019):基于制度变迁中的主体权责转移视角[J].中国农村观察,2019(4):2-17.

任锋,朱旭峰.转型期中国公共意识形态政策的议程设置:以高校思政教育十六号文件为例[J].开放时代,2010(6):68-82.

沈志华.新中国建立初期苏联对华经济援助的基本情况(上):来自中国和俄国的档案材料[J].俄罗斯研究,2001(1):53-66.

石明明,张小军.流通产业在国民经济发展中的角色转换:基于灰色关联分析[J].财贸经济,2009(2):115-120,137.

斯文·斯坦默,王丽娜,马得勇.制度如何演进:进化论与制度变迁[J].甘肃行政学院学报,2014(2):56-70.

宋心然.中国网约车监管政策变迁研究:以倡议联盟框架为分析视角[J].中国行政管理,2017(6):103-107.

孙欢.间断平衡框架及在我国政策分析中的适用性:基于政策范式[J].甘肃行政学院学报,2016(6):31-42,126.

孙冶方.要全面体会毛主席关于价值规律问题的论述[J].经济研究,1978(11):8-19.

唐世平.产业政策不能与宏观经济政策和制度变革混同[J].中国经贸导刊,2016(33):34-35.

田华文,魏淑艳.政策论坛:未来我国政策变迁的重要动力——基于广州市城市生活垃圾治理政策变迁的案例研究[J].公共管理学报,2015,12(1):24-33,154.

田炯权.清末民国时期湖北的米谷市场和商品流通[J].中国经济史研究,2006(4):68-76.

田锡全.1953年粮食危机与统购统销政策的出台[J].华东师范大学学报(哲学社会科学版),2007(5):54-60.

王春英,张艳梅.向社会主义过渡:建国初期的粮食市场与国家调控[J].史林,2017(5):153-168,221.

王德文,黄季焜.中国粮食流通体制改革:双轨过渡与双轨终结[J].改革,
　　2001(4):99-106.

王赋.关于压缩平价粮销售的研究[J].中国物价,1990(3):15-18.

王钢,钱龙.新中国成立70年来的粮食安全战略:演变路径和内在逻辑[J].
　　中国农村经济,2019(9):15-29.

王晓辉.粮价涨跌背后的经济学[J].中国粮食经济,2019(2):40-44.

王云龙.山西粮食和物资储备改革发展调查报告[J].中国粮食经济,2019
　　(8):38-43.

魏娜,缪燕子.新中国成立以来社会救助政策变迁:历程、原因与趋势——基
　　于间断-均衡理论的视角[J].教学与研究,2018(2):78-85.

温厉,温铁军.中国粮食供给周期与价格比较分析[J].管理世界,1997(4):
　　170-177.

温思美,罗必良.论中国农产品市场的组织制度创新[J].学术研究,2001
　　(1):42-46.

温铁军.粮食涨价并不是粮食生产的问题:中国粮食的生产周期和供给周期
　　分析[J].改革,1996(2):28-32.

文宏.间段均衡理论与中国公共政策的演进逻辑:兰州出租车政策(1982—
　　2012)的变迁考察[J].公共管理学报,2014,11(2):70-80,142.

武舜臣,王静,吴闻潭.价格支持、市场扭曲与粮食加工企业的福利与选择:
　　一个理论探析[J].农村经济,2015(6):85-90.

萧冬连."有计划的商品经济"是如何被突破的[J].中共党史研究,2019(7):
　　18-35.

萧冬连.中国改革是如何越过市场化临界点的[J].中共党史研究,2018
　　(10):25-38.

肖春阳.新中国粮食流通体制时期的划分[J].中国粮食经济,2019(8):
　　44-48.

熊思远.论从有计划的商品经济到社会主义市场经济的理论突破[J].思想
　　战线,1993(5):13-16.

熊万胜.市场里的差序格局:对我国粮食购销市场秩序的本土化说明[J].社

会学研究,2011,26(5):31-54+243.

徐建青.建国前期的市价与牌价:从价格机制到统购统销[J].中国经济史研究,2002(2):45-58.

徐增阳,蔡佩,付守芳.社会建构是如何影响社会政策扩散的?——以积分制政策为例[J].行政论坛,2021,28(3):68-75.

许涤新.利用价值规律为社会主义服务[J].红旗,1978(3):1-3.

杨宪平.我看谁是粮改的最大赢家:与邓大才同志商榷[J].粮食问题研究,2003(4):4-7.

杨志军,欧阳文忠.网约车改革实践如何形成渐进学习型政策变迁?——基于政策学习与社会学习的双维度分析[J].湘潭大学学报(哲学社会科学版),2001(3):17-24.

叶兴庆.我国粮食流通管理体制的效率评估与改革建议[J].调研世界,1996(2):30-33.

于鸿君.经济体制选择的逻辑[J].政治经济学研究,2020(1):110-121.

詹姆斯·马霍尼,凯瑟林·西伦,郭为桂,等.渐进式制度变迁理论[J].国外理论动态,2017(2):29-42.

张国钧,韩志春,尤晓萍.浅议粮食流通立法需要解决的主要问题和拟设立的主要制度[J].中国粮食经济,2019(5):26-28.

张海柱.话语建构与"不决策":对改革开放初期合作医疗解体的一个理论解释[J].公共行政评论,2015,8(5):74-93,188.

张宽,隋福民."农轻重"还是"重轻农":计划经济时期"五年计划"中农业政策制定与实施的逻辑[J].古今农业,2020(4):8-18,47.

张明涛.论中央与地方在粮食安全保障中的职责分工[J].西北农林科技大学学报(社会科学版),2015,15(4):14-18.

张先轸,何文,李京晓.流通、生产与消费:基于三部门封闭经济系统的均衡分析[J].财贸经济,2014(8):94-103.

张晓涛.中国粮食政策演变的制度经济学分析[J].经济体制改革,2005(1):24-28.

赵德余.从国家统购到合同定购:1985年粮食市场化改革的初次尝试及其

价值[J].中国市场,2011(29):12-19.

赵德余.解释粮食政策变迁的观念逻辑:政治经济学的视野[J].中国农村经济,2010(4):20-29.

赵鼎新.论机制解释在社会学中的地位及其局限[J].社会学研究,2020,35(2):1-24,242.

赵鼎新.时间、时间性与智慧:历史社会学的真谛[J].社会学评论,2019,7(1):3-17.

赵和楠,侯石安.新中国70年粮食安全财政保障政策变迁与取向观察[J].改革,2019(11):15-24.

赵静,薛澜,王宇哲.旧瓶新酒:对"2015年股灾"成因的公共政策过程解释[J].公共管理学报,2020,17(2):1-13,164.

赵文先.粮改的经济成本:粮食财务挂账的历史变迁与实证分析[J].农业技术经济,2007(6):29-33.

甄志宏.国家治理体系和治理能力现代化的新视角:政府与市场关系的再探索[J].上海对外经贸大学学报,2020,27(1):35-44.

郑风田,普蕡喆.我国粮食储备主体结构及其优化研究[J].价格理论与实践,2016(9):18-22.

郑风田,普蕡喆.反思政策性粮食储备体系:目标分解与制度重构[J].中州学刊,2019(11):42-48.

郑励志.无规矩不成方圆:浅谈粮食调拨[J].中国粮食经济,1994(5):32,34-35.

周洲,石奇.目标多重、内在矛盾与变革循环:基于中国粮食政策演进历程分析[J].农村经济,2017(6):11-18.

(三)学位论文

刘名.马克思主义经济学传统中的计划与市场的争论及其启发[D].昆明:云南大学,2019.

乔克.1976—1978年中国经济改革的酝酿与探索[D].北京:中共中央党校,2017.

拓志超.我国国民经济综合平衡理论之学术史研究［D］.北京：中央财经大学,2019.

杨晓东.世界粮食贸易的新发展及其对中国粮食安全的影响［D］.长春：吉林大学,2018.

赵静.决策删减—执行协商：中国山西煤炭产业政策过程研究［D］.北京：清华大学,2014.

(四)报纸和网络资源

杜尚泽.微镜头·习近平总书记两会"下团组"(两会现场观察)［N］.人民日报,2022-03-07(01).

2008年国际粮食危机［EB/OL］.(2009-01-03)［2021-09-06］.https://world. huanqiu. com/article/9CaKrnJwgCy.

粮食流通是连接粮食生产和消费的重要工作［EB/OL］.(2031-04-08)［2023-06-15］. http://www. gov. cn/xinwen/2021-04/08/content_5598445. htm.

二、英文文献

(一)专著与报告

ANDERSON J E. Public Policy and Politics in America［M］. North Scituate,MA：Duxbury Press,1978.

BAUMGARTNER F R,JONES B D. Agendas and Instability in American Politics［M］. University of Chicago Press,2010.

BAUMGARTNER F R, JONES B D. Policy Dynamics［M］. Chicago：University of Chicago Press,2002.

BERGER P, LUCKMANN T. The Social Construction of Reality：A Treatise in the Sociology of Knowledge ［M］. New York：Doubleday,1966.

BERMAN S. The Social Democratic Moment：Ideas and Politics in the

Making of Interwar Europe [M]. Boston: Harvard University Press,2009.

BLYTH M. Great Transformations: Economic Ideas and Institutional Change in the Twentieth Century [M]. New York: Cambridge University Press,2002.

BRODSGAARD K. From Accelerated Accumulation to Socialist Market Economy in China[M]. Brill,2017.

CASHORE B, HOBERG G, HOWLETT M, et al. In Search of Sustainability: British Columbia Forest Policy in the 1990s [M]. Vancouver: UBC Press,2000.

CLARK F E. Principles of Marketing [M]. New York: Macmillan Co. ,1922.

DEUTSCH K W. The Nerves of Government [M]. New York: Free Press,1963.

DOUGHERTY J E, PFALTZGRAFF R L. Contending Theories of International Relations: A Comprehensive Survey [M]. New York: Longman,2001.

EASTON D. Systens Analysis of Political Life[M]. John Wiley & Sons Ltd,1965.

EISNER M A. Regulatory Politics in Transition[M]. Baltimore, MD: Johns Hopkins University Press,1993.

ESPING-ANDERSEN G. Social Foundations of Postindustrial Economies [M]. Oxford: Oxford University Press,1999.

FRIEDMAN B L. Policy Analysis as Organizational Analysis [M]// MORAN M, REIN M, GOODIN R E. The Oxford Handbook of Public Policy. Oxford: Oxford University Press,2007.

HECLO H. Modern Social Politics in Britain and Sweden: From Relief to Income Maintenance[M]. New Haven: Yale University Press,1974.

KAY A. The Dynamics of Public Policy: Theory and Evidence [M].

Cheltenham, UK · Northampton, MA, USA: Edward Elgal Publishing Limited, 2006.

KINGDON J W. Agendas, Alternatives, and Public Policies[M]. Boston: Little, Brown & Co. , 1984.

KRASNER S D. International Regimes[M]. Cambridge: Cornell University Press, 1983.

LASSWELL H. The Policy Orientation[M]//LERNER D, LASSWELL H. The Policy Sciences: Recent Developments in Scope and Method. Redwood City: Stanford University Press, 1951.

MCGUINN P J. No Child Left Behind and the Transformation of Education Policy, 1965—2000[M]. Lawrence: University Press of Kansas, 2006.

METTLER S, SORELLE M. Policy feedback theory[M]//SABATIER P A, WEIBLE C M. Theories of the Policy Process. Boulder, Co: Westview Press, 2014:151 – 181.

PERKINS D H. Market Control and Planning in Communist China[M]. Boston: Harvard University Press, 1966.

RAMESH M, HOWLETT M. Deregulation and Its Discontents: Rewriting the Rules in Asia[M]. Aldershot: Edward Elgar, 2006.

SCHATTSCHNEIDER E E. Politics, Pressures, and the Tariff[M]. New York: Atherton, 1935.

SCHNEIDER A L, INGRAM H. Policy Design for Democracy[M]. Lawrence, KS: University of Kansas Press, 1997.

SIMON H A. Administrative Behavior: A Study of Decision Making Processes in Administrative Organizations[M]. New York: Free Press, 2013.

STEINMO S, THELEN K, LONGSTRETH F. Structuring Politics: Historical Institutionalism in Comparative Analysis[M]. Cambridge: Cambridge University Press, 1992.

STONE C N. Regime Politics: Governing Atlanta, 1946—1988 [M].

Lawrence：University Press of Kansas，1989.

THELEN K. How Institutions Evolve：The Political Economy of Skills in Germany， Britain， the United States， and Japan［M］. Cambridge： Cambridge University Press，2004.

TRAVERS S L. Getting Rich through Diligence：Peasant Income after the Reforms ［M］//PERRY E，WONG C. The Political Economy of Reform in Post-Mao China. Cambridge，MA：Harvard University Press，1985：112 – 130.

VIVERO-POL J L. Food as a Commons：Reframing the Narrative of the Food System： ID 2255447［M］. Rochester： Social Science Research Network，2013.

WALKER K R. Food Grain Procurement and Consumption in China［M］. Cambridge：Cambridge University Press，1984.

WILSON C A. Public Policy：Continuity and Change［M］. Long Grove， Illinois：Waveland Press，Inc. ，2018.

(二)论文

BALI A S，CAPANO G，RAMESH M. Anticipating and designing for policy effectiveness［J］. Policy and Society，2019，38(1)：1 – 13.

BAUMGARTNER F R， JONES B D. Agenda dynamics and policy subsystems［J］. The Journal of Politics，1991，53(4)：1044 – 1074.

BÉLAND D，ROCCO P，WADDAN A. Policy feedback and the politics of the affordable care act［J］. Policy Studies Journal，2019，47(2)：395 – 422.

BÉLAND D，SCHLAGER E. Varieties of policy feedback research：Looking backward，moving forward［J］. Policy Studies Journal，2019，47(2)：184 – 205.

BÉLAND D. Ideas and institutions in social policy research［J］. Social Policy & Administration，2016，50(6)：734 – 750.

BÉLAND D. Ideas and social policy：An institutionalist perspective［J］. Social Policy & Administration，2005，39(1)：1 – 18.

BENNETT C, HOWLETT M. The lessons of learning: Reconciling theories of policy learning and policy change[J]. Policy Sciences, 1992(25):275 - 294.

CAMPBELL A L. Policy makes mass politics [J]. Annual Review of Political Science, 2012(15):333 - 351.

CAMPBELL J. Institutional analysis and the role of ideas in political economy[J]. Theory and Society, 1998(27):377 - 409.

CAPANO G. Administrative traditions and policy change: When policy paradigms matter[J]. Public Administration, 2003, 81(4):781 - 801.

CAPANO G. Understanding policy change as an epistemological and theoretical problem [J]. Journal of Comparative Policy Analysis: Research and Practice, 2009, 1(11):7 - 31.

CASHORE B, HOWLETT M. Punctuating which equilibrium? Understanding thermostatic policy dynamics in Pacific Northwest Forestry[J]. American Journal of Political Science, 2007, 51(3):532 - 551.

CLARKE S E, CHENOWETH E. The politics of vulnerability: Constructing local performance regimes for homeland security [J]. Review of Policy Research, 2006, 23(1):95 - 114.

COLEMAN W D, SKOGSTAD G D, ATKINSON M M. Paradigm shifts and policy networks: Cumulative change in agriculture[J]. Journal of Public Policy, 1996, 16(3):273 - 301.

DAUGBJERG C, KAY A. Policy feedback and pathways: When change leads to endurance and continuity to change[J]. Policy Sciences, 2020, 53 (2):253 - 268.

DAUGBJERG C. Sequencing in public policy: The evolution of the CAP over a decade[J]. Journal of European Public Policy, 2009, 16(3):395 - 411.

DU J, KING C. Unravelling China's food security puzzle, 1979—2008[J]. The China Quarterly, 2018(235):804 - 827.

DURANT R F, DIEHL P F. Agendas, alternatives, and public policy: Lessons from the U. S. foreign policy arena[J]. Journal of Public Policy,

1989(9):179 - 205.

FELDMAN M S, PENTLAND B T. Reconceptualizing organizational routines as a source of flexibility and change[J]. Administrative Science Quarterly,2003,48(1):94 - 118.

HALL P, TAYLOR R C R. Political science and the three new institutionalisms[J]. Political Studies,1996(44):936 - 957.

HOWLETT M, CASHORE B. Re-visiting the new orthodoxy of policy dynamics: The dependent variable and re-aggregation problems in the study of policy change[J]. Canadian Political Ence Review,2007,1(2): 50 - 62.

HOWLETT M,CASHORE B. The dependent variable problem in the study of policy change: Understanding policy change as a methodological problem[J]. Journal of Comparative Policy Analysis: Research and Practice,2009(11):33 - 46.

HOWLETT M. Governance modes, policy regimes and operational plans: A multi-level nested model of policy instrument choice and policy design[J]. Policy Sciences,2009,42(1):73 - 89.

HOWLETT M. Process sequencing policy dynamics: Beyond homeostasis and path dependency[J]. Journal of Public Policy,2009,29(3):241 - 262.

JACOBS A M, WEAVER R K. When policies undo themselves: Self-undermining feedback as a source of policy change[J]. Governance, 2015,28(4):441 - 457.

JOCHIM A E, MAY P J. Beyond subsystems: Policy regimes and governance[J]. Policy Studies Journal,2010,38(2):303 - 327.

KRIPPENDORFF K. Reliability in content analysis [J]. Human Communication Research,2004,30(3):411 - 433.

KÜBLER D. Understanding policy change with the advocacy coalition framework:An application to Swiss drug policy[J]. Journal of European Public Policy,2001,8(4):623 - 641.

LIEBERMAN R C. Ideas, institutions, and political order：Explaining political change[J]. American Political Science Review,2002,96(4):697－712.

LINDBLOM C E. The science of "muddling through"[J]. Public Administration Review,1959,19(2):79－88.

MAY P J,JOCHIM A E. Policy regime perspectives：Policies,politics,and governing[J]. Policy Studies Journal,2013,41(3):426－452.

MAY P J. Implementation failures revisited：Policy regime perspectives[J]. Public Policy and Administration,2015,30(3－4):277－299.

MCDONNELL L M. Repositioning politics in education's circle of knowledge[J]. Educational Researcher,2009,38(6):201－205.

MOORE B,JORDAN A. Disaggregating the dependent variable in policy feedback research：An analysis of the EU emissions trading system[J]. Policy Sciences,2020,53(2):291－307.

MORGAN G. Paradigms, metaphors and puzzle solving in organization theory[J]. Administrative Science Quarterly,1981,25(4):605－622.

MORTENSEN P B. Policy punctuations in Danish local budgeting[J]. Public Administration,2005,83(4):931－950.

MOYSON S,SCHOLTEN P,WEIBLE C M. Policy learning and policy change：Theorizing their relations from different perspectives[J]. Policy and Society,2017,36(2):161－177.

OLIVER M J, PEMBERTON H. Learning and change in 20th-century British economic policy[J]. Governance,2004,17(3):415－441.

ORREN K,SKOWRONEK S. Regimes and regime building in American government：A review of literature on the 1940s[J]. Political Research Quarterly,1998,113(3):689－702.

PIERSON P. When effect becomes cause：Policy feedback and political change [J]. World Politics,1993,45(4):595－628.

RAYNER J. Understanding policy change as a historical problem[J]. Journal of Comparative Policy Analysis：Research and Practice,2009,11

(1):83 - 96.

REAL-DATO J. Mechanisms of policy change: A proposal for a synthetic explanatory framework[J]. Journal of Comparative Policy Analysis: Research and Practice,2009,11(1):117 - 143.

ROSENBLOOM D, MEADOWCROFT J, CASHORE B. Stability and climate policy? Harnessing insights on path dependence, policy feedback, and transition pathways [J]. Energy Research & Social Science,2019(50):168 - 178.

SACKS P M. State structure and the asymmetrical society: An approach to public policy in Britain[J]. Comparative Politics,1980,12(3):349 - 376.

SCHMIDT V A. Taking ideas and discourse seriously: Explaining change through discursive institutionalism as the fourth "new institutionalism"[J]. European Political Science Review,2010,2(1):1 - 25.

SCHNEIDER A, INGRAM H. Social construction of target populations: Implications for politics and policy[J]. American Political Science Review, 1993,87(2):334 - 347.

SEWERIN S, BÉLAND D, CASHORE B. Designing policy for the long term: Agency, policy feedback and policy change[J]. Policy Sciences, 2020,53(2):243 - 252.

SICULAR T. Plan and market in China's agricultural commerce[J]. Journal of Political Economy,1988,96(2):283 - 307.

SICULAR T. What's wrong with China's agricultural price policies? [J]. Journal of Asian Economics,1992,3(1):29 - 56.

SNELL R,CHAK A M K. The learning organization: Learning and empowerment for whom? [J]. Management Learning,1998,29(3):337 - 364.

SON K M. Cybernetic freedom: David Easton, systems thinking, and the search for dynamic stability[J]. American Political Thought,2018,7(4): 614 - 645.

VIVERO-POL J L. The idea of food as commons or commodity in

academia：A systematic review of English scholarly texts[J]. Journal of Rural Studies,2017(53):182 - 201.

WEISS R S. Loss and recovery[J]. Journal of Social Issues,1988,44(3): 37 - 52.

WILSON C A. Policy regimes and policy change[J]. Journal of Public Policy,2000,20(3):247 - 274.

WORSHAM J, STORES C. Pet sounds：Subsystems, regimes, policy punctuations,and the neglect of African American farmers,1935—2006 [J]. Policy Studies Journal,2012,40(1):169 - 190.

ZAHARIADIS N. Comparing lenses in comparative public policy[J]. Policy Studies Journal,1995,23(2):378 - 382.

ZHOU W. The role of the state in making a national market：The evolution of the grain market in China(1978—2000)[J]. China Agricultural Economic Review,2010,2(3):276 - 297.